Volker Berghahn

Englands Brexit und Abschied von der Welt

Zu den Ursachen des Niedergangs der britischen Weltmacht im 20. und 21. Jahrhundert

Vandenhoeck & Ruprecht

Bibliografische Information der Deutschen Nationalbibliothek:
Die Deutsche Nationalbibliothek verzeichnet diese Publikation in der
Deutschen Nationalbibliografie; detaillierte bibliografische Daten sind
im Internet über https://dnb.de abrufbar.

© 2021 Vandenhoeck & Ruprecht, Theaterstraße 13, D-37073 Göttingen,
ein Imprint der Brill-Gruppe (Koninklijke Brill NV, Leiden, Niederlande;
Brill USA Inc., Boston MA, USA; Brill Asia Pte Ltd, Singapore; Brill Deutschland
GmbH, Paderborn, Deutschland; Brill Österreich GmbH, Wien, Österreich)
Koninklijke Brill NV umfasst die Imprints Brill, Brill Nijhoff, Brill Hotei,
Brill Schöningh, Brill Fink, Brill mentis, Vandenhoeck & Ruprecht, Böhlau,
Verlag Antike und V&R unipress.

Alle Rechte vorbehalten. Das Werk und seine Teile sind urheberrechtlich geschützt. Jede Verwertung in anderen als den gesetzlich zugelassenen Fällen bedarf der vorherigen schriftlichen Einwilligung des Verlages.

Umschlagabbildung: Boris Johnson und Ursula von der Leyen, Brüssel 9.12.2020.
© picture alliance/ASSOCIATED PRESS | Aaron Chown

Korrektorat: Ulrike Weingärtner, Gründau
Satz: textformart, Göttingen | www.text-form-art.de
Umschlaggestaltung: Guido Klütsch, Köln
Druck und Bindung: Finidr, Český Těšín
Printed in the EU

Vandenhoeck & Ruprecht Verlage | www.vandenhoeck-ruprecht-verlage.com

ISBN 978-3-525-30607-9

Inhalt

Einleitung 9

1. **Großbritannien vor und nach der Katastrophe des Ersten Weltkriegs** 15
   1.1 Großbritannien als erste Weltmacht des 19. Jahrhunderts .. 15
   1.2 Die Vereinigten Staaten von Amerika und Deutschland als Herausforderer des britischen Empire 21
   1.3 Monarchische Verfassung und maritime Machtpolitik im Deutschen Kaiserreich 28
   1.4 Armeerüstungen und der Ausbruch des Ersten Weltkriegs .. 35
   1.5 Der nicht gewollte Krieg und die Schwächung der britischen Weltstellung 38
   1.6 Englands und Amerikas Suche nach Restabilisierung .. 42

2. **Britische und deutsche Wirtschafts- und Außenpolitik bis zur Suez-Krise 1956** 47
   2.1 Amerikas Rückzug aus Europa und der britische Konsortiumsplan 47
   2.2 Wirtschaftsaufschwung und amerikanische Industrie, 1924–1929 52
   2.3 Die Bekämpfung der Großen Depression und die mit Hitlers Aufstieg verbundene Gefahr für den Frieden ... 60
   2.4 Deutschlands von England nicht gewünschter Eroberungskrieg und die Rolle der USA 65
   2.5 Alliierte Friedensplanungen nach dem Eintritt der USA in den Weltkrieg, 1941–1945 73
   2.6 Großbritannien und Westdeutschland nach dem Ende des Weltkriegs, 1945–1962 77

3. England und die Europäische Gemeinschaft, 1962–1979 ... 87
3.1 Britische Wirtschaft, das zerfallende Empire und
   Westeuropa, 1962–1969 87
3.2 Großbritanniens Politik und Wirtschaft während
   der Krise der siebziger Jahre 92
3.3 Thatchers Aufstieg und die Finanzialisierung
   der britischen Wirtschaft, 1979–1987 98
3.4 Das Ringen um eine Lösung der »Deutschen Frage«,
   1988–1992 101
3.5 Von Premierminister Tony Blair zu David Cameron 104
3.6 Das Referendum und seine Folgen, 2016–2017 111

4. Britisch-europäische Brexit-Verhandlungen 2018–2020 ... 117
4.1 Die Ergebnisse des Volksentscheids von 2016 im Detail .. 117
4.2 Theresa May und die Brüsseler Austrittsverhandlungen
   mit der EU 122
4.3 Die Suche nach einer Parlamentsmehrheit für Mays
   Vereinbarungen mit der EU 131
4.4 Der Aufstieg von Boris Johnson 133
4.5 Der verzweifelte Kampf um einen weichen Brexit 137
4.6 Johnsons Brexit zum 31. Oktober und dessen
   weiteres Hinausschieben 140
4.7 Die Wahlen vom Dezember 2019, Johnsons Sieg
   und die Folgen 142

5. 2020: Das lange Jahr der Verhandlungen mit der EU 151
5.1 Großbritannien am 31. Januar 2020 151
5.2 Machtkämpfe in der Johnson-Regierung und
   die Wiederaufnahme von EU-Verhandlungen 154
5.3 Die Irische Frage 160
5.4 Zur Lage der britischen Wirtschaft nach
   dem 31. Januar 2020 163
5.5 Mangelnde Vorbereitungen auf den herannahenden Brexit 166
5.6 Wachsende politische Kritik an Johnson und
   das Drängen der EU auf einen Vertrag 168
5.7 Die harten Brexiteers in der Downing Street und
   deren Entlassung 171
5.8 Rettungsversuche vor Toresschluss und britisch-
   amerikanische Beziehungen 173

**6. Die Einigung vom 24. Dezember 2020 und
deren öffentliche Rezeption** 177
  6.1 Die Finten des Boris Johnson 177
  6.2 Stockende Verhandlungen und die wachsende
     Ungeduld der EU 180
  6.3 Johnsons innenpolitische Machtstellung und
     die Expertise der EU-Bürokratie 184
  6.4 Die Einigung vom 24. Dezember 2020 188
  6.5 Britische und europäische Reaktionen auf
     das Vertragswerk 194
  6.6 Die Strategien der EU im System der Großmächte
     nach dem britischen Austritt 197

Schlussbetrachtung 201

Dank 215

Anmerkungen 217

Namen- und Sachregister 243

Einleitung

Im November 2016, wenige Monate nach dem britischen Volksentscheid, in dem sich eine knappe Mehrheit der Wähler entschied, der Europäischen Union (EU) den Rücken zu kehren, schrieb der bekannte schottische Journalist Neal Ascherson, England bereite sich darauf vor, von der Welt Abschied zu nehmen.[1] Inzwischen ist der britische »Brexit« aus der EU unter dramatischen Umständen vollzogen worden, nachdem man sich im Innern heftigst über ein Verbleiben oder ein Ausscheiden aus der Europäischen Gemeinschaft gestritten hatte. Es kam zu einer Polarisierung der öffentlichen Meinung und einer verfassungspolitischen Paralyse, wie sie das Land bis dahin noch nicht erlebt hatte. Zwar war Großbritannien nach langem Zögern und einer Volksabstimmung 1975 endlich in diese Gemeinschaft aufgenommen worden, wobei es ebenfalls zu emotionalen Auseinandersetzungen zwischen Eintrittsbefürwortern und ihren Gegnern gekommen war.

Aber was zwischen 2016 und dem Durchbruch der »Brexiteers« zum 31. Januar 2020 und schließlich zum 31. Dezember 2020 an Argumenten und Gegenargumenten im (noch) »Vereinigten Königreich« vorgebracht wurde, hatte niemand vorhergesehen.

Am Ende waren alle Wähler im Dezember 2019 so erschöpft, dass sie bei einer erneut abgehaltenen Abstimmung nicht mehr auf die Alternativprogramme der Labour-Partei, der Liberaldemokraten und anderer Warner hörten. Vielmehr folgten sie in ihrer großen Mehrheit in England der einzigen von den Konservativen unter Premierminister Boris Johnson ausgegebenen Wahlparole: »Let's get Brexit done« (»Lasst uns den Brexit hinter uns bringen.«). Während die Schotten, Nordiren und auch Teile von Wales mehrheitlich erneut gegen diesen Bruch stimmten, schwenkten viele englische Wahlbezirke mit ihrem Mehrheitswahlsystem entschieden auf die Konservativen ein. Labour wurde aus traditionellen Arbeitervierteln verdrängt, und die Liberaldemokraten verloren fast alle Sitze. Für die nächsten fünf Jahre verfügte Johnson damit über eine Parlamentsmehrheit, mit der er im Prinzip nicht nur den Austritt organisieren, sondern auch radikale innen- und außenpolitische Veränderungen durchführen kann.

Vor dem Hintergrund der Suche nach Erklärungen für diese dramatischen Entwicklungen, die auch die verbleibenden 27 Mitglieder der Europäischen Union sehr direkt tangieren, ist als Erstes interessant, dass sich 2016 eine Gruppe von Fachhistorikern, die sich »Historians for Britain« nannte, bemühte, in die schwankenden Emotionen etwas Ordnung hineinzubringen. Sie meinten, dass Großbritannien im Vergleich zu den Gesellschaften des europäischen Kontinents seit langem einen anderen Weg gegangen sei. Sie wiesen dabei auf die Insellage, die Entwicklung des britischen Parlamentarismus, die unterschiedlichen Rechtstraditionen sowie das Weltreich hin, auch um zu erklären, warum sich das Land nach 1945 von der europäischen Integrationsbewegung fernhielt, 1975 dann aber in einem Volksentscheid mehrheitlich zu 57 Prozent für einen verspäteten Eintritt in die Europäische Wirtschaftsgemeinschaft stimmte. Allerdings verstummten die Euroskeptiker und -kritiker auch hiernach nie und waren daher auch nicht an einer vertieften Integration interessiert, auf die viele überzeugte Europäer gerade auch in der Bundesrepublik hinarbeiteten.

Der Regensburger Historiker Mathias Häußler hat im April 2019 in einem Aufsatz in den *Vierteljahrsheften für Zeitgeschichte* nicht nur Studien vorgestellt, die postulierten, dass Großbritannien einen Sonderweg beschritten habe, sondern diese Arbeiten zugleich der wissenschaftlichen Literatur gegenübergestellt, die die Argumente der »Historians for Britain« einschränkte, wenn nicht gar ganz zurückwies.[2] In der Sicht dieser Autoren war das Land mit dem Kontinent von jeher eng verflochten. Allerdings sei das Verhältnis, so Häußler, mit unterschiedlichen Gewichtungen immer sehr komplex gewesen. Seien doch bei der Analyse der britischen Einstellungen zur europäischen Integration immer auch sich verschiebende, innergesellschaftliche Machtbalancen in Rechnung zu stellen. Indessen geht es in den folgenden Kapiteln nicht nur um die britische Innenpolitik, sondern gerade auch um äußere Einflüsse und die Rolle Amerikas und Deutschlands, die in die britische Geschichte seit dem späten 19. Jahrhundert ebenfalls stark hineinwirkten.

Dieses Buch verfolgt somit zwei Ziele. Das erste Ziel ist, auf knappem Raum die tieferen historischen Wurzeln des »Brexit« zu untersuchen. Im Folgenden geht es also nicht lediglich um eine Zusammenfassung der Ereignisse der letzten Jahre. Auf der Suche nach Antworten auf den nun vollzogenen »Brexit« soll vielmehr nach der Vorgeschichte des britischen Entschlusses von 2016 gefragt werden. Denn ohne einen Rückgriff auf diese Vorgeschichte sind die Traditionen und Emotionen, die in der Debatte in den letzten vier Jahren an die Oberfläche kamen, nicht zu verstehen. Allerdings ist es nicht nötig, gleich mehrere Jahrhunderte weit in die Entwicklung Großbritanniens zurückzugehen. Vielmehr beginnt die folgende Analyse in den Jahrzehnten ab Mitte des 19. Jahrhunderts, als das Land mit seinem weit verzweigten Empire in der Weltpolitik und Weltwirtschaft eindeutig die Spitzenposition einnahm. Doch dann begann bis zum Beginn des 20. Jahrhunderts bereits der langsame Niedergang des britischen Weltreichs.

Dieser Niedergang hing zum einen mit dem Aufstieg der Vereinigten Staaten von Amerika zusammen, die sich in diesen Jahrzehnten von einem Land einwandernder Siedler und Landwirte zu einer der stärksten Industriemächte der Welt entwickelten und Großbritannien sodann im 20. Jahrhundert den Rang abliefen. Indessen fiel das Land nicht nur gegenüber Amerika zurück, sondern sah sich auch mit dem Deutschen Kaiserreich konfrontiert, das noch expliziter als die USA den Ehrgeiz entwickelte, das britische Weltreich zu überholen. Im August 1914 verwickelten Kaiser Wilhelm II. und seine Berater England gar in einen Weltkrieg, den das Reich siegreich bestehen zu können glaubte, sofern es ein nur wenige Monate andauernder Blitzkrieg war. Doch es kam anders: Der schnelle deutsche Durchbruch im Westen wollte nicht gelingen. An der Westfront begann ein Stellungskrieg, während sich der Konflikt zu einem globalen Kampf erweiterte, in den im April 1917 schließlich die USA auf Seiten der Alliierten eingriffen. Fünf Jahre später, im Herbst 1918, brachten die Briten, Franzosen und Amerikaner den Deutschen nicht nur eine vernichtende Niederlage bei. Vielmehr hatte der Kampf auch den Inselstaat und dessen Kolonialreich stark geschwächt.

Obwohl die USA aufgrund des Ausgangs des Weltkriegs objektiv gesehen das britische Empire bereits in seiner wirtschaftlichen Vormachtstellung überrundet hatten, nahmen sie die daraus entstandenen Vorteile in den zwanziger Jahren in der internationalen Politik noch nicht wahr, sondern zogen sich auf den amerikanischen Kontinent zurück. Die Industrie und die Banken investierten in den Mittzwanzigern zwar privat in europäische und gerade auch in deutsche Unternehmen, ohne eine ausdrückliche Absicherung der Anleihen seitens der amerikanischen Steuerzahler zu besitzen. Es gab eine Boomperiode der amerikanischen Wirtschaft, aus der sich die Politiker in Washington heraushielten und die sie allenfalls mit guten Worten unterstützten. Doch dann brach 1929 die Große Depression über die Welt herein. Angesichts hoher Verluste und zahlloser Firmenbankrotte zogen sich die USA daraufhin weitgehend aus der Weltpolitik und Weltwirtschaft zurück, bis das Land 1941 erneut in einen Weltkrieg, den Zweiten Weltkrieg, gegen Deutschland sowie Japan und Italien hineingezogen wurde.

In diesem Konflikt wiederholte sich das Drama des Ersten Weltkriegs. Wiederum ausgelöst durch die imperialistischen Ambitionen des Deutschen Reiches standen Großbritannien und die Vereinigten Staaten zum zweiten Mal innerhalb einer Generation in einem gemeinsamen Kampf gegen einen von der nationalsozialistischen Hitler-Diktatur ausgelösten Eroberungs- und Ausbeutungskrieg, diesmal noch unterstützt durch die Expansionspolitik des italienischen Faschismus in Afrika und des militaristischen Japan in China und Südostasien. Als diese drei Diktaturen 1945 endlich besiegt worden waren, ging England noch geschwächter aus diesem Weltkonflikt hervor als nach 1918, während die USA nicht nur eindeutig die erste westliche Wirtschaftsmacht waren, sondern ihre Vorstellungen von Weltmacht diesmal nicht nur gegenüber den Deutschen und Japanern politisch durchsetzen wollten, sondern auch gegenüber dem jetzt noch mehr geschwächten Alliierten, dem Vereinigten Königreich.

In den folgenden Kapiteln geht es daher zunächst darum, diese Entwicklung der einstigen britischen Vormachtstellung und deren langsame Auflösung bis zum ersten entscheidenden Punkt im Jahre 1956 nachzuzeichnen. Hernach wird sodann in einem Kapitel die Wirtschaft und Politik des Inselstaates bis zur großen Wende zum Neoliberalismus unter Premierministerin Margaret Thatcher in den achtziger Jahren zu untersuchen sein. Stand hinter dieser Wende doch der Versuch, den Abstieg der vorherigen Jahrzehnte mit Hilfe des Thatcherismus umzukehren. Wie sie es damals formulierte: England sollte nicht als eine »Museumsgesellschaft« weiterleben, sondern durch eine entschlossene Modernisierung von Wirtschaft und Gesellschaft erneut zu den ersten Mächten der Welt zählen, auch wenn man nicht daran dachte, die erste Stelle einzunehmen wie im 19. Jahrhundert.

Englands Großmachtstellung sollte diesmal durch eine »special relationship« mit den USA abgestützt werden. In diesen Kapiteln geht es somit um die Frage nach dem Erfolg des Thatcherismus in den neunziger Jahren bis hin zu den erneuten Problemen der Wirtschaft nach der Großen Depression von 2007/08 und dem Volksentscheid von 2016, die EU zu verlassen.

Die letzten beiden Kapitel analysieren sodann die mit der damaligen Wirtschaftskrise zusammenhängenden politischen Auseinandersetzungen unter Theresa May und Boris Johnson. Dabei geht es auch um eine kritische Prüfung der Verheißungen, die die Befürworter des Austritts aus der EU ihren Anhängern versprochen hatten. Denn was damals in der britischen Gesellschaft an die Oberfläche kam, waren nicht nur materielle Interessen und die Überzeugung, dass man mit dem Brexit wieder die Souveränität über das Land zurückgewinnen werde,[3] sondern auch tiefer liegende Traditionen, Selbstverständnisse von nationaler Identität, die Steven Erlanger, den Leiter des Londoner Büros der *New York Times*, schon im Juni 2014 veranlassten, die »merkwürdige Identitätskrise« der Briten zu analysieren.[4]

Gute Beobachtungen enthielt auch im März 2019 ein Artikel von Sam Byers in der *New York Times*, in dem er ausführlicher beschrieb, wie Großbritannien in »Nostalgie ertrinke«.[5] James Meek, Autor einer Essaysammlung mit dem Titel *Dreams of Leaving and Remaining*, definierte zur gleichen Zeit den britischen Seelenzustand als ein Sammelsurium von »unkritischem Patriotismus, Nativismus, Glauben an eine weiße, britische Vormacht, Furcht vor den Muslims, den Wunsch, Althergebrachtes zurückzuholen, die Suche nach Verrätern, eine Glaubensfestigkeit, die konkrete Nachweise übertrumpft, eine imperiale Ersatznostalgie, übertriebene Annahmen einer Begünstigung von Familien weißer Herrscher aus den früheren Kolonien, Skepsis gegenüber dem Klimawandel, ein Hoffen auf eine Rückkehr zu rassistischen und Geschlechterstereotypen von vor vierzig Jahren, die Überzeugung, dass ›Beamte‹ und ›korrupte, sich einmischende Bürokraten‹ ein und dasselbe seien [sowie schließlich] die Glorifizierung des britischen Militärs«.[6] Winston Churchill, schon vor 1914 bis in die Zeit nach 1945 eine der Schlüsselfiguren in diesem Drama, meinte 1943 einmal mit Bezug auf die Langlebigkeit von Weltreichen: Selbst wenn sie in Wirklichkeit gar nicht mehr bestünden, dass diese in den Köpfen weiterlebten. Was er damit meinte, ist in Deutschland vielleicht am besten durch einen Hinweis auf 1989 und das Ende der DDR und des Sowjet-

Einleitung 13

blocks verständlich zu machen. Damals fiel zwar die Mauer in Berlin, aber in den Köpfen der Ostdeutschen lebte sie noch lange weiter, stellenweise gar bis auf den heutigen Tag.

Kurzum, im Großbritannien des »Brexit« mischten sich greifbare Erfahrungen der eigenen materiellen Lage nach den beiden von Deutschland begonnenen Weltkriegen, die sich infolge der neoliberalen Politik Thatchers objektiv weiter verschlechtert hatte, mit Emotionen und Selbsttäuschungen, die durch verantwortungslose Politiker und die sozialen Medien fortlaufend verstärkt wurden. Insgesamt geht es in diesem Buch daher nicht nur um die unmittelbaren Ursprünge und den Verlauf des »Brexit«, sondern gerade auch um dessen historische Wurzeln und schließlich um die Frage, ob Boris Johnson mit seiner Konservativen Parlamentsmehrheit in den nächsten Jahren eine wirtschaftliche und soziale Modernisierung erreichen kann, wie Margaret Thatcher sie in den achtziger Jahren versprochen hatte und Johnson sie 2019 erneut verkündete. Dabei wird es gerade auch um eine Analyse der Verhandlungen mit der EU gehen, die im März 2020 begannen und nach dem erfolgten Brexit eine Unzahl von Fragen im Verhältnis zu den europäischen Nachbarn neu regeln müssen. Nicht weniger schwierig werden sich für Johnson die Beziehungen zur nichteuropäischen Welt gestalten. Das Drama des Brexits ist also noch keineswegs zu Ende, gerade auch weil von einer Realisierung der von Johnson geweckten Erwartungen und Hoffnungen die Zukunft Großbritanniens als einer prosperierenden modernen Wirtschaft und Gesellschaft, sondern vielleicht sogar als einem »Vereinigten Königreich« abhängt.

1. Großbritannien vor und nach der Katastrophe des Ersten Weltkriegs

Betrachtet man die Weltpolitik und Weltwirtschaft nach der Niederlage Frankreichs in den Napoleonischen Kriegen und nach dem Wiener Friedensschluss von 1814/15, so kann kein Zweifel bestehen, dass Großbritannien damals im Konzert der Großmächte die Vormachtstellung errungen hatte. Als Queen Victoria 1837 den Thron bestieg und bis zu ihrem Tode 1901 als konstitutionelle Monarchin regierte, stand – wie der amerikanische Historiker William Burns es 2010 formulierte – das britische Weltreich mit seinen Kolonien und seinen Commonwealth-Ländern im Zenit seiner »Macht und seines Prestige«.[1] Der britische Historiker Jeremy Black fügte diesem Urteil zwei Jahre später hinzu, das Land sei nicht nur zur »größten imperialen Macht in der Geschichte« aufgestiegen, sondern Zeitgenossen seien sich zugleich eines deutlichen Unterschieds zwischen dem Inselreich und seinen kontinentaleuropäischen Nachbarn bewusst gewesen.[2] Wirtschaftliche Entwicklungen und der Aufstieg des Nationalismus hätten sodann diesen »Prozess der Divergenz« noch verschärft.

1.1 Großbritannien als erste Weltmacht des 19. Jahrhunderts

Bevor ich mich dieser Divergenz zuwende, die – wie in der Einleitung erwähnt – auch Widerspruch wachrief,[3] soll es zuerst darum gehen, die britische Entwicklung zur Vormacht des 19. Jahrhunderts genauer zu untersuchen, gründete sich diese Stellung doch sowohl auf wirtschaftliche als auch auf machtpolitisch-militärstrategische Entwicklungen. Des Weiteren muss aber auch der aufkommende hegemoniale Druck Englands infolge technologischer und kultureller Faktoren betrachtet werden. Für die Ökonomie ist hervorzuheben, dass Großbritannien schon am Ende des 18. Jahrhundert zur ersten Industrienation aufgestiegen war. Diese Entwicklung fing zwar nicht sofort mit dem Wachstum von Fabriken und Fließbändern an. Strikt gesehen, gab es keine Industrielle *Revolution*, sondernschon im 18. Jahrhundert begann ein längerer Industrialisierungs*prozess*, der zunächst als eine außerhalb der Städte einsetzende »Protoindustrialisierung« in der Textilbranche begann.[4] Es waren Dorfbewohner, die keine Höfe und kein Land geerbt hatten oder in England ihren Landbesitz im Zuge der *Enclosure*-Politik der Aristokratie zwangsweise verloren hatten und die sich nun in ihren Hütten der Heimarbeit und dem Weben und Spinnen von Wolle, Leinen und später auch von Baumwolle zuwandten. Die Rohstoffe für diese Tätigkeit wurden ihnen von sogenannten Verlegern in den Städten geliefert, die die fertigen Stoffe später gegen Bezahlung wieder annahmen und über ihre eigenen Handelsnetze regional, aber auch international verkauften.

Indessen erwies sich dieses Produktionssystem bald als allzu fragmentiert, unkontrollierbar und ineffizient. Es kam langsam zu einer Konzentration der verstreuten Heimarbeiter, die von den Verlegern und anderen Unternehmern unter einem größeren Dach in einer Fabrikhalle zusammengelegt wurden. Es setzte eine Trennung von Wohnung und Arbeitsplatz ein, wodurch sich der Tageslauf der Arbeiter nicht nur zeitlich veränderte, sondern auch die Frauen- und Kinderarbeit neue, sehr viel hierarchischere und nach Geschlecht getrennte Formen annahm. Doch die markanteste Trennung, die sich mit dem Aufstieg dieser Fabrikproduktion verband, war die zwischen Unternehmern, die über Investitionskapital, Maschinen und Rohmaterialien verfügten, und denen, die für einen meist sehr geringen Lohn Textilien und andere Gebrauchsgüter und bald auch Metall- und Schmiedewaren herstellten. Vor allem die Lebensumstände der Arbeiter veränderten sich mit dem Durchbruch einer rationalisierten und auf Gewinn hin orientierten kapitalistischen Produktionsweise seitens der Eigentümer der Maschinen so drastisch, dass der britische Historiker Edward P. Thompson von einer Traumatisierung der Arbeiterschaften gesprochen hat.[5] Diese unter der Armutsgrenze liegende Lebenslage der Arbeiter führte zu Solidarisierungsbewegungen und zur Konstituierung einer Arbeiterklasse, wie sie Mitte des 19. Jahrhunderts von Karl Marx und anderen Beobachtern sozialer Entwicklungen und Differenzierungen beschrieben wurden.[6]

Während sich diese Prozesse der Industrialisierung allmählich im

Innern des Landes entfalteten, war Großbritannien inzwischen international zu einer Großmacht aufgestiegen. Diese bestand lange Zeit nicht in Form von überseeischem Territorialbesitz. Die Verleger und Handelshäuser zur Zeit der Protoindustrialisierung verließen sich auf einen »informellen Imperialismus«, dessen Befürwortern noch nicht an einer militärischen Besetzung außereuropäischer Gebiete gelegen war. Sofern London den Händlern den Schutz der Küstenstützpunkte in Afrika, Asien und Lateinamerika garantierte, konnten diese sodann ihre Geschäfte mit dem Hinterland entwickeln.[7] Erst in der zweiten Hälfte des 19. Jahrhunderts kam es zu einem Wettlauf zwischen den europäischen Großmächten um den Besitz von größeren Kolonien und der Dauerbesetzung weiter Landstriche in Übersee, als sich ein Handelskapitalismus und Fabrikproduktion langsam auch in West- und Zentraleuropa entwickelten. In diesem Wettbewerb unter den Nationen Europas entstand ein »formeller Imperialismus«, bei dem Großbritannien wie bei der vorherigen Industrialisierung schließlich am Ende des 19. Jahrhunderts ebenfalls den ersten Platz errang. Es entstand ein globales »British Empire«, in dem – wie es damals hieß – die Sonne nie unterging. Das »Juwel« dieses Kolonialreichs war der riesige indische Subkontinent, der schon früh zum offiziellen Herzstück des Empire gemacht wurde. Als London 1875 die Kontrolle über den Suez-Kanal übernahm, ging es nicht so sehr um den Einfluss über ein weiteres Kolonialgebiet im Niltal, sondern um die Sicherung des Kanals zum Schutze des nunmehr erheblich verkürzten Seeweges von Großbritannien nach Indien.

Indessen war auch von vornherein klar, dass solche militärischen Absicherungen nicht allein durch Landstreitkräfte erfolgen konnten. Es bedurfte einer Kriegsmarine, die stark genug war, nicht nur der Herausforderung einer anderen Großmacht auf hoher See begegnen zu können. Vielmehr führte England den berühmt-berüchtigten Two-Power-Standard ein. Das heißt, die Royal Navy musste stark genug sein, um den zwei nächststärksten Kriegsmarinen überlegen zu sein. Da das Empire eine weltweite Ausdehnung hatte, bedeutete dies zugleich, dass die Royal Navy auf allen Meeren einsatzfähig sein musste. Der zusätzliche Bonus des Two-Power-Standards war, dass man in London glaubte, nicht auf Bündnisse angewiesen zu sein, die die eigene Entscheidungsfreiheit begrenzten. Vielmehr konnte man Macht- und Wirtschaftspolitik aus der Position einer »Splendid Isolation« heraus betreiben.

Solche Vorstellungen von der Rolle Großbritanniens in der Weltwirtschaft und Weltpolitik hatten schließlich zur Folge, dass das Land auch auf dem Gebiet der Technologie und der Kultur zum Vorbild wurde. Soweit es die technischen Erfindungen betraf, ist gerade angesichts der heutigen Klagen der Amerikaner, China »stehle« den USA ihre Spitzentechnologien, festzuhalten, dass die Amerikaner Anfang des 19. Jahrhunderts die »Diebe« waren. Damals begann im Blackstone Valley nördlich von Providence in Rhode Island und in Massachusetts die protoindustrielle Produktion mit Webstuhltechnologien, die von amerikanischen Besuchern in Manchester und anderen britischen Textilzentren memoriert und dann in Neuengland nachgebaut wurden. Mit der Entwicklung der Dampfmaschine und dem Eisenbahnbau errang Großbritannien eine weitere Vorbildrolle beim Bau dieses modernen Transportmittels sowohl auf dem europäischen Kontinent als auch in den Vereinigten Staaten, bei der Besiedlung und landwirtschaftlichen Entwicklung des Mittelwestens und schließlich der Pazifikküste. Und von der Verbreitung der Eisenbahn lässt sich eine erste Brücke zwischen Technik und deren Einfluss auf das Schrumpfen von Entfernungen und auf das Erlebnis der Eisenbahnreise schlagen.

Der Berliner Kulturhistoriker Wolfgang Schivelbusch hat in einem immer noch lesenswerten Buch zur »Industrialisierung von Raum und Zeit« die Erlebnisse der Reisenden geschildert.[8] Anstatt tagelanger Fahrten über holprige, ungepflasterte Wege kam jetzt die immer schnellere und viel bequemere Fahrt auf der Schiene. Wer wohlhabend genug war, konnte sich die gepolsterte Reise im ruhigen Erste-Klasse-Abteil leisten. In der dritten und vierten Klasse saß man dann viel billiger in offenen Wagen auf harten Holzbänken, umgeben von Marktfrauen, die ihre Hühner und Ferkel zusammen mit ihrem Obst und Gemüse in die nächste Stadt transportierten. Das Reisen und auch die Perzeption von Entfernungen veränderten sich fundamental.

Die nächste Revolution kam bald darauf, als die Erfindung und Verbreitung der elektrischen Glühbirne die Wachskerze verdrängten, während der Telegraph und Seekabel sowie schließlich das Telefon im Vergleich zur Briefpost sekundenschnelle Kommunikation ermöglichten.[9] Auch auf diesen und vielen anderen Gebieten moderner Technik und der dahinterstehenden wissenschaftlichen Forschung war Großbritannien bis auf Weiteres der Schrittmacher für die übrige Welt. Das erforderte oft große und riskante Investitionen, bei deren Erfolg erhebliche finanzielle Gewinne winkten. Doch ist jenseits des wirtschaftlichen und machtpolitisch-militärischen Einflusses des Empire sowie der technischen Erfindungen fürs tägliche Leben auch der oft subtile Druck in Rechnung zu stellen, den die Anglophilie oder – wie der in Holland und Japan aufgewachsene amerikanische Historiker Ian Buruma es genannt hat – die Anglomanie auf die europäischen Nachbarn ausübte.[10] Hamburg wurde im späten 19. Jahrhundert die »englischste Stadt« Deutschlands, wo man nicht nur englische Geselligkeit kopierte, sondern auch die neuen Sportarten wie Tennis, Feldhockey, Polo und Golf für die gehobenen Schichten importierte; die Unterschichten begeisterten sich für Fußball. Wer es sich leisten konnte, übernahm auch die Moden, bei den gutsituierten Hanseaten allem voran der bis auf den heutigen Tag getragene dunkelblaue Blazer mit grauen Hosen aus feinstem Kammgarn.

Allerdings wäre es irreführend zu meinen, dass diese kulturelle Anglisierung in allen Regionen der europäischen Nachbarländer einsetzte. Ob in Bayern oder in Holland, im Süden von Frankreich, Spanien oder Italien, die Ausstrahlungskraft englischer Kultur schwächte sich mit zunehmender Entfernung ab, auch weil die geschäftlichen Beziehungen und finanziellen Verflechtungen nicht so eng waren wie die mit den Hamburgern. Gleichwohl ist das Bestehen mancher Wahlverwandtschaften festzuhalten, die nicht nur infolge der Vorbildfunktion der damaligen ersten Industrie- und Seemacht Großbritannien entstanden, sondern auch aufgrund der Attraktivität des kulturellen Hegemonen, ohne dass einheimische Traditionen und Praktiken dadurch plattgewalzt wurden. Vielmehr entstanden jeweils unterschiedliche Mischungen aus einheimischen und importierten Elementen, die ohne die damalige Hegemonialstellung des Inselstaates nicht zu verstehen sind.

Mochten die Hamburger auch von England als Wirtschafts- und maritimer Macht sowie von dessen kulturellen Traditionen sowie dem Ideal des »gentleman« angezogen sein, man darf gleichwohl nicht vergessen, dass diese Beziehungen zugleich im Zeichen eines Zeitalters des Nationalismus und Imperialismus standen. Gerade weil sich Großbritannien als einer der ersten Nationalstaaten konstituiert hatte, die seit dem 17. Jahrhundert allmählich in Europa entstanden waren, ist es nicht verwunderlich, dass die Bewohner des Inselstaats einen patriotischen Stolz auf ihr Land entwickelten, der regionale Bewusstseinslagen etwa der Schotten oder Waliser zwar nicht ersetzte, aber doch ergänzte. Die Betonung lag auf »Englishness« und »Britishness«, die durch die Berührung mit und die wachsende Kenntnis über die europäischen Nachbarn und anderen Erdteilen Gestalt gewann. Im 19. Jahrhundert gab es außer vielen kleineren militärischen »Expeditionen« nur einen größeren militärischen Konflikt, den Krim-Krieg von 1854–1856, der Nationalgefühle verstärkte. Nachhaltiger war in dieser Beziehung die Expansion des britischen Kolonialreichs, die gerade auch mit dem Hinweis auf die Gewinne für das Mutterland gerechtfertigt wurde. Von diesen Besitzungen, so die Propaganda, profitierten nicht nur die Handelshäuser und Banken, sondern auch die Arbeiterklasse in den Städten, Industriegebieten und Häfen. Diese Argumentation erwies sich als so verführerisch, dass es sogar eine wachsende Anzahl von konservativen »Tories« gab, die der Arbeiterklasse angehörten und bei Wahlen anstelle der linken Arbeiterparteien die politische Rechte unterstützten.

Allerdings entstanden nationalistische Emotionen und Bewegungen ebenso in anderen Teilen Europas und der nichtwestlichen Welt. War dieser Nationalismus anfangs noch gegenüber anderen Gruppen und Ländern, die ihr Franzosentum oder Deutschtum über ihre gemeinsame Sprache und Geschichte definierten, relativ tolerant und pluralistisch, so entwickelte sich bis zum Ende des 19. Jahrhunderts mehr und mehr ein Nationalismus, der sich exklusiv definierte, zunehmend intoleranter wurde und andere Nationen schließlich als Gegner betrachtete. Dieser Wandel führte fast unvermeidlich zu Rivalitäten und Hochwertigkeitskomplexen, die wiederum die politischen und wirtschaftlichen Spannungen zwischen der inzwischen angewachsenen Zahl der Nationen verstärkten. Im Zuge des schon erwähnten Wettlaufs um Kolonien, der im späten 19. Jahrhundert voll einsetzte, kam es zunehmend auch dort zu Konflikten, bei denen eine kriegerische Auseinandersetzung gelegentlich erst in letzte Minute vermieden werden konnte. Dies war zum Beispiel während der Faschoda-Krise von 1898 der Fall, als ein gefährlicher Zusammenstoß zwischen britischen und französischen Truppen im Sudan gerade noch verhindert wurde.[11]

1.2 Die Vereinigten Staaten von Amerika und Deutschland als Herausforderer des britischen Empire

Indessen ging es bei den kolonialen Rivalitäten am Ende des 19. Jahrhunderts nicht nur um die militärische Beherrschung dieser oder jener Region in Afrika oder Asien. Die britische Hegemonialstellung und ihr Anspruch, den ersten Platz unter den Großmächten einzunehmen, kamen infolge von tiefer liegenden Veränderungen unter Druck. Die Wurzeln lagen vor allem in dem sich damals vollziehenden Aufstieg von Neulingen, die eigene Industrien aufbauten sich ebenfalls auf die Suche nach Märkten zum Absatz ihrer Erzeugnisse und den Erwerb von Rohstoffen begaben, die sie zur Verarbeitung benötigten. Die Vereinigten Staaten und das 1871 gegründete Deutsche Reich traten jetzt als Konkurrenten Großbritanniens auf. Mehr noch als die anderen europäischen Großmächte waren es diese beiden Nationalstaaten, die London den ersten Platz in der Welt streitig zu machen begannen.

Betrachtet man als erstes die USA unter diesem Blickwinkel, so lässt sich auf der anderen Seite des Atlantiks ein erstaunlicher Wandel feststellen. Aus einer einstigen Einwanderer- und Siedlergesellschaft war bis zum Ende des 19. Jahrhunderts ein Land geworden, in dem zwar viele Amerikaner weiterhin in der Landwirtschaft tätig waren, inzwischen aber auch größere Bevölkerungsteile in den Städten und Großstädten in Industrie- und Handelsunternehmen arbeiteten. Während in den USA viele Männer und Frauen wie schon zu Beginn des Jahrhunderts ihr Brot weiterhin in der protoindustriellen Textil- und Rohstoffindustrie verdienten, hatten mehr und mehr Menschen – und gerade auch die Einwanderer – in damals ganz neuen Industriezweigen Beschäftigung gefunden. Dazu gehörten zum einen die metallverarbeitenden Unternehmen, in denen Eisen und Stahl zu Blechen verwalzt oder zu Maschinenteilen gegossen und gefräst wurden. Bis zum Ende des Jahrhunderts hatten auch die Elektro- und Chemieunternehmen Amerikas an Bedeutung gewonnen, deren Erzeugnisse zunehmend mit den britischen in den Midlands und weiter nördlich mit den Manufakturzentren von Sheffield und Manchester konkurrierten.

Ein weiterer Vorteil der USA ergab sich aus der Größe des einheimischen Marktes, der den Zusammenschluss zu großen Firmeneinheiten förderte. Allerdings hatte die Konzentrationsbewegung schon zuvor in der Landwirtschaft begonnen, wo große Unternehmen entstanden, die den Landwirten Getreide und andere Produkte abkauften, sie lagerten und sie dann in die schnell wachsenden urbanen Zentren der Ostküste, aber auch an europäische Nationen, voran Großbritannien, lieferten, die auf Importe zur Ernährung ihrer ebenfalls expandierenden Bevölkerungen angewiesen waren. Mochten die Preise, die Großlager- und Handelsunternehmen wie Arthur, Daniels, Midland für Getreidelieferungen aus ihren Lagern verlangten, auch an der Nachfrage orientiert sein, sie benutzten ihre wirtschaftliche Macht gegenüber den kleinen Produzenten, um die Abnahmepreise zu drücken. Das schuf Ressentiments und Widerstand, die sich durch die langsame Expansion des Wahlrechts zu artikulieren und zu mobilisieren begannen. Wie W. A. Peffer, der Redakteur des *Kansas Farmer*, es damals formulierte, waren die Großhändler »alles Bösewichte, allesamt«, die es verdienten, nach den Gesetzen des Volkes bestraft zu werden, die sie einfach ignorierten.[12] Er verlangte Fairness und Gerechtigkeit, denn beides mache die »Grundlage einer modernen Zivilisation« aus.

Bald schon konnten die Lokalpolitiker in den agrarischen Regionen die Proteste nicht mehr ignorieren, wenn sie wiedergewählt werden wollten. Bis zu den 1880ern entstand gar eine »Anti-Monopol-Partei«, auf die die etablierten Republikaner und Demokraten in den Wahlen von 1884 reagierten, indem sie ebenfalls Maßnahmen gegen Monopolisten versprachen. Dainzwischen auch in der Industrie ähnliche Konzentrationsbewegungen wie in der Landwirtschaft eingesetzt hatten und große Konzerne entstanden waren, fand sich im US-Kongress in Washington 1890 schließlich eine große Mehrheit von Abgeordneten und Senatoren, die den sogenannten Sherman Act verabschiedete. Durch dieses Gesetz wurden nicht nur Monopole in allen Wirtschaftszweigen verboten, sondern auch Kartelle, d. h. vertraglich abgesicherte Absprachen über Produktionsquoten oder Preise unter an sich selbständigen Firmen. Dieses Gesetz sollte den Wettbewerb am Markt sichern und das Entstehen von markbeherrschenden Unternehmen verhindern. Dies hieß jedoch nicht, dass der amerikanische Kapitalismus hinfort aus einer Vielzahl von kleinen und mittleren Industrie-, Handels- und Bankunternehmen bestand. Obwohl auch solche Firmen weiterhin im Markt tätig waren, insgesamt wurde die amerikanische Wirtschaft durch den Sherman Act in eine Richtung gedrängt, in der die Großunternehmen als Oligopole miteinander konkurrierten und auf diese Weise eine monopolistisch-einseitige

Benachteiligung des Verbrauchers zumindest verboten und gedämpft wurde. Als Beispiel sei hier der Automobilmarkt genannt, in dem es um die Jahrhundertwende zahlreiche weniger bekannte Marken und Modelle gab, aber zunehmend auch Großunternehmen wie Ford und General Motors, die untereinander konkurrierten, ohne die kleineren Werke sofort zu verdrängen. Ähnlich war es beim Aufstieg der Kaufhäuser, die nicht nur unter sich konkurrierten, sondern kleineren Geschäften weiterhin genügend Atemluft zur Weiterexistenz ließen.

Auf die langfristigen Folgen des amerikanischen Oligopolismus für die europäischen Volkswirtschaften und gerade auch auf die britische wird in Kapitel 2 ausführlicher einzugehen sein. Hier sind für die Zeit vor 1914 zuerst Großbritanniens Beziehungen zu den USA zu untersuchen, bevor ich auf die Beziehungen zu der anderen neuen Großmacht, zum Deutschen Reich, eingehe, das sich Ende des 19. Jahrhunderts ebenfalls zu einem dynamischen Industrieland entwickelt hatte. Es ist nicht verwunderlich, dass das angloamerikanische Verhältnis nach der Rebellion der Siedlerkolonien und der amerikanischen Unabhängigkeitserklärung am Ende des 18. Jahrhunderts jahrzehntelang sehr gespannt blieb und sich in London gelegentlich gar Stimmen erhoben, den Lauf der Geschichte wieder zurückzudrehen und die USA zu annektieren. Es folgten Jahrzehnte, in denen die Amerikaner zu sehr mit der Konsolidierung ihres politischen Systems und dem Wachstum ihrer Wirtschaft im Innern beschäftigt waren, als in Europa zu investieren.

Doch dann erschienen Washington und seine aufblühende Industrie gegen Ende des 19. Jahrhunderts doch auf der internationalen Bühne und machten wie die europäischen Nationen territoriale Ansprüche geltend. Dies geschah im Verfolg der 1823 von US-Präsident James Monroe formulierten und nach ihm benannten Doktrin, die nicht nur in Lateinamerika, sondern in Ostasien galt, wo man die Philippinen annektierte. Besonders US-Präsident Theodore Roosevelt war es, der imperialistische Ambitionen ganz offen verkündete und verwirklichte, unterstützt von Machtpolitikern im Kongress und von kommerziellen und industriellen Interessen, die ihre Positionen auf dem Binnenmarkt durch den Ausgriff nach Übersee zu verbessern hofften. Das führte zu Spannungen, die um die Jahrhundertwende in einem Konflikt darüber an die Oberfläche kamen, wer unter den Großmächten in Venezuela in der Vorderhand saß.[13] Nicht weniger bezeichnend ist es allerdings, dass sich London in diesem Falle zurückzog.

Dies hatte zur Folge, dass sich in den USA das Selbstbewusstsein ausbreitete, jetzt definitiv zu den Großmächten zu gehören. Mehr noch: Man glaubte fest daran, zu den aufsteigenden Nationen zu gehören, die Großbritannien früher oder später überholen und im Zuge einer »Amerikanisierung der Welt« die bisherige Hegemonialmacht England von ihrem ersten Platz verdrängen würden.

Im Jahre 1902 hatte der britische Journalist William Stead unter diesen Titel ein Buch mit dieser Zukunftsprognose für die USA veröffentlicht,[14] das seither immer wieder als eine der ersten Stellungnahmen zu einem Prozess der Amerikanisierung angeführt worden ist, der schon vor 1914 zuerst West- und Zentraleuropa erfasste und nach 1945 um die ganze Welt lief. Doch wenn man sich jenseits des Buchtitels in Steads Text vertieft, wird deutlich, dass es ihm nicht so sehr um eine bevorstehende »Amerikanisierung der Welt« ging, sondern um den Abschluss eines angloamerikanischen Bündnisses. Seiner Meinung nach stand Großbritannien damals vor zwei Alternativen. Entweder das Land akzeptierte, dass die USA zum Gravitationszentrum der englischsprechenden Welt geworden waren und Großbritannien nunmehr auf den Status eines englischsprechenden Belgiens reduziert sei; oder England konnte sein Empire mit den Vereinigten Staaten verschmelzen. In diesem Falle würde das Land auf immer ein integraler Teil der größten aller Weltmächte sein – vorrangig auf den Meeren, aber auch unangreifbar zu Land. Man wäre, so Stead, der Furcht vor einem feindlichen Angriff enthoben und besitze die Fähigkeit, gemeinsam in allen Regionen der Erde Einfluss auszuüben.

In Erkenntnis der graduellen Schwächung der britischen Position empfahl Stead also eine Anlehnung an die USA. Zwar zeigte sich auch in den nächsten Jahren, dass Washington zumindest bis in den Weltkrieg hinein nicht bereit war, ein solches Bündnis einzugehen. Doch gab es jenseits des Atlantiks vor allem in Industriekreisen auch andere Stimmen, die Großbritannien als eine niedergehende Macht in der Weltpolitik und Weltwirtschaft ansahen. Steads pessimistische Urteile über die Zukunft des britischen Empire werden durch die Ansichten von Frank Vanderlip bestätigt, der 1901 in die National City Bank of New York (NCB) einstieg und an der Wall Street und in der internationalen Bankenwelt großes Ansehen errang.[15] Bald nach seinem Eintritt in die NCB unternahm er eine ausgedehnte Europareise, um sich umfassend über die dortige wirtschaftliche Lage und das Geschäftsklima zu informieren. Während seine Eindrücke vor allem über

Deutschland sogleich noch zu behandeln sein werden, sind an dieser Stelle die Notizen interessant, die er und sein Assistent über seinen Besuch in England anfertigten und in denen wiederholt auf den relativen Niedergang des Landes Bezug genommen wird. Besonders der Konservatismus seiner britischen Kollegen fiel Vanderlip ins Auge. So erwähnte er die Ablehnung eines modernen amerikanischen Aufzugssystems, obwohl es viel schneller arbeitete. Der Bankier fügte hinzu, dass man hieran ein britisches Vorurteil erkennen könne, das sich nun als Boomerang erweise und für die Zukunft Probleme schaffe. Er wies auch auf die rückständigen technischen Fachschulen hin, nahm allerdings die Ausbildungsstätten der Textilindustrie davon aus. Sie gehörten zwar zu den ältesten Unternehmen aus der Zeit der Ersten Industriellen Revolution; dennoch stünden sie immer noch auf dem gleichen Niveau wie die anderen in der Welt.

Auf die schlecht ausgebildeten britischen Arbeiter sowie ihre ärmlichen Lebensumstände zu sprechen kommend, wies Vanderlip auf ihren Alkoholismus sowie die gesamtgesellschaftlichen Klassenunterschiede hin. Er könne nicht sich nicht zurückhalten zu sagen, dass England eine Lektion von den USA oder Deutschland erhalten müsse. Bei der Suche nach Mitteln gegen die Arbeitskonflikte des Landes müsse man mehr in die technische Ausbildung investieren. Vanderlip glaubte, dass sich die Arbeitgeber vor den Gewerkschaften fürchteten, und kam am Ende zu dem Schluss, dass Großbritannien nicht mit Deutschland und den Vereinigten Staaten konkurrieren könne, wenn die Gewerkschaften ihre Politik nicht änderten und sich nicht zum Ziel setzten, englische Ungelernte sowie Facharbeiter zu den besten in der Welt zu machen. Suche man jedoch nach der eigentlichen Ursache für den Niedergang des Landes, so liege die Schuld nicht so sehr bei den Arbeitern als bei den Oberklassen. Vanderlip war schlicht der Meinung, dass die wirkliche Verantwortung für die mangelnde Ausbildung der Arbeiter bei denen liege, die darauf bestanden, dass die ärmeren Klassen keine Ausbildung brauchten. Britische Arbeiter lebten somit in einer Umwelt, in der sie kein Vertrauen in die Arbeitgeber hätten. Letztere seien bei der Einführung von Verbesserungen allzu phlegmatisch, auch wenn im Land insgesamt ein Wandel festzustellen sei. So wenig Vanderlip daher ein gänzlich negatives Urteil fällen wollte, seine positiven Vergleiche mit den USA waren ebenfalls etwas zu rosig ausgefallen. Denn in den USA war die Ausbeutung der Arbeiter ebenfalls groß, auch wenn die Unternehmer dynamischer und innovationsfreudiger waren. Hier wird man sagen können, dass Vanderlip unter »kognitiver Dissonanz« litt, soweit es das eigene Land betraf, indem er Mängel, die er nicht sehen wollte, einfach ignorierte.[16]

Stellen wir die Frage nach Vanderlips Eindrücken über das Deutsche Reich vor 1914, das er ebenfalls bereist hatte, so hatte er über dessen industrielle Entwicklung viel Positives zu berichten. Auch dort hatte nämlich seit der Mitte des 19. Jahrhunderts ein bemerkenswerter Wandel stattgefunden. Vor allem die späten 1860er und die frühen 1870er brachten vor dem Hintergrund des Zusammenschlusses der zentraleuropäischen Regionen zuerst unter Preußens Führung im Norddeutschen Bund und 1871 mit der Gründung des Kaiserreichs ein rasches Wachstum von Industrie und Handel.[17] Es gab dann zwar einige Jahre der Stockungen, die von den Unternehmern zum Teil als eine Depression perzipiert wurden. Doch bis zur Jahrhundertwende standen die Zeichen in der deutschen Wirtschaft insgesamt auf Wachstum. Im Rheinland und Ruhrgebiet entstand im Westen mit seiner Schwerindustrie das industrielle Herz des Landes. Aber auch im Süden und Südwesten dehnten sich sowohl die mittelständischen als auch die Großunternehmen der Zweiten Industriellen Revolution mit den Bereichen Chemie, Elektrotechnik und Maschinenbau aus. Berlin wuchs zu einem Industriezentrum heran, und auch Sachsen nahm an der wachsenden industriellen Prosperität teil. Hamburg und Bremen wurden zu Toren eines globalen Welthandels. Indessen sollte die Landwirtschaft nicht unterschätzt werden, und so ist Klaus Bade recht zu geben, wenn er – ähnlich wie in den USA – von einer graduellen Entwicklung »vom Agrarstaat mit starker Industrie zum Industriestaat mit starker agrarischer Basis« sprach.[18]

Diese Entwicklung spiegelte sich auf vielen Sektoren der Wirtschaft, von denen hier nur der Bedarf an Grundstoffen und Energie im Vergleich zu England und Amerika erwähnt werden soll. Lag die deutsche Steinkohlenförderung 1880 noch bei 47 Millionen Tonnen, so war sie bis 1913 auf 191 Millionen angestiegen und lag damit an dritter Stelle in der Welt hinter England und den USA. In der Eisen- und Stahlproduktion rückte Deutschland bis 1910 gar auf den zweiten Rang vor England und hinter Amerika. Rasant war auch der Aufschwung im Fahrzeugbau und in der Elektrotechnik. Hatte die Automobilindustrie noch 1907 an die 26.000 Personenkraftwagen und 1211 Lastwagen hergestellt, so waren es sieben Jahre später bereits 83.000 bzw. 9700. Besonders erfolgreich war das Gebiet der organischen Chemie, die damals eine führende Stellung auf dem Weltmarkt für Farbstoffe und Pharmazeutika errang. Insgesamt wurde das Land zu einer der größten Exportnationen, wodurch sich auch die Handelshäuser, Banken und Versicherungen weiter ausdehnen konnten. Mitte der 1880er hatte Großbritannien am Export von Industriegütern noch einen Anteil von 43 Prozent, der bis 1913 jedoch auf 32 Prozent fiel. Derweil war der Anteil der USA inzwischen von 6 Prozent auf 14 Prozent gestiegen, der des Deutschen Reiches von 16 Prozent auf 20 Prozent.

Frank Vanderlip hatte auf seiner Europareise daher nicht nur die britische, sondern auch die deutsche Wirtschaft genau beobachtet und erkannt, dass die amerikanische Industrie durchaus nicht überall an erster Stelle stand.[19] Mit Ausnahme des Maschinenbaus war das Land in der Eisen- und Stahlproduktion den Deutschen nicht voraus. Letztere, so der New Yorker Bankier, seien besonders gut in der Metallverarbeitung. Die meisten chemischen Apparaturen, so fügte er hinzu, kämen aus Deutschland sowie fast alle komplexeren Chemikalien und Farbstoffe. Auch hatte er Krupp in Essen besucht, die die größte Firma ihrer Art in der Welt sei. Krupps Stahl sei einfach ausgezeichnet und daher auch in den USA so stark nachgefragt, dass selbst hohe Zölle keine Hürde für dessen Einfuhr seien.

Der Bankier stellte schließlich fest, dass die Europäer die amerikanische Industrie, deren Technologien und Produktionsmethoden zwar genau studierten; doch sah er in den deutschen Werkhallen auch viele einheimische Maschinen und arbeitssparende Produktionsmethoden. Insgesamt entdeckte er in seinen Gesprächen mit deutschen Industriellen vielerlei Wahlverwandtschaften bei amerikanischen und deutschen Einstellungen zu moderner Unternehmensführung, Arbeitsbeziehungen, Vermarktung und Bereitschaft zur Zusammenarbeit mit den Belegschaften. Das galt auch für die Ausbildungssysteme, die er in Deutschland im Gegensatz zu Großbritannien vorbildlich fand. Kurzum, im Vergleich zu den deutschen Unternehmern, mit denen Vanderlip sprach, befand er die Engländer bei der Einführung von Betriebsverbesserungen als »langsamer«. Da viele der britischen Unternehmer in Oxford oder Cambridge studiert hatten, fehlte ihnen auch ein Verständnis für den dauernden, durch die Wissenschaften angetriebenen Wandel und die Komplexitäten moderner Volkswirtschaften.

So erhellend Vanderlips vergleichende Reisebeobachtungen zu den deutschen und britischen Industriesystemen auch waren, er ging kaum darauf ein, dass jenseits des Wirtschaftlichen zwischen den drei Ländern erhebliche Unterschiede in ihren politischen Systemen bestanden, die für die Entwicklung der Weltwirtschaft und Weltpolitik bis 1914 letztlich noch wichtiger waren. Bekanntlich war in Nordamerika Ende des 18. Jahrhunderts eine republikanische Verfassung eingeführt worden, in der ein von den Wahlberechtigten auf vier Jahre gewählter Präsident zwar recht große Exekutivmacht besaß, die aber durch das Prinzip der Gewaltenteilung eingeschränkt war. Gesetze hatten nur dann Gültigkeit, wenn sie nicht nur vom Präsidenten unterzeichnet, sondern zuvor von den ebenfalls gewählten Mitgliedern des Senats einerseits und denen des Abgeordnetenhauses andererseits mehrheitlich ratifiziert worden waren. Als weiteres Verfassungsorgan gab es schließlich den Obersten Gerichtshof, der angerufen werden konnte, um über die Rechtmäßigkeit politischer Entscheidungen zu befinden. Großbritannien hatte sich derweil im 18. Jahrhundert zu einer konstitutionellen Monarchie entwickelt. Das gekrönte Oberhaupt hatte seine einstige Macht verloren. Sie lag jetzt beim Unterhaus mit seinen gewählten Abgeordneten und einem oligarchisch zusammengesetzten und bestimmten Oberhaus. Nach dem Prinzip des Mehrheitswahlrechts war im Prinzip sichergestellt, dass die Regierung, die vom Unterhaus bestimmt wurde, immer eine Mehrheit besaß, mit der (zumindest bis in die jüngste Zeit einer fortschreitenden Handlungsunfähigkeit des Parlaments als Entscheidungsgremium) Gesetze ratifiziert werden konnten.[20]

1.3 Monarchische Verfassung und maritime Machtpolitik im Deutschen Kaiserreich

Im Gegensatz zu den USA und Großbritannien war das Kaiserreich als Monarchie verfasst, in der ein nicht vom Volke gewählter Kaiser sehr breite Machtbefugnisse hatte. Er war nicht nur der Oberbefehlshaber der Armee und Kriegsmarine, sondern besaß auch das ausschließliche Recht, die Grundlinien der Außenpolitik zu bestimmen und außenpolitische Initiativen bis hin zur Kriegserklärung zu ergreifen. Auf diesen Gebieten war der Monarch in erster Linie von Beratern abhängig, die er höchstpersönlich bestimmen und entlassen konnte. Gleiches galt auch für die Reichsregierung, deren Mitglieder vom Willen des Monarchen abhängig waren. Soweit es die Innenpolitik betraf, war dessen Machtvollkommenheit zum einen durch einen Bundesrat eingeschränkt, in dem die Regierungen der monarchisch regierten Fürstenhäuser den Gesetzesinitiativen der Kaiserlichen Reichsregierung zustimmen mussten, bevor sie an einen aufgrund eines allgemeinen demokratischen Wahlrechts von allen deutschen Männern über 21 Jahre mehrheitlich gewählten Reichstag weitergereicht und verabschiedet wurden.

Für die weitere Entwicklung der Innenpolitik ist hier vorerst nur festzuhalten, dass dieses komplexe Verfassungssystem gegen 1914 in eine schwere Krise geriet. Denn mit dem Aufstieg der Sozialdemokratischen Partei, die im Zuge der Industrialisierung wachsende Zahlen von Arbeitern aus den großen Städten anzog, aber von einer Regierungsbeteiligung ganz bewusst ausgeschlossen wurde, war es immer schwieriger geworden, im Reichstag Gesetzesmehrheiten zu finden. Das wiederum verleitete die Reichsregierung dazu, auf dem Wege über eine nationalistische und imperialistische Außenpolitik unter bäuerlichen und bürgerlichen Wählern Begeisterung, aber auch Ängste wachzurufen, die diese Schichten in die Arme der Monarchie und des Status quo trieben. Mit anderen Worten, der Kaiser und seine Berater bemühten sich, mit dem Schwungrad der Außenpolitik die Gefahr einer innenpolitischen Paralyse des Verfassungssystems zu überwinden.

Damit ist jenseits der Wirtschaftsentwicklung der Brennpunkt auf die internationale Machtpolitik und die militärischen Strategien sowie die außenpolitischen Ambitionen der Großmächte vor 1914 gerichtet. Es entstand damals eine gefährliche Rüstungsdynamik, die schließlich im Ersten Weltkrieg endete. An dieser Eskalation hatten Wilhelm II. und seine Berater einen entscheidenden Anteil. Wie bereits erwähnt, hatte im späten 19. Jahrhundert der Wettlauf um den Erwerb von Kolonien vor allem in Afrika und Asien eingesetzt, an dem sich alle Großmächte, aber auch kleinere Staaten wie Belgien und Holland beteiligten, indem sie zum Teil riesige Territorien oft gegen den Widerstand der einheimischen und seit langem dort siedelnden Gesellschaften militärisch eroberten und Truppen sowie Verwaltungsbeamte vor Ort einsetzten. Es ist typisch, dass ein konservativer preußischer Großgrundbesitzer wie Reichskanzler Otto von Bismarck von dieser Entwicklung nicht begeistert war. Seine Landkarte – wie er einmal bemerkte – lag nicht in Afrika, sondern auf dem europäischen Kontinent. Doch wie in den anderen Nationen Europas war es jetzt vor allem das aufsteigende deutsche Wirtschaftsbürgertum, das im Zuge der Industrialisierung und des weltweiten Handels auf eine deutsche Beteiligung an der Eroberung von Kolonien drängte.

Nicht weniger wichtig war, dass sich Wilhelm II. bereits für den Erwerb von Kolonien begeistert hatte, als er noch Kronprinz war. Doch als nach dem Tod des alten Wilhelm I., der Bismarcks Ansichten zuneigte, sein Sohn Friedrich III. schon kurze Zeit nach der Thronbesteigung an Krebs starb, wurde Wilhelm II. 1890 König von Preußen und Deutscher Kaiser. Obwohl noch jung und unerfahren, aber auch von seinem Temperament und seiner Erziehung her für eine so machtvolle Stellung im Grunde ungeeignet, sah sich Wilhelm II. nach Bismarcks Entlassung als der Begründer und Förderer eines transnationalen Reiches, das sich mit den anderen Großmächten und vor allem mit Großbritannien und seinem Empire politisch-militärisch, wirtschaftlich und kulturell messen konnte. Ja, letztlich dachte dieser Kaiser sogar schon in den neunziger Jahren daran, die Hegemonialstellung der Engländer diplomatisch und sogar auch militärisch herauszufordern. Zwar waren am Ende des 19. Jahrhunderts nicht mehr viele Territorien zu erobern, doch rechnete man in Berlin mit dem Verfall der älteren spanischen und portugiesischen Weltreiche und folglich mit einer »Neuverteilung der Erde« im 20. Jahrhundert.

An dieser Neuverteilung wollte Wilhelm II. an prominenter Stelle beteiligt sein, glaubte aber, dass Großbritannien seiner Strategie im Wege stehen würde, wenn er sie am Verhandlungstisch mit den anderen Mächten vortrug. Um sich auch gegenüber London durchsetzen zu können, war für ihn und seine Berater daher ein militärischer Hebel erforderlich, der freilich nicht aus Landstreitkräften bestehen konnte. Für die Verwirklichung seiner überseeischen Ambitionen brauchte er Seestreitkräfte nicht nur, weil es um Besitzungen jenseits des europäischen Kontinents ging, sondern auch, weil die Engländer mit ihrer über Jahrzehnte aufgebauten Royal Navy über eine Kriegsmarine verfügten, mit der sie jederzeit und auf allen Weltmeeren eine Herausforderung Wilhelms II. annehmen und ihm eine empfindliche Niederlage beibringen konnten.

Doch dann ernannte Wilhelm II. 1897 einen Marineminister, Alfred (von) Tirpitz, der ihm einen langfristigen Plan zur Vergrößerung der Kriegsmarine, deren Oberbefehlshaber er nach der Reichsverfassung war, entwickelte.[21] Diesem Kriegsschiffbauplan lag als erstes die Erkenntnis zugrunde, dass man den Engländern mit ihren vielen

Kreuzern, die überall im Empire stationiert waren, nicht würde pari bieten können. Indessen hatte sich der Schiffsbau inzwischen so weiterentwickelt, dass man große Schlachtschiffe bauen konnte, die zwar langsamer und schwerfälliger waren als Kreuzer, diesen aber durch ihre stärkere Panzerung und großkalibrigeren Geschütze in einer Seeschlacht überlegen waren. Der daraus gezogene logische nächste Schritt des »Tirpitz-Plans« war, diese großen Schiffe nicht auf die Meere zu verteilen, sondern sie in der Nordsee direkt vor der Haustür Großbritanniens zu konzentrieren und damit das britische Mutterland unmittelbar zu bedrohen. Diese Schlachtflotte konnte dann – so die Kalkulation – als diplomatischer Hebel am Verhandlungstisch oder auch zu einer Schlacht in der Nordsee eingesetzt werden. Allerdings musste diese Flotte für den letzteren Fall stark genug sein, um die Royal Navy in der Nordsee besiegen zu können und damit das internationale Mächtegleichgewicht auf einen Schlag radikal gegen England und zu Gunsten des Kaiserreichs zu verschieben. Andernfalls blieb die Kaiserliche Flotte nicht mehr als ein leicht zu entlarvender Bluff.

Tirpitz errechnete nun, dass er für einen Sieg insgesamt 60 Schlachtschiffe benötigte, wobei er annahm, dass London eine ähnliche Anzahl von großen Schiffen einsetzen würde. Gleichwohl hoffte er, durch besseres Training der Besatzungen und andere Verbesserungen in der Nordsee-Schlacht ein taktisches Übergewicht gegenüber der Royal Navy zu erringen, deren Offizierskorps er für altmodisch und ineffizient hielt. Freilich konnten die 60 Schiffe nicht in kurzer Zeit auf Stapel gelegt werden. Dazu fehlten dem Kaiserreich die Werftkapazitäten. Zudem musste ein zu schneller Ausbau in London Verdacht erregen und den Bau von eigenen Schlachtschiffen auslösen. Darüber hinaus bestand die Gefahr, dass die Royal Navy ihre noch überlegene Flotte zu einem Präventivschlag gegen die entstehende Kaiserliche Marine mobilisieren würde. Das Vorbild und entsprechend das Schreckgespenst auf deutscher Seite war, dass die Engländer einen solchen Schlag 1807 gegen die schwächere und in Kopenhagen liegende dänische Flotte geführt hatten. Es galt also, den Tirpitz-Plan durch diese Gefahrenzone zu schleusen.

Es gab somit zwei gewichtige Gründe, die Endziele dieser letztlich gegen die erste Weltmacht gerichteten Seerüstungsstrategie geheim zu halten und den Ausbau in mehreren kleineren Schritten über einen Zeitraum von 20 Jahren zu verteilen. Das war auch aus finanziellen Gründen ratsam, da Steuererhöhungen im Bundesrat und Reichstag schwer durchzusetzen waren. Die Marine sollte daher von der wachsenden Prosperität des Landes und die dadurch zu erwartenden größeren Steuereinahmen ohne zusätzliche und unpopuläre Erhöhungen getragen werden. Als Tirpitz dem Kaiser 1899 diesen Plan vorlegte und ihm in Aussicht stellte, im 20. Jahrhundert eine »große überseeische Politik« sogar gegen das britische Empire in Angriff nehmen zu können, stimmte der Monarch zu. Der erste Schritt war, drei große Schlachtschiffe pro Jahr auf Stapel zu legen, von denen zumindest eins jeweils öffentlich als Ersatzbau deklariert wurde. Dieses sogenannte »Dreiertempo«, so meinte Tirpitz, werde die Engländer auch in den folgenden Jahren nicht alarmieren und im Zuge einer weiterhin prosperierenden Wirtschaft zudem im bestehenden Rahmen des Reichshaushalts zu finanzieren sein. Außerdem sollte sich die deutsche Außenpolitik zurückhalten und der Kaiser diplomatische Eskapaden einstellen, wie er sie noch 1895 mit seiner Depesche an Ohm Krüger zur Unterstützung der Rebellion der Buren gegen die Engländer in Südafrika ausgelöst hatte. Ebenso sollte sich die Außenpolitik von Bündnissen, wie London dem Kaiser 1899 eines angeboten hatte, fernhalten. Die Verwirklichung des seemilitärischen Tirpitz-Plans hatte jetzt den Vorrang vor allen diplomatischen Initiativen, mit dessen Hilfe Wilhelm II. 20 Jahre später bei der »Neuverteilung der Welt« seiner Großmachtpolitik zum Erfolg verhelfen wollte.

Indessen stieß diese ziemlich größenwahnsinnige Strategie schon bald mit den Realitäten der internationalen Politik zusammen, die auf Seiten der anderen Großmächte angesichts der weiterhin prahlerischen Reden des Kaisers zuerst Verdacht und dann prompt Gegenmaßnahmen auslösten. Eine der ersten Reaktionen kam auf diplomatischer Ebene aus London, als man dort 1902 die bisherige Politik der »Splendid Isolation« aufgab und sich für Bündnisvereinbarungen öffnete. Während sich diese neue britische Politik zuerst noch im Fernen Osten abspielte, wurde sie in Europa 1904 mit dem Abschluss der Entente Cordiale zwischen England und dem mit Deutschland seit 1870 verfeindeten Frankreich in die Tat umgesetzt. Dies wiederum alarmierte Berlin, zumal sich auch die Beziehungen zu Russland inzwischen erheblich verschlechtert hatten. Um die Festigkeit der Entente Cordiale zu testen, ließen sich der Kaiser und seine militärischen Berater 1905 dazu hinreißen, mit territorialen Ansprüchen in Marokko eine Krise auszulösen, die bis an den Rand eines Krieges mit Frankreich führte und bei deren friedlicher Lösung die Vereinigten Staaten mithalfen.

Inzwischen war aber auch die Royal Navy angesichts der fortgesetzten Stapellegungen auf den deutschen Werften unruhig geworden. Hatte Tirpitz wirklich mit der Vergrößerung der Kaiserlichen Marine begonnen, um die Royal Navy auf die längere Sicht zu »überbauen«? Der Chef der britischen Admiralität Sir John Fisher gewann diese Überzeugung. Doch reagierte er auf die Herausforderung des Kaisers nicht einfach damit, dass er wie Tirpitz begann, mehr und mehr Kriegsschiffe zu bauen. Vielmehr entschied er sich, durch den sogenannten Dreadnought-Sprung zum Bau noch größerer Schlachtschiffe sowie schnellerer Schlachtkreuzer. So kam es, dass das erste, die »Dreadnought«, schon 1906 in Dienst gestellt wurde. Mit anderen Worten, Fisher forderte Tirpitz zu einem sowohl quantitativen als auch qualitativen Wettrüsten heraus. Jetzt ging es nicht nur um mehr und mehr Schlachtschiffe, sondern auch um immer größere.

Der Tirpitz-Plan war indessen, wie gesagt, nur auf ein quantitatives Rüsten ausgerichtet und wurde durch Fisher nunmehr in den Bau deutscher Dreadnoughts hineingezogen. Zuerst glaubten Wilhelm II. und sein Marineminister, diesen Wettlauf mit den deutschen Werftkapazitäten und auch den bestehenden Reichsfinanzen mithalten zu können. Doch als London 1908 zum Bau von vier großen Schiffen pro Jahr überging und Tirpitz folgte, tat sich vor ihm ein nicht einkalkuliertes finanzielles Loch auf, das neue Steuern erforderte. Diese lösten bald darauf schwere innenpolitische Konflikte aus, in denen es darum ging, auf wessen Schultern die zusätzlichen Rüstungskosten gelegt werden sollten. Vor allem die Großgrundbesitzer widersetzten sich höheren Steuern, die sie trafen. Zudem hatten sie schon länger gegen die »grässliche Flotte« agitiert, deren Bau letztlich nicht in ihrem, sondern im Interesse von Industrie und Handel lag. Und wenn sie sich gegen höhere Erbschafts- und Einkommenssteuern aussprachen, so blieben als ertragreiche Steuern im Grunde nur noch die Verbrauchssteuern übrig, die den Durchschnittsbürger und vor allem die Arbeiterschaft am stärksten trafen. Zwar wurde die Arbeiterschaft von der Regierungsteilnahme konsequent ausgeschlossen, aber sie besaß das allgemeine Männerwahlrecht. Damit konnten die Arbeiter gegen die großen Ungerechtigkeiten der Steuer- und kostspieligen Rüstungspolitik an der Wahlurne protestieren.

Dementsprechend war es die Sozialdemokratische Partei (SPD), die als Arbeiterpartei die Steuerpolitik anprangerte und dadurch entsprechend viele neue Stimmen gewann. Es nützte nicht viel, dass

Reichskanzler Bernhard von Bülow Wähler mit sozialpolitischen Versprechen der Sozialdemokratie abspenstig zu machen suchte. Bis 1912 stieg die SPD zur größten Partei auf, die die Kritik der Arbeiter an der Monarchie und ihrer Führung immer radikaler artikulierte. Damit braute sich gegen 1914 eine innen- und verfassungspolitische Krise zusammen, die das Kaiserreich im Innern paralysierte und den Kaiser und seine militärischen Berater in die Versuchung führte, aus der Sackgasse, in die die Monarchie durch ihre Innen- und Steuerpolitik geraten war, durch einen Krieg nach außen herauszukommen und das monarchische Verfassungssystem durch einen Sieg über die feindlichen Nachbarn erneut zu stabilisieren.

War das Kaiserreich inzwischen auch außenpolitisch immer mehr in die Isolierung geraten. Die Marokko-Krise von 1905 hatte die Beziehungen zwischen Frankreich und Großbritannien weiter gefestigt. 1906/07 entschloss sich London, auch die alten Konflikte mit dem Zarenreich in Zentralasien beizulegen. Da Russland bereits mit Frankreich verbündet war, entstand 1907 die Triple Entente, die von Wilhelm II. sofort als eine »Einkreisung« des Kaiserreichs wahrgenommen wurde. Es war allerdings wohl richtiger zu sagen, dass Deutschland sich mit seiner Außen- und Seerüstungspolitik aus der Runde der Großmächte ausgekreist hatte. Vor allem der Tirpitz-Plan mit seinen hohen Kosten wog jetzt in der Innenpolitik immer schwerer. Eine Polarisierung und nachfolgende Paralyse der Innenpolitik vor Augen, gab der Hamburger Reeder Albert Ballin seinem Freund Wilhelm II. daher den Rat, dass Deutschland im Vergleich zu den Engländern nicht reich genug sei, um sich auf ein erhöhtes Seewettrüsten einzulassen. Zudem war in Berlin inzwischen auch der Weg zu einer Lösung der Steuerfrage blockiert, den Großbritannien zur gleichen Zeit beschritt und den auch das Kaiserreich eigentlich hätte einschlagen sollen.

Die britische Steuerstrategie brachte Lord Haldane, Mitglied des damaligen Kabinetts der Liberalen, im August 1908 auf den springenden Punkt, als er schrieb:[22] »Wir sollten uns kühn auf den Boden der Fakten stellen und eine Politik verkünden, mit der hauptsächlich durch direkte Steuern so viel von dem Anstieg und Wachstum der Vermögen einkassiert wird, um es uns zu ermöglichen, die erhöhten Kosten der Sozialreformen, der Verteidigung sowie einen Restbetrag zu Gunsten eines Reservefonds« zu decken. Er fügte hinzu: »Je kühner dieser Vorschlag gemacht wird«, umso attraktiver werde er sein.

Werde er doch »vielen verängstigten Leuten als ein Bollwerk gegen die Sozialisierung der Vermögen« seitens der politischen Linken erscheinen. Während in London eine solche Lösung des Rüstungs- und Wohlfahrtsdilemmas, in das Großbritannien aufgrund der deutschen Politik geraten war, gefunden wurde, gab es in Deutschland zwar ähnliche Vorschläge. Indessen wurden sie ebenso wie Ballins Rat, das Seewettrüsten abzubrechen, vom Kaiser und seinen Beratern nicht befolgt. So ging das teure Schlachtschiffbauen und das Flicken des Haushalts bis 1910 weiter. Dann erschienen die Generäle und die Armee auf dem Plan, die nun merkten, in was für eine isolierte Stellung Tirpitz das Kaiserreich international manövriert hatte. Sie sahen die Bedrohung des Landes nicht nur durch die verstärkte Royal Navy, sondern auch durch die Landstreitkräfte Frankreichs im Westen und die des mit Paris verbündeten Russland im Osten. Zudem kamen der französische und britische Generalstab 1911 überein, dass letzterer im Falle eines deutschen Angriffs auf Frankreich den Franzosen mit eigenen Truppen zur Seite stehen würden. Der einzige treue Partner, der Wilhelm II. noch verblieben war, war die Habsburger Monarchie mit ihren zahllosen Problemen. Denn Wien versuchte schon seit längerem ein durch Minderheitenkonflikte geplagtes multinationales Reich in Zentraleuropa und auf dem Balkan zusammenzuhalten.

1.4 Armeerüstungen und der Ausbruch des Ersten Weltkriegs

So kam es 1911/12 zu einer Umorientierung der deutschen Politik von den Seerüstungen auf eine Erweiterung der Landstreitkräfte, die wiederum Heeresvermehrungen auf französischer und russischer Seite nach sich zog. Diese Eskalation zu Lande war deshalb so gefährlich, weil nach dem Fehlschlag des Tirpitz-Plans mit seinen hohen »weltpolitischen« Erwartungen jetzt die Generalstäbe in Berlin und Wien zu rechnen begannen, wann die russischen Rüstungen infolge der größeren Bevölkerungszahl die deutschen und Habsburger Mobilisierungen von Soldaten überschreiten würden. In Berlin kam man zu dem Schluss, die französisch-russischen Landstreitkräfte würden ab 1915/16 stärker sein und diese Überlegenheit entweder mit diplomatischem Druck oder in einem Krieg auszunutzen. Nachdem sich Generalstabschef Hellmuth von Moltke daher am 14. Mai 1914 mit seinem

Habsburger Gegenüber, General Franz Conrad von Hoetzendorff, in Karlsbad zu einer Lagebesprechung getroffen hatte, berichtete Moltke einige Tage später Gottlieb von Jagow, dem Staatssekretär im Berliner Auswärtigen Amt, in sehr pessimistischen Tönen, die letzterer wie folgt aufzeichnete:

Die Aussichten in die Zukunft bedrückten ihn schwer. In 2 bis 3 Jahren werde Russland seine Rüstungen beendet haben. Die militärische Übermacht unserer Feinde wäre dann so groß, dass er nicht wüsste, wie wir ihrer Herr werden könnten. Jetzt wären wir ihnen noch einigermaßen gewachsen. Es blieb seiner Ansicht nach nichts übrig, als einen Präventivkrieg zu führen, um den Gegner zu schlagen, solange wir den Kampf noch einigermaßen bestehen könnten. Der Generalstabschef stellte mir demgemäß anheim, unsere Politik auf eine baldige Herbeiführung eines Krieges einzustellen.[23]

Was zu Moltkes Sorgen beitrug, war die Erkenntnis, dass die Mittelmächte sich von Anfang an in einem Zweifrontenkrieg befinden würden. Vor diesem Hintergrund ist das strategische Konzept zu sehen, mit dem er diesen Konflikt gegen Frankreich und Russland trotz einer zu erwartenden zahlenmäßigen Unterlegenheit dennoch zu gewinnen hoffte. Aus diesem Grunde hatte Moltke einen Plan modifiziert, den sein Vorgänger Alfred von Schlieffen 1905 entwickelt hatte. Hiernach sollten die deutschen Armeen zuerst im Westen unter Verletzung der belgischen Neutralität in das kleine Nachbarland einfallen, um in einem Blitzkrieg von Norden her nach Frankreich bis Paris vorzustoßen und Frankreich zur Kapitulation zu zwingen. Anschließend sollten die deutschen Truppen nach Osten geworfen werden, um das Zarenreich zu besiegen, von dem man annahm, dass es sehr viel langsamer mobilisieren würde und daher genügend Zeit sei, nach dem schnellen Sieg im Westen die Russen an der deutschen Ostgrenze zu konfrontieren.

Es war wohl unvermeidlich, dass schon 1913 Gerüchte von einem baldigen Großen Krieg aufkamen. Während die nationalistische Rechtspresse sich für einen schnellen und siegreichen deutschen Schlag aussprach, der die innenpolitischen und außenpolitischen Probleme des Kaiserreichs und auch diejenigen Österreich-Ungarns lösen würde, rieten deutsche Industrielle, Bankiers und vom internationalen Handel abhängige Unternehmen wie etwa Ballins HAPAG-Reederei von dieser riskanten Strategie ab. Sie wiesen darauf hin, dass das weitere rasante Wachstum der deutschen Wirtschaft es dem

Kaiserreich ermöglichen würde, auch ohne einen großen Krieg früher oder später gegenüber Großbritannien den Vorrang zu erringen. Doch dann verübten serbische Nationalisten am 28. Juni 1914 in Sarajewo ein erfolgreiches Attentat auf den Habsburger Thronfolger und seine Frau, die von Wilhelm II. und seinen Beratern als die Gelegenheit genutzt wurde, den im Mai 1914 von Moltke empfohlenen Präventivkrieg gegen Frankreich und Russland zu beginnen und innerhalb kurzer Zeit für die beiden Mittelmächte zu entscheiden. Zwar mochte Reichskanzler Theobald von Bethmann Hollweg einige Tage nach dem Attentat noch gehofft haben, den Krieg auf einen serbisch-österreichischen Lokalkonflikt auf dem Balkan zu beschränken. Doch erwies sich dies schnell als Illusion, nachdem Russland als der Protektor Serbiens auf dem Plan erschien und erklärte, dass St. Petersburg eine Zerstörung Belgrads mit einem Krieg gegen das Habsburger Reich beantworten würde. In diesen wurden dann unvermeidlich auch die Franzosen und Belgier hineingezogen, da Berlin den früheren Aufmarschplan gegen Russland aufgegeben hatte und nur der Schlieffen-Plan mit dem Angriff im Westen zur Verfügung stand. Dementsprechend wurde dieser am 1. August in die Tat umgesetzt. Der Kampf der Großmächte auf dem Kontinent hatte begonnen.

Das britische Empire hatte derweil die unruhige Politik Wilhelms II. auch nach dem Abbruch des Seewettrüstens scharf beobachtet. London führte nunmehr mit Paris Verhandlungen, wie weit man den Franzosen und Belgiern auf dem Kontinent mit Truppen zu Hilfe kommen könnte. Auf der anderen Seite übten Englands Industrie- und Handelseliten auf das Kabinett Druck aus, Berlin auf diplomatischem Wege von einem Krieg abzuhalten. Als dies fehlschlug, gab es in London Stimmen, die den frühen Verlauf des deutschen Krieges gegen Frankreich abwarten wollten, bevor das Empire sich engagierte. Unter dem Eindruck des Überfalls auf das kleine Belgien, dessen Neutralität London 1832 vertraglich garantiert hatte, erklärte das Kabinett dann aber doch am 4. August dem Kaiserreich den Krieg.

Bevor untersucht wird, wie Großbritannien dastand, als der Krieg 1918 mit einem Sieg über die Mittelmächte schließlich endete, sind zwei Bilanzen zu ziehen. Die erste betrifft die von dem australisch-britischen Historiker Christopher Clark 2013 entwickelte These, dass alle europäischen Mächte wie Schlafwandler in den Abgrund des Weltkriegs getaumelt seien und somit für die nun folgende Katastrophe mitverantwortlich seien. Diese These zum Ausbruch des Ersten Weltkriegs ist inzwischen von den meisten Fachhistorikern angezweifelt worden.[24] Ihnen zufolge braucht man keine Rundreise durch die europäischen Hauptstädte anzutreten, um die Hauptverantwortlichen zu identifizieren. Es genügt, sich genau über die Manöver Wilhelms II. und seiner Berater zu informieren und sich dann in gleicher Mission zum Aktenstudium nach Wien zu begeben. Als Dritter im Bunde wäre allenfalls noch die Rolle von Zar Nikolaus II. und seines Außenministers Sergei Sasonow auf dem Balkan und im Zusammenhang mit dem Wiener Ultimatum an Belgrad sowie der Mobilisierung der russischen Armee zu betrachten; diente diese in Berlin Ende Juli 1914 doch als Rechtfertigung für die Mobilisierung der eigenen Armee und der Invasion des neutralen Belgiens. Die zweite Bilanz ist, dass das Londoner Kabinett erfolglos beschwichtigend in den von Berlin und Wien eskalierten Konflikt einzugreifen versuchte und auf jeden Fall einen großen Krieg nicht wollte, von dem man vage ahnte, wie destruktiv er sein würde.

1.5 Der nicht gewollte Krieg und die Schwächung der britischen Weltstellung

Dieses britische Zögern spiegelt sich in den schon damals erahnten groben Zahlen über die menschlichen Verluste dieses Weltkriegs. Kostete er insgesamt doch an die 20 Millionen Menschen das Leben, zu denen weitere Millionen hinzuzurechnen sind, wenn man die Grippe-Epidemie berücksichtigt, die 1918 über das Kriegsende hinaus global ausbrach. Die Zahl der Briten, die an der Westfront und anderen Teilen Europas fielen, belief sich auf 750.000 bzw. 908.000, wenn man die Truppen des Empire und Commonwealth hinzurechnet. An die zwei Millionen wurden verwundet, von denen viele als Amputierte aus dem Krieg zurückkehrten und ihr ganzes weiteres Leben – von ihren Kampferlebnissen schwer traumatisiert – arbeitsunfähig blieben.

Welche Ausmaße das Sterben allein in den Schützengräben der Westfront annahm, mag hier nur das Beispiel von der Ende Juni 1916 beginnenden Schlacht an der Somme in Nordfrankreich illustrieren. An diesem Frontabschnitt hofften die Engländer 1916 einen entscheidenden Durchbruch zu erringen. Die Operation begann daher mit einem höllischen Bombardement der deutschen Schützengräben und Unterstände, das am 1. Juli plötzlich in der Annahme eingestellt wurde, dass es kaum noch Überlebende in den feindlichen Unterständen gäbe. Das war jedoch eine Fehleinschätzung. Denn viele Deutsche waren nicht gefallen. Als daher die Feuerstille eintrat, wussten sie, dass jetzt die britischen Soldaten zu Hunderten über das zwischen den Fronten liegende Niemandsland mit seinen Drahtverhauen zur Eroberung der deutschen Gräben stürmen würden. Sofort pflanzten sie ihre Maschinengewehre auf und mähten die herankommenden Briten im Niemandsland einfach nieder. Am Ende dieses für die Briten so unseligen Tages waren 60.000 von ihnen entweder sofort getötet oder schwer verwundet worden. Angesichts des Kampfes konnten die Verwundeten erst nach Einbruch der Dunkelheit gerettet werden, als viele von ihnen bereits hilflos und unter großen Schmerzen gestorben waren oder später bei der Einlieferung im Lazarett nicht mehr operiert werden konnten. Ihnen wurde Morphium gegeben, bevor sie einschliefen. Der Kampf an der Somme ging dennoch bis in den Herbst weiter und kostete bis dahin auf beiden Seiten 1,1 Millionen Tote und Verwundete. Im belgischen Flandern weiter nördlich oder im Osten Frankreichs bei Verdun waren die Schlachten nicht weniger blutig.

Jenseits der menschlichen Verluste an den Fronten und der Trauer sowie der seelischen und sozialen Probleme, die der Weltkrieg hinterließ, sind auch die materiellen Opfer zu bedenken. In den britischen Rüstungsfabriken lief die Produktion von Granaten, Geschützen, Lastwagen und schließlich der ersten Panzer-Ungetüme auf Hochtouren, je mehr der Konflikt zu einem totalen Krieg wurde, der die Mobilisierung aller Ressourcen erforderte. Auch die menschlichen und materiellen Verluste, die dem Empire und Commonwealth durch den Seekrieg entstanden, sollten nicht vergessen werden. Besonders schmerzlich waren diese im Nordatlantik, vor allem nachdem die Kaiserliche Marine 1916 den unbegrenzten U-Boot-Krieg wiederaufgenommen hatte. Unter Verletzung des internationalen Seerechts entschloss sich Berlin, britische Schiffe ohne Warnung zu torpedieren. Unter den Verlusten befanden sich auch immer wieder Passagierschiffe mit amerikanischen Reisenden, die ebenfalls in größeren Zahlen ertranken. Zwar glaubte die Admiralität in Berlin bis zum Sommer 1917 so viel an Tonnage versenken zu können, dass London in die Knie gezwungen werden konnte, auch weil nicht mehr genügend Lebensmittel aus Nordamerika zur Ernährung der Bevölkerung den Inselstaat erreichten.

Indessen erwies sich die U-Boot-Strategie als eine weitere arge Fehlkalkulation, wie sie auf dem Kontinent schon im Herbst 1914 bei der

Durchführung des Schlieffen-Moltke-Plans deutlich geworden war. Auch hier zerstob die Berliner Erwartung eines kurzen Krieges und eines schnellen Siegs über Frankreich. Die Risiken wurden maßlos unterschätzt. Im Seekrieg auf dem Atlantik zeigte sich dies schließlich im April 1917, als US-Präsident Woodrow Wilson angesichts der Empörung der amerikanischen öffentlichen Meinung über die Ziviltoten auf hoher See sowie über das Bekanntwerden des Zimmermann-Telegramms mit Zustimmung des Kongresses in Washington dem Kaiserreich den Krieg erklärte. Zwar dauerte es noch bis zum Frühjahr 1918, bis amerikanische Truppen ausgebildet und an die Westfront geschickt werden konnten. Doch kamen sie dort gerade zum rechten Zeitpunkt an, um mitzuhelfen, die deutsche Frühjahrsoffensive zu stoppen und gegen das Kaiserreich umzuwenden. Demoralisiert begaben sich die Deutschen auf den Rückzug, und nur wenige Wochen später erklärten die verantwortlichen Militärs ihrem kaiserlichen Oberbefehlshaber, dass der Krieg verloren sei und Waffenstillstandsverhandlungen eingeleitet werden müssten.

Hier geht es jedoch nicht um die internationalen Folgen des Weltkriegs, die Revolutionen und das Chaos in vielen Ländern. Im Brennpunkt steht vielmehr weiterhin die Entwicklung Großbritanniens mit seinem Empire und Commonwealth. Im Brennpunkt steht auch die Frage, wie England nach 1918 mit den Kosten eines Krieges fertig wurde, den es nicht gewollt hatte und der ihm 1914 von Deutschland und dem Habsburger Reich aufgezwungen worden war. Allein die Staatsschulden hatten sich verzehnfacht. Unter diesen Umständen ist es nicht verwunderlich, dass antideutsche Gefühle nicht nur in den Familien und Kreisen derer sehr stark waren, die rund 700.000 Angehörige an der Front oder durch die Belastungen eines totalen Krieges in der Heimat verloren hatten. Vielmehr waren alle auch durch die Alliierte Berichterstattung und Propaganda stark emotionalisiert worden. In den Wahlen von 1918 hatte David Lloyd George, seit 1916 Premierminister, scharf gegen die Deutschen agitiert und verlangt, »die Apfelsine auszuquetschen, bis deren Kerne quietschten«. Doch wird man auch jenseits solcher Schlagworte sagen müssen, dass der Konflikt das Land auch objektiv in einem kaum zu kalkulierenden Maße geschwächt hatte. Nachdem der hohe Bedarf an Kriegsmaterial die Industrie des Landes überall auf Hochtouren gebracht hatte, entstanden im Winter 1918/19 nicht nur die Probleme der Umstellung auf eine erneute Friedensproduktion, sondern auch die der Reintegration

Tausender von demobilisierten Soldaten in den zivilen Arbeitsprozess. Noch im Krieg hatte die Regierung versprochen, dass diese Veteranen ihre alten Arbeitsplätze wiederbekommen würden. Da die Lücken, die deren Einberufung zur Front in der Wirtschaft gerissen hatte, jedoch durch Frauen ausgefüllt worden waren, verloren jetzt viele von diesen Arbeit und Einkommen.

Doch auch ohne das Chaos, das dadurch entstand, wäre die Industrieproduktion geschrumpft. So sank die Stahlproduktion von ihrem Höhepunkt von 1917 bis 1921 um 40 Prozent ab. Auch die Eisenproduktion fiel scharf ab, und die Kohleförderung lag nach dem Krieg bei nur 50 Prozent des Ertrags von 1913. Im Juni 1921 erreichte die Arbeitslosigkeit 23,1 Prozent. Nicht weniger als 2,1 Millionen Briten und ihre Familien waren auf Sozialhilfe angewiesen. Hinzu kamen eine Million Teilzeitarbeiter. Der 1919 verabschiedete Housing Act sagte verstärkten Wohnungsbau zu, während der im Jahr darauf ratifizierte National Insurance Act rund 12 Millionen eine bessere Sozialversorgung bescherte. Derweil versuchte die Industrie durch Rationalisierungsmaßnahmen ihre Lage zu verbessern, die wiederum auf den Widerstand der Gewerkschaften stießen. So kam es trotz der Sozialgesetzgebung immer wieder zu Protesten und Demonstrationen, die im November 1922 einen Höhepunkt erreichten.

Obwohl die Vereinigten Staaten erst 1917 in den Konflikt eintraten und im Vergleich zu den Europäern sehr viel geringere Verluste an Menschen hatten, wurde deren Wirtschaft ebenfalls 1918/19 von einer Konversionskrise erfasst. Zwar gab es durch den Krieg einen Nachholbedarf, durch den die Nachfrage nach zivilen Konsumgütern angeregt wurde. Das erwies sich allerdings bald als ein konjunkturelles Strohfeuer. Dennoch war die Lage der amerikanischen Wirtschaft und auch der Finanzen um ein Vielfaches besser als die Englands. Während die britische Wirtschaft so geschwächt war, dass das Land 1918 gezwungen war, den Goldstandard zu verlassen und damit den Status des Pfundes als einer internationalen Leitwährung aufzugeben, waren die USA von einer Schuldnernation, die sie vor 1914 noch gewesen waren, zu einer einflussreichen Gläubigernation geworden, bei der andere Länder ihre Goldreserven eingelegt hatten. Jetzt war der Dollar zu einer Leitwährung geworden, und so stellten sich die Bankiers in der Wall Street die Frage, ob hinfort nicht neben der Londoner City New York das internationale Finanzzentrum sei. Allerdings verkannte man die Vorteile nicht, die die City weiterhin besaß, da ein großer Teil der internationalen Bankgeschäfte und gerade auch die des Empire und Commenwealth weiterhin über London abgewickelt wurden.

Gleichwohl war unter den Industrie- und Finanzeliten der Vereinigten Staaten mit ihren einheimischen Rohstoffen, ihrem Wirtschaftssystem und wohlhabenden Bildungsinstitutionen das Bewusstsein der neu gewonnenen Stärke des Landes im Vergleich zur Vorkriegszeit deutlich gewachsen.

Dieses Bewusstsein hatte jedoch nicht dazu geführt, dass man den so sichtbaren Wohlstand abseits der übrigen Welt genießen wollte. Schon um diesen Wohlstand auch für die Zukunft zu sichern, wollte man die vor 1914 begonnene Tradition von Exporten und intensiviertem internationalen Handel fortsetzen. Das Problem war nur, dass die früheren Märkte für amerikanische Industriegüter vor allem in Westeuropa infolge des Krieges darniederlagen. Anders als die nordfranzösischen und belgischen Industrien, die durch die Kämpfe an der Westfront verwüstet worden waren, waren die Produktionszentren in Großbritannien und Deutschland nicht zerstört worden, bedurften aber hoher Kredite für den Ersatz und die Modernisierung der Maschinen, die im Krieg oft Tag und Nacht in Betrieb und stark verschlissen waren.

1.6 Englands und Amerikas Suche nach Restabilisierung

Vor diesem Hintergrund komme ich nun erneut auf den New Yorker Bankier Frank Vanderlip zurück, der schon vor 1914 bei der National City Bank eine wichtige Rolle gespielt hatte.[25] Nachdem er während des Krieges nicht nur die NCB erfolgreich geführt, sondern auch diverse Funktionen bei der Organisation des Krieges wahrgenommen hatte, entschied er sich 1919, aus seiner privatwirtschaftlichen Tätigkeit auszuscheiden und sich als »Elder Statesman« beim Wiederaufbau der internationalen Wirtschaft zu betätigen. Wie seine Kollegen besorgte ihn dabei auch der Aufstieg der Bolschewismus in Russland mit seinen gegen den kapitalistischen Westen gerichteten Zielen, auch wenn schon unter Lenin die innere Konsolidierung der Revolution von 1917/18 gegenüber den weltrevolutionären Proklamationen den Vorrang gewonnen hatte.

Seine Interessen und Besorgnisse brachten Vanderlip zu dem Entschluss, schon im Frühjahr 1919 nach Europa zu reisen, um sich vor Ort über die Lage zu informieren. Was er sah, machte ihn sehr pessimistisch. Im Mai 1919 schrieb er an den amerikanischen Arbeitsminister W. B. Wilson, dass eine baldige Rückkehr zu den Vorkriegsverhältnissen »unmöglich« sei.[26] Die Industrie und Landwirtschaft Europas sei »völlig desorganisiert«. Wie er am 7. Juli nach seiner Rückkehr an Joseph Talbot berichtete, sei diese Desorganisation Teil eines »wirtschaftlichen Zusammenbruchs in Europa«. Das Leid, das er gesehen hatte, noch frisch im Gedächtnis, meinte er, dass die Welt sich wirklich in einer sehr ernsten Lage befinde. In Frankreich sah er so große Zerstörungen, dass er meinte, ein amerikanischer Unternehmer möge sich vorstellen, was er wohl im Angesicht einer solchen Kette von Hindernissen tun würde. Die Spuren der Krise seien nicht lediglich auf die Regionen im Westen beschränkt, sondern auch in Polen, Rumänien und auf dem Balkan zu beobachten. England hatte er offenbar am längsten besucht, wo er sich in Ashdown Forest mit Frank Trumbull »über die Schwierigkeiten der englischen Situation« unterhielt. Dieser klagte über die amerikanische Konkurrenz, die schon lange vor 1914 bestanden hätte, inzwischen aber noch stärker geworden sei, wofür er einige Beispiele gab. In einem Punkt war Vanderlips Urteil jedoch ganz fest: Der Friede werde nicht wiederhergestellt, bis den Europäern nicht Wiederaufbaukredite zur Verfügung gestellt würden. Dabei war ihm klar, dass nur Amerika die Mittel dazu besaß.

Vanderlip war kein Mensch, der nach dieser Reise nur verzweifelt die Hände rang. Zur Rettung Europas entwickelte er 1919 den Plan, einen riesigen Kredit zu lancieren. Denn die Rolle, die amerikanische Banken in dieser Lage in Europa spielen könnten, sei von enormer Bedeutung, sofern sie an soliden Bankpraktiken festhielten. Die von ihnen zu spielende Rolle sei sowohl gesichert als auch profitabel. Mit einer klaren Arbeitszeitregelung und einer Absicherung gegen Arbeitslosigkeit könne man schließlich auch die Arbeiterschaft für gewinnbringende Unternehmen interessieren.[27] Das sei »der niedrigste Preis, für den sich ein kapitalistisches Regime von der Gefahr einer Revolution freikaufen« könne. Dementsprechend entwickelte Vanderlip nunmehr den Plan einer »Friedensanleihe«, die von einer Internationalen Anleihe-Kommission beaufsichtigt werden und ihr Hauptquartier im »Palast des Friedens« in Den Haag einrichten sollte. Aufgrund einer genauen Analyse der Bedürfnisse der sich um Gelder bewerbenden Nationen sollten die Mittel nach einem Proporz-Schlüssel zugesprochen und in einem weiteren Verfahren festgelegt werden, welche Maschinen, Rohmaterialien etc. angeschafft würden. Auch zu den Amortisierungsbedingungen machte sich Vanderlip Gedanken sowie zu der Frage, wie man den Wiederaufbau für alle Kreditnehmer gleichzeitig anlaufen lassen könne. Um sicherzugehen, dass seine Vorschläge nicht nur in der Presse gelesen wurden, sondern auch die Entscheidungsträger bei den Pariser Friedensverhandlungen erreichten, sandte Vanderlip eine Kopie an Edward House, den Berater von US-Präsident Woodrow Wilson.

Doch war man weder in Paris noch in Washington bereit, diese Ideen aufzunehmen. Zwar hatte das *Wall Street Journal* im April 1919 verkündet, dass amerikanische Banken sich anschickten, »Europa zu finanzieren«;[28] aber im September wurde sodann eine erforderliche Kreditsumme von fünf Milliarden Dollar genannt. Im Winter des Jahres kam die Befürchtung auf, dass sich die Hoffnungen auf eine Belebung des internationalen Handels als zu optimistisch zu erweisen schienen. John McHugh, der Vorsitzende der Handels- und Marineabteilung der American Bankers' Association, schlug jetzt vor, einen Teil der vier Milliarden Dollar, die amerikanische Investoren als kurzfristige Wechsel aufgenommen hatten, in längerfristige Investitionen zu verwandeln, womit er hoffte, die ins Stocken geratenen amerikanischen Exporte nach Europa zu beleben. Zugleich rechnete er damit, dass es gelingen könnte, mit Hilfe einer Schuldscheinbank auch die Ersparnisse von Kunden anzuziehen, die außerhalb der Hauptfinanzzentren von New York, Chicago und San Francisco, d. h. vor allem im Mittelwesten, tätig waren.

Es ist unklar, wie weit McHugh mit seinen Vorschlägen kam. Wahrscheinlich erkannte auch er die Hindernisse, die Vanderlip im März 1920 in einem Brief an den in Philadelphia lebenden George Burnham formulierte: Die große Schwierigkeit einer Kreditvergabe an die Europäer liege darin, dass die dortigen Regierungen zu instabil seien. Amerikanische Unternehmen fragten sich unter diesen Umständen, ob sie für ihre Lieferungen überhaupt bezahlt werden würden. Vanderlip glaubte daher, dass so etwas wie ein Teufelskreis entstanden sei. Amerikanische Banken zögerten, Kredite zu vergeben, solange Europas Industrie paralysiert sei, und diese Paralyse werde andauern, solange nicht auch Kredite für Rohstoffe und Nahrungsmittel zur Verfügung stünden. Der Plan, den er 1919 entwickelt habe, so fügte er hinzu, hätte ausgereicht, um diesen Teufelskreis zu brechen. Doch ein Jahr später sah er keine Chance mehr, größere Summen lockerzumachen.

Darüber hinaus gab es noch ein weiteres Problem, das mit den Risiken zusammenhing, die der von Vanderlip vorgeschlagene massive Wiederaufbaukredit für die Banken bedeutete. Wenn das Unternehmen scheiterte, mussten die Banken die Verluste selbst tragen. Um eine solche Katastrophe zu vermeiden, wandten sie sich an die Regierung und den Kongress in Washington in der Hoffnung, dass die Politik und damit letztlich der amerikanische Steuerzahler in die Bresche springen und die Kredite garantieren würden. Doch 1920 stand diese Idee unter einem ungünstigen Stern. Nachdem sich die Amerikaner aus den Pariser Friedensverhandlungen zurückgezogen hatten und die Ratifizierung der Verträge im Senat scheiterte, zogen sich große Teile des Landes in den Isolationismus zurück. Eine Mehrheit in Washington stimmte in den Wahlen von 1920 gegen Wilsons Konzeption, eine neue internationale Ordnung zu schaffen, und überließ es den Europäern, ihre aus dem Krieg herrührenden enormen wirtschaftlichen und politischen Probleme, ohne die Hilfe der USA zu bewältigen. Infolge dieser Entwicklungen im Innern des Landes scheiterten auch alle Versuche, die hohen Kredite, für die die Mittel an sich vorhanden waren, staatlich abzusichern.

Die Europäer waren auf sich gestellt, und so wird im nächsten Kapitel zu untersuchen sein, wie sie mit den Folgen des Weltkriegs fertig wurden. Allerdings wird es nicht darum gehen, diese komplexen Entwicklungen in ihrer Gesamtheit zu erfassen. Im Brennpunkt stehen vielmehr weiterhin die politischen und wirtschaftlichen Reaktionen Großbritanniens in der Zwischenkriegszeit, an deren Ende das Land erneut in einen von Deutschland ausgelösten Weltkrieg geriet, den es auch diesmal nicht gewollt hatte und aus dem das Land – obwohl auf der Seite der Sieger über Deutschland stehend – 1945 weiter geschwächt hervorging.

2. Britische und deutsche Wirtschafts- und Außenpolitik bis zur Suez-Krise 1956

Das Buch, das William Stead 1902 veröffentlichte, sprach zwar in seinem Titel von einer »Amerikanisierung der Welt«, war bei genauerem Hinsehen jedoch eher ein Appell, alte Konflikte zwischen den USA und Großbritannien zu begraben und zwischen den beiden Ländern eine »special relationship« zu begründen. Bereits vor 1914 gab es auf diesem Wege Schwierigkeiten, weil die Amerikaner mit dem Niedergang des britischen Weltreichs im 20. Jahrhundert rechneten und ihren eigenen Aufstieg als Industriemacht und den Erwerb von Kolonien und ihre Vorherrschaft in Lateinamerika verfolgten. Als dann der Erste Weltkrieg ausbrach, sympathisierten vor allem die Industrie- und Handelseliten der Ostküste mit dem Kampf der Briten gegen die deutschen Eroberungspläne in Europa, beschränkten sich aber zuerst auf eine neutrale Haltung, die ab 1915/16 mehr und mehr zu einer indirekten Unterstützung Großbritanniens durch Lebensmittellieferungen wurde, ehe Washington im April 1917 sich schließlich auch militärisch gegen das Kaiserreich stellte. Für diese Phase wird man daher von einer tatsächlich bestehenden »special relationship« sprechen können.

2.1 Amerikas Rückzug aus Europa und der britische Konsortiumsplan

Als die Vereinigten Staaten nach dem Sieg über die Mittelmächte 1918 wirtschaftlich und politisch erheblich gestärkt ihren Einfluss und ihre Ressourcen auf den Rat Vanderlips und seiner Kollegen für den Wiederaufbau Westeuropas und gerade auch ihres Hauptbündnispartners England hätten einsetzen können, verweigerten sich die Politiker in

Washington, die ins Auge gefassten privaten Kredite mit öffentlichen Steuermitteln abzusichern. Dieser Rückzug war für die Londoner Regierung eine herbe Enttäuschung. Deren Lage wurde noch dadurch verschlimmert, dass Washington sich auch weigerte, die im Krieg für den Ankauf von Nahrungsmitteln und Kriegsmaterial vergebenen Kredite wenigstens zu reduzieren, wenn nicht gar ganz zu erlassen. Hiernach auf sich selbst gestellt, war die jetzt von David Lloyd George geführte Londoner Regierung jedoch nicht bereit, den weiteren Niedergang des Landes einfach zu akzeptieren. Stattdessen entwickelte der Premierminister zwei Strategien, mit denen er hoffte, unter britischer Führung den Wiederaufbau Westeuropas auch ohne amerikanische Hilfe zu ermöglichen.

Das erste Konzept basierte auf der Idee, ein westeuropäisches Konsortium zu gründen, mit dem der zweifellos unterentwickelte russische Markt für Exporte geöffnet werden sollte.[1] Hatte sich im Osten nach dem Ende des dort von 1917–1921 tobenden und von den Bolschewisten schließlich gewonnenen Bürgerkriegs doch die Lage stabilisiert. Es war jetzt klar, dass Wladimir Lenin nicht nur fester im Sattel saß, sondern auch mit seiner »Neuen Wirtschaftspolitik« damit begonnen hatte, private Unternehmer in Industrie und Landwirtschaft zu ermuntern, die Wirtschaft mit Hilfe von eigenen Initiativen anzukurbeln. Unter diesen Umständen sah Lloyd George in der entstehenden Sowjetunion Chancen für die westeuropäischen Industrie- und Handelsunternehmen, mit denen auch die britische Wirtschaft wiederbelebt werden sollte. Während London hoffte, über ein internationales Konsortium mit Lenin zu einer Verständigung zu kommen, hielten sich die Amerikaner fern, weil sie ihre damaligen starken Vorbehalte gegenüber einem Regime in Moskau nicht zurückstellen wollten, das neben einer binnenwirtschaftlichen Konsolidierungsstrategie weiterhin das bevorstehende Ende des Kapitalismus und den Sieg der bolschewistischen Weltrevolution verkündete.

Im Herbst 1921 hatte Lloyd George mit seinen Plänen in Aristide Briand, dem französischen Ministerpräsidenten, einen Partner gefunden, der ebenfalls eine politische Stabilisierung Westeuropas durch eine Stimulierung der internationalen Wirtschaft im Auge hatte. Auch deutsche Wirtschaftskreise waren an dieser Strategie interessiert, mit der sie zugleich ihre durch den Weltkrieg entstandene Isolierung zu überwinden hofften. Nachdem auch die anderen europäischen Regierungen zur Unterstützung des britischen Plans überredet worden waren, begannen die Vorbereitungen zu einer internationalen Konferenz im italienischen Genua, die im April 1922 eröffnet wurde. Die USA entsandten bezeichnenderweise lediglich Beobachter, und auch Vanderlip reiste als Privatmann dorthin, wohl in der Hoffnung, hernach Washington, wo jetzt die Republikaner an der Macht waren, doch noch für ein Engagement in Europa zu gewinnen.[2] Lloyd George konnte es gewiss als einen ersten Erfolg für sich verbuchen, dass die sowjetische Regierung ebenfalls eine Delegation nach Genua entsandte. Auch die Deutschen waren vertreten. Doch dann türmten sich im Frühjahr ernste Schwierigkeiten auf. Zum einen wurde Briand in Paris durch Raymond Poincaré ersetzt, der eine sehr viel nationalistischere Politik betrieb. Ihm kam es in erster Linie darauf an, Deutschland zu den im Versailler Friedensvertrag von 1919 zugesicherten Reparationszahlungen zu bringen, die er für den Wiederaufbau der nordfranzösischen Industrie sowie für Sozialleistungen an die zahllosen Witwen, Waisen und schwer verwundeten, arbeitsunfähigen ehemaligen Soldaten einsetzen wollte.

Bedeuteten schon Poincarés Forderungen gegenüber Deutschland eine Schwächung der britischen Konsortiumspläne, so versetzte ein weiteres Manöver zwischen Moskau und Berlin diesen einen schweren Schock. An sich war es nicht verwunderlich, dass die anvisierten Investitionen diverser westeuropäischer kapitalistischer Unternehmen in der Sowjetunion von der bolschewistischen Regierung mit Misstrauen betrachtet wurden. Lenin und seine Berater fragten sich, ob ihre Entschlossenheit, eine sozialistische Wirtschaft und Gesellschaft aufzubauen, durch westliche Investitionen und Handelsverträge gefährdet würde. In dieser Lage schien es ihnen im Eigeninteresse weniger riskant, nur mit einem Konsortiumsmitglied eine Zusammenarbeit zu suchen. Ebenso wenig war es erstaunlich, dass sich Moskaus Interesse dabei auf Berlin richtete. War dies doch das Land, das – von Besetzung und Zerstörungen verschont – weiterhin das stärkste industrielle Potenzial besaß. Zudem waren beide Länder daran interessiert, ihre internationale Isolierung in kleineren Schritten zu überwinden. Schaute Deutschland doch nicht so sehr nach Westeuropa, sondern – wie sogleich detaillierter zu zeigen sein wird – nach Nordamerika und als Ergänzung dazu nach Osten auf die Sowjetunion. Zudem waren die Beziehungen beider zu dem dazwischen liegenden, 1919 geschaffenen Polen sehr schlecht, und so glaubte man in Moskau und Berlin, Warschau in die Zange nehmen zu können. So kam es, dass der sowjetische Außenminister Georgi Tschitscherin in Genua zu seinem deutschen Kollegen Walther Rathenau Kontakt aufnahm und beide quasi bei Nacht und Nebel im nahegelegenen Rapallo ein Handelsabkommen abschlossen.[3] Dieser Alleingang versetzte dem Konsortiumsplan von Lloyd George den Todesstoß. Mochte der britische Premierminister seine eigenen Möglichkeiten auch überschätzt und die Konferenz nicht hinreichend vorbereitet haben, nach dem deutsch-russischen Rapallo-Abkommen war seine Niederlage offensichtlich. Schlimmer war noch, dass Poincaré den schwelenden Konflikt über die Zahlung von deutschen Reparationen im Januar 1923 zur Besetzung des Ruhrgebiets nutzte.[4] Auf den französischen Vorstoß antworteten die rheinische Arbeiterschaft und die Politiker, indem sie zu passivem Widerstand aufriefen. Die Folge der Besetzung und des Absinkens der deutschen Produktion war nicht nur der Zusammenbruch der gesamten Wirtschaft und eine Hyperinflation, an deren Ende man einen Dollar für 4,42 Milliarden Reichsmark bekommen konnte. Darüber hinaus versuchte der rechtsradikale Adolf Hitler zusammen mit General Erich Ludendorff die Weimarer Republik mit einem Benito Mussolini nachempfundenen »Marsch auf Berlin« durch eine Diktatur zu ersetzen. Londons Einfluss war auch in dieser gefährlichen Situation nicht groß genug, um auf dem europäischen Kontinent eine Katastrophe zu verhindern.

Bevor ich jedoch auf den Ausweg aus dieser Krise zu sprechen komme, die auch Frankreichs Währung schwer traf, ist auf eine zweite Strategie hinzuweisen, die Lloyd George nach den Enttäuschungen mit den Amerikanern entwickelte und mit der er wie mit dem Konsortiumskonzept den weiteren britischen Niedergang zu stoppen und sogar umzukehren hoffte. Zwar waren das Empire und das Commonwealth durch den Ersten Weltkrieg infolge der enormen Kosten ebenfalls schwer angeschlagen; doch es bestand weiterhin nicht nur als ein Block, der die britische Monarchie als das gemeinsame konstitutionelle Dach anerkannte, sondern auch als eine weltumspannende Präferenzzone, innerhalb derer die Mitglieder des Commonwealth und der Kolonien Handel treiben konnten. Zwar hatten sich schon im Weltkrieg in den Kolonien die ersten Unabhängigkeitsbewegungen geregt, und mit dem Aufstieg Mahatma Gandhis in Indien war auch die britische Beherrschung des Subkontinents schwankender geworden; dennoch war London in den zwanziger Jahren weiterhin entschlossen, diesen Wirtschaftsblock gerade auch gegenüber den USA zu festigen.

Im Bewusstsein ihrer Position als neue Weltmacht nach dem Ersten Weltkrieg drängten die amerikanischen Industrieunternehmen hingegen zur Überwindung der eigenen Nachkriegsprobleme über die Hemisphäre hinaus und reagierten irritiert, als sie dabei auf das Empire stießen, das den Export amerikanischer Erzeugnisse durch Zollschranken behinderte. Rund die Hälfte der britischen Direktinvestitionen ging damals in die Commonwealth-Länder. Wie das amerikanische Wirtschaftsmagazin *Forbes* im Oktober 1927 kritisch vermerkte, verfolgte Großbritannien nachdrücklicher als zuvor eine Politik des »Handels innerhalb des Empire«.[5] Dies vergrätzte die Amerikaner umso mehr, als sie inzwischen zu Protagonisten einer internationalen Politik der Offenen Tür geworden waren, auch wenn sie ihre eigenen Zollmauern zum Schutz vor allem ihrer Landwirtschaft ziemlich stur und hypokritisch aufrechterhielten. Das dahinterstehende Selbstvertrauen in das eigene Modell kapitalistischen Wirtschaftens war in Washington schon vor 1914 gestiegen. Wie erwähnt, waren bereits damals durch Konzentration Großkonzerne entstanden, die infolge des Verbots der Monopolbildung durch den Sherman Act in den oligopolistischen Wettbewerb auf dem Binnenmarkt gedrängt wurden. Und bald darauf machten sich auch für ein multilaterales offeneres Welthandelssystem stark.

Nicht weniger wichtig war es für die Entwicklung der zwanziger Jahre, dass die USA mit dem Aufstieg der Elektro-, Chemie- und Maschinenbauindustrie in den großen und zunehmend urbanisierten Städten im Innern den amerikanischen Konsumenten und Rationalisierungschancen innerhalb ihrer Unternehmen entdeckten. Henry Ford war in dieser Beziehung einer der Pioniere, der für den Bau seiner Automobile die Fließbandproduktion entwickelt hatte und seinen Arbeitern höhere Löhne zahlte, wenn sie bereit waren, täglich länger und in Schichten zu arbeiten.[6] Da das Einkommen dieser Arbeiter aber weiterhin nicht gerade üppig war, um über den täglichen Bedarf hinaus auch langlebige Konsumgüter kaufen zu können, griff Ford zu einem genialen Trick: anstatt die Gewinne aus den Rationalisierungsmaßnahmen in seinen Werken in die eigene Tasche zu stecken, zweigte er einen Teil davon ab, um die Preise seiner Autos zu senken. In den Mittzwanzigern war diese Idee so weit gediehen, dass sein berühmtes »Modell T« so viel billiger angeboten wurde, dass auch Durchschnittsamerikaner, die sich bis dahin kein Auto hatten leisten können, sich jetzt eines vor die Tür stellen konnten. Verlockend war auch, dass man sich das Geld zum Kauf leihen und dann in Raten abzahlen konnte. Gleiches galt für den Erwerb von Haushaltsgeräten, die von der Elektroindustrie entwickelt worden waren. Neben der Massenmotorisierung wurden nun auch zum Beispiel Waschmaschinen auf dem Binnenmarkt angeboten. Amerika erlebte auf recht breiter Front einen Konsumgüterboom, der die Konzerne auch auf den Export nach Europa blicken ließ.

2.2 Wirtschaftsaufschwung und amerikanische Industrie, 1924–1929

Da nach der Krise von 1922/23 ab 1924 auch die europäische Wirtschaft wieder langsam zu wachsen begann, tauchten amerikanische Firmen in Großbritannien auf, wo – wie generell in Europa – die Unternehmenskonzentration noch nicht soweit fortgeschritten war wie in den Vereinigten Staaten. Die Entwicklung des Automobilmarkts bietet hier ein gutes Beispiel. Es gab weiterhin viele kleinere Firmen und Werkstätten, die Personenautos und Lastwagen ohne Fließband herstellten. Ford und auch General Motors sahen hier ihre Chance. Sie konnten entweder eigene Produktionsanlagen errichten und Modelle für den englischen Markt entwickeln oder eine größere Beteiligung an einer einheimischen Firma erwerben und auf diesem Wege ihre Autos verkaufen sowie ihre Produktions- und Managementmethoden verbreiten. Henry Ford entschloss sich, eigene Werke zu bauen, und zog nach Dagenham im Osten von London, nachdem Hugh Jenkins, sein Spitzenmanager, ihm Anfang 1927 von guten Marktchancen in Großbritannien berichtet hatte.[7] Im November 1928 kündigte der Detroiter Konzern an, 35 Millionen Dollar in die britische Tochtergesellschaft zu investieren, um die übrigen Werke, die für den europäischen Kontinent geplant waren, von London aus zu dirigieren. Mochten die Amerikaner mit ihren fordistischen Produktionsmethoden für die britischen Hersteller auch eine ernste Konkurrenz sein, 1929 nahmen Morris, Austin und Singer Cars in England noch die Spitzenpositionen ein. Inzwischen war auch General Motors (GM) als Konkurrent auf dem britischen Markt erschienen. Im Gegensatz zu Ford versuchte GM zuerst eine direkte Beteiligung an Morris Motors zu erwerben. Nachdem jedoch die Verhandlungen mit dem größeren und moderneren Unternehmen von Herbert Austin gescheitert waren, kaufte sich GM im November 1925 bei Vauxhall Cars ein. Hoffte der Konzern doch, über Vauxhall auch Zugang zu den Märkten des Commonwealth zu gewinnen.

Die amerikanische Chemieindustrie interessierte sich gleichfalls für die westeuropäischen Märkte, entdeckte dann freilich in England unternehmerische Einstellungen, die man schon vor 1914 kritisiert hatte. Konzentrierten sich viele Unternehmen doch weiterhin »großenteils auf die älteren und einfacheren Methoden« der anorganischen Chemie, anstatt zur organischen Chemie und zur Produktion von Farbstoffen und pharmazeutischen Erzeugnissen überzugehen.[8] So entstand für sie die ernste Gefahr, dass sie von den Amerikanern und auch den Deutschen »hoffnungslos überrundet« zu werden drohten. Gleiches galt für die Stahlindustrie, die im Vergleich zu den stark rationalisierten Stahltrusts in Pittsburgh und im Ruhrgebiet in der Kapazität ihrer Hochöfen sowie ihrer Produktivität stark zurückgefallen war. Kohle wurde in den britischen Bergwerken nur zu 25 Prozent mit modernen Maschinen abgebaut, während dies in den USA und im Ruhrgebiet viel stärker mechanisiert geschah.

Nicht minder hinderlich wirkten sich die politischen Entscheidungen der Londoner Regierung aus, auf die die Londoner City Druck ausübte. Wie schon vor 1914 waren die Banken mehr darauf ausgerichtet, ihre Gewinne auf den Finanzmärkten der Welt zu machen als Kredite für die Modernisierung der einheimischen Industrie zur Verfügung zu stellen. Die Spannungen, die sich daraus ergaben, lassen sich an dem Ringen um den Goldstandard nachzeichnen. Nachdem das Land 1918 vom Weltkrieg erschöpft die Goldkonvertibilität des Pfundes aufgegeben hatte, drängte die Bank of England jetzt auf deren Wiedereinführung. Wünschte sich die City doch für ihre globalen Transaktionen eine starke Währung. Der Exportindustrie brachte hingegen gerade ein schwaches Pfund Exportvorteile. Doch während der britische Notenbankchef Montagu Norman, zum Teil ermuntert durch seinen amerikanischen Kollegen Benjamin Strong sowie (wenn auch in anderer Absicht) durch Hjalmar Schacht, den Präsidenten der Berliner Reichsbank, durch die Rückkehr zum Goldstandard verlockt wurde, war es am Ende Schatzminister Winston Churchill, der diesen Schritt zu Gunsten der City tat.

Dahinter stand ein Bestreben, das der Wall-Steet-Banker Owen D. Young schon im März 1924 ganz unverblümt artikuliert hatte. Er glaubte damals, dass die Lage in Europa den USA eine einmalige

Gelegenheit böte. Gehe es letztlich doch darum, ob der Dollar auf Dauer die Vorherrschaft gewinne oder ob man in den USA bereit sei, dem Pfund die alte Vorrangstellung zu überlassen. Die Engländer, so Young, hätten dies erkannt und seien daher bereit, mit der Bewilligung von Konzessionen recht weit zu gehen. Hätten die »politischen und Finanzeliten Großbritanniens [doch] nie ihr dahinterstehendes Ziel aus dem Blick« verloren, »soweit wie möglich den Vorkriegsstatus« wiederherzustellen.[9] So versuche die City weiterhin ihren Vorrang gegenüber der Wall Street zu sichern. Umgekehrt vermuteten Lord Beaverbrook und die von ihm beeinflusste Rechtspresse in London, die Amerikaner wollten den Briten ihre Kleider stehlen.

Gegen die Rückkehr zum Goldstandard protestierte nicht nur die British Federation of Industries (FBI), sondern auch Sir Alfred Mond, ein Modernisierer in der Chemieindustrie. Sie blieben ungehört. Mit Recht hat der amerikanische Wirtschaftshistoriker Barry Eichengreen daher von den »Goldenen Fesseln« gesprochen, die der britischen Industrie damals angelegt wurden.[10] Das hatte zwei Folgen. Zum einen konnte die Industrie nicht so nachhaltig an dem von Amerika angetriebenen Konsumboom teilnehmen wie die Deutschen, wo die Amerikaner ebenfalls Werksanlagen bauten oder in deutsche Firmen investierten. Ford produzierte seine Autos beispielsweise in Köln, während GM sich bei Adam Opel in Rüsselsheim bei Frankfurt beteiligte und schließlich die Firma ganz aufkaufte. In dem Glauben, dass Deutschland einen günstigeren Standort bot als England, waren die amerikanischen Banken sogar bereit, erhebliche Anleihen zu vermitteln, nachdem mit Hilfe des von Owen Young ausgehandelten Dawes-Plans 1924 die Reparationsfrage, die eine Zusammenarbeit mit amerikanischen Investoren in den Vorjahren verhindert hatte, international gelöst worden war. Zudem konnten sich Paris und Berlin jetzt endlich auch politisch verständigen, indem der schon immer für eine Zusammenarbeit offene Briand 1925 nach dem Rücktritt von Poincaré mit seinem deutschen Kollegen Gustav Stresemann und mit Zustimmung der übrigen Westeuropäer den Vertrag von Locarno unterzeichnete.[11] Auf dem Kontinent trat daraufhin eine merkliche politische Beruhigung ein, während die Wirtschaft auf beiden Seiten des Atlantiks wieder wuchs und enger zusammenarbeitete.

Einen ähnlichen Frieden konnte England derweil im Innern nicht erreichen. Denn auch dort hingen Wirtschafts- und Innenpolitik eng zusammen, nur unter anderem Vorzeichen als in den USA. Da die Industrie gegenüber der City ins Hintertreffen geraten war, fehlten der Industrie die Wachstumsimpulse. Die Arbeitslosigkeit blieb relativ hoch und die Unzufriedenheit mit der Regierung und den Unternehmern wuchs. Churchill gab zu, dass er den größten Fehler seines Lebens begangen habe, als er sich von Montagu Norman in die Wiederherstellung des Goldstandards drängen ließ. Doch lag die mangelnde Dynamik der Wirtschaft auch am Konservatismus der Unternehmer, der sich schon vor 1914 negativ ausgewirkt hatte. Auf jeden Fall enthält die Analyse des langfristigen britischen Niedergangs, die der englische Historiker Corelli Barnett 1972 unter den Titel »Der Zusammenbruch der Britischen Macht« vorlegte, einen wahren Kern.[12] Ihm zufolge hatten die britischen Unternehmer an dieser Entwicklung insofern einen Anteil, weil der Sieg von 1918 sie eher noch lethargischer gemacht hatte. Sahen sie den Sieg über Deutschland doch als erneuten Beweis ihrer nicht mehr bestehenden Überlegenheit an.

Die Folgen dieser Einstellungen erfuhren die britische Arbeiterschaft und ihre Gewerkschaften insofern am eigenen Leibe, als sie nicht nur die Rückwirkungen der Benachteiligung der Industrie gegenüber der Londoner City zu tragen hatten. Vielmehr merkten sie auch, dass den Managern allzu häufig das Verständnis für die zunehmende Komplexität der Weltwirtschaft und den technologischen Wandel moderner Konzerne fehlte. Viele von diesen Vorstandsmitgliedern waren zuerst auf einer der elitären Privatschulen wie Eton oder Rugby erzogen worden und hatten in Oxford oder Cambridge Geisteswissenschaften studiert. Zwar gab es auch die Universitäten des englischen Nordens, wo vor allem die Natur- und Ingenieurwissenschaften gelehrt wurden, doch besaßen diese Institutionen nicht das Prestige und die Netzwerke, mit denen sich den »Oxbridge«-Absolventen Stellen in der Privatwirtschaft eröffneten. Kurzum, von modernem Management hatten diese Eliten allzu oft nur wenig Ahnung.

Es konnte daher leicht geschehen, dass sich die Unzufriedenheit der Arbeiterschaft zu einer Konfrontation innerhalb eines Unternehmens ausweitete, dessen Leitung gewohnt war, in den Klassenkategorien eines »Them and Us« zu denken und zu reagieren. Bei Auseinandersetzungen über Löhne und Arbeitsbedingungen kam es daher immer wieder zu Konflikten. Die Gewerkschaften riefen kurzerhand zum Streik auf, und die Produktion in den Betrieben stand still. Wenn dem Management obendrein die Schulung und das Fingerspitzengefühl zur Beilegung eines Konflikts fehlte, konnten sich die Spannungen so verstärken, dass es zu einem Generalstreik kam. Genau ein solcher brach am 3. Mai 1926 im ganzen Land aus. Als er am 12. Mai schließlich abgebrochen wurde, weil die Unternehmen nicht kompromissbereit waren und den Gewerkschaften der Atem ausging, war die Verbitterung der Arbeiter so stark, dass sie noch einen weiteren Streiktag dranhängten. Die Bergarbeiter setzten ihren Ausstand sogar noch weitere sechs Monate fort, ehe auch sie ergebnislos und zähneknirschend die Segel strichen. Diese Streiks fügten der britischen Wirtschaft unvermeidlich erheblichen Schaden zu. Nicht weniger nachteilig war, dass ausländische Investoren und vor allem die Amerikaner zögerten, in den britischen Markt zu gehen. Negativ wirkte sich jetzt auch aus, dass die Industrie in zahllose kleinere Familienunternehmen zersplittert war, die im Allgemeinen für eine Modernisierung mit ausländischen Mitteln und Bedingungen weniger offen waren. So legte Arthur Balfour, Mitte der zwanziger Jahre als Premierminister, dann als Lord President of the Council und schließlich als Vorsitzender eines »Komités für Industrie und Handel«, das zur Untersuchung der Probleme nach dem großen Streik gebildet worden war, einen Bericht vor. Darin kam er zu dem betrüblichen Schluss, dass sich die amerikanischen Firmen weiter zu Ungunsten der britischen ausgedehnt hätten, und empfahl, dass letztere effizienter arbeiten müssten.[13] Sie sollten zur Großproduktion übergehen und ihre Herstellungsmethoden standardisieren. Kurzum, so Balfour, sie sollten zur »Rationalisierung« nach amerikanischem Vorbild wechseln.

In der Tat hatte der Übergang zu fordistischen Produktionsmethoden und Fließbandarbeit zu dem Boom beigetragen, den die USA Mitte der zwanziger Jahre erlebten. Als weiterhin guter Beobachter der Binnenwirtschaft zeigte sich Frank Vanderlip mit seinen Kollegen in der Wall Street und im Land optimistisch. Er sah sogar eine »Ära von großer Prosperität« in den USA und Europa voraus.[14] Dieser Optimismus drückte sich für alle sichtbar in steigenden Notierungen am New Yorker Aktienmarkt aus. So hatte sich der Index der Federal Reserve Bank in Washington bis Juli 1928 verdoppelt und legte in den folgenden zwölf Monaten weitere zehn Prozent zu. Auch der Grundstücksmarkt florierte, als wohlhabende Bürger aus dem Norden sich der dortigen Winterkälte durch den Umzug ins sonnige Florida entzogen. Die Hauspreise kletterten dort, aber auch in den großstädtischen Vororten im übrigen Kontinent dementsprechend nach oben.

Im Dezember 1924 erreichte der Index der *New York Times*, der die Entwicklung der 25 wichtigsten Konzerne verfolgte, 134 Punkte, im Jahr darauf 181. Besonders gefragt waren die Industrieunternehmen der Zweiten Industriellen Revolution, etwa aus den Bereichen Chemie und Elektrotechnik. Du Pont Chemicals stieg 1928 von 310 auf 525 Punkte; die Radio Corporation of America von 85 gar auf über 500 Punkte, gefolgt von Wright Aeronautics, die von 69 auf 289 Punkte zulegten. Auch die Aktien von Westinghouse, General Electric und U.S. Steel waren stark gefragt. Von 280 Millionen Amerikanern waren 1928 immerhin 18 Millionen Besitzer von Aktien und spekulierten auf immer höhere Dividendenzahlungen. Während sich der Anteil am Gesamtvermögen bei dem einen Prozent der reichsten Bevölkerung auf 19,1 Prozent erhöhte, mussten 22 Prozent der Familien mit weniger als 1.000 Dollar pro Jahr auskommen, und weiteren 44 Prozent standen allenfalls 1.500 Dollar zur Verfügung. Der Kontrast zwischen Arm und Reich war schon damals in den USA enorm, während eine soziale Absicherung bei Krankheit und durch Rentenzahlungen wie in Europa so gut wie überhaupt nicht existierte und erst in den dreißiger Jahren durch den »New Deal« des US-Präsidenten Franklin D. Roosevelt eingeführt wurde.

Immerhin aber stiegen die Einkommen der Mittelklassen überall so weit an, dass viele Familien am Konsumgüterboom teilhatten. Da auch die Presse und Wirtschaftsexperten weiterhin optimistische Prognosen verbreiteten, drehte sich das Aktien-Karussell fröhlich weiter. Wie der amerikanische Wirtschaftshistoriker John K. Galbraith rückblickend schrieb:[15] »Das erstaunliche Element der Börsenspekulation von 1929 war nicht das Ausmaß der Teilnahme daran«, sondern der Umstand, dass sie ein zentraler Aspekt der amerikanischen »Kultur« geworden war. Hier bestätigte sich erneut, was das britische *Banker's Magazine* schon 1906 beobachtet hatte: Die Amerikaner seien »meisterhafte Verdiener, meisterhafte Konsumenten und meisterhafte Spekulanten«.[16] Daraus entstünden »wilde Fluktuationen im Finanzsystem sowie gewaltige Extreme von Reichtum und Armut«.

So wurde auch 1928/29 weiter eifrig auf Gewinn spekuliert und dabei vergessen, dass Aktien Risikopapiere sind. Zwar war deren Wert seit 1924 durchweg kräftig angestiegen. Sofern es hinsichtlich des kapitalistischen Wirtschaftens eine Lektion aus der Vergangenheit gab, konnte sich ein Boom auch in eine Rezession umkehren, und die Kurse konnten wieder fallen. Wenn sich daraufhin pessimistische

Prognosen breitmachten oder die Gewinne absackten, konnte ebenso schnell eine Depression hereinbrechen, erst recht, wenn an der Börse eine Panik ausbrach und die Spekulanten ihre Aktien über Nacht zu verkaufen begannen. Auch in der Federal Reserve Bank stellte man sich im Frühjahr 1929 die Frage, ob sich der Aktienmarkt nicht allzu stark überhitzt habe; manche hohen Notierungen in keinem Verhältnis mehr zum tatsächlichen Wert eines Unternehmens oder seines Wachstumspotenzials standen. So entstand zwischen der wichtigen und von George Harrison geleiteten New York Federal Reserve und Benjamin Strong, dem Vorsitzenden der Federal Reserve in Washington, eine Auseinandersetzung über das Zinsniveau, mit dessen Manipulation man Stabilität der Wirtschaft zu sichern hoffte.[17] Harrison wollte den Zinssatz anheben, um die überschäumende Konjunktur zu dämpfen. Strong befürchtete, dass dies eine Panik auslösen könnte. Am Ende blieb der Zinssatz unverändert niedrig, sodass der Konjunkturumschwung sich zeitlich lediglich verschob.

Das Stillhalten der Federal Reserve konnte freilich nicht verhindern, dass unter Strong eine gewisse Nüchternheit einsetzte, die durch eine weitere Entwicklung in Europa beeinflusst wurde. Wie erwähnt, hatten mit dem Abschluss des von amerikanischen Bankiers ausgehandelten Dawes-Reparationsabkommens Investmentfirmen an der Wall Street, voran Dillon & Read, damit begonnen, Anleihen aufzulegen, mit denen die deutsche Industrie angekurbelt und modernisiert werden sollte. In der Tat flossen entsprechende Mittel amerikanischer Investoren ab 1925 in deutsche Unternehmen. Doch meldeten sich bald darauf auch deutsche Kommunen mit Anleiheanträgen. Sie wollten mit den amerikanischen Geldern im Interesse ihrer ortsansässigen Industrieunternehmen ihre städtische Infrastruktur verbessern. Indessen waren die Stadtväter, die solche Anleihen erhielten, auch Lokalpolitiker, die populär sein und wiedergewählt werden wollten. So kam es, dass die ausländischen Gelder nicht nur für Straßen und Gaswerke, sondern auch für den Bau von Freizeitanlagen und Schwimmbädern verwandt wurden. Für Investoren, die oft weit vom Schuss in den USA saßen und die sich nie ganz sicher waren, wie deutsche Unternehmen ihre Mittel einsetzten, schienen die von Städten ausgegebenen Schuldversprechen daher oft verlässlicher als die von Privatunternehmen.

Angesichts dieser Entwicklung begann vor allem Seymour Parker Gilbert, der in Berlin sitzende amerikanische Reparationsagent, sich zunehmend zu fragen, ob sich hier nicht eine Krise zusammenbraute, wenn das Land, abgesehen von den schon eingegangenen Anleiheverpflichtungen, seine vertraglich verbrieften und sich langsam erhöhenden Reparationszahlungen nach dem Dawes-Plan nicht mehr würde leisten können.[18] Ähnliche Fragen hatte das *Wall Street Journal* schon im Januar 1927 gestellt.[19] Doch gab es weiterhin auch optimistische Prognosen, an denen sich einmal mehr zeigte, wie stark der Aktienmarkt nicht von harten Zahlen, sondern von subjektiven Eindrücken und Gerüchten abhängig war.

Nicht zuletzt weil Gilbert seinen Vorgesetzten in Washington die in der deutschen Wirtschaft schwelenden Probleme immer nachdrücklicher vor Augen hielt, entstand die Idee einer Novellierung des Dawes-Plans, die nach langen Verhandlungen schließlich mit scheinbar solideren Bedingungen 1930 zustande kam. Inzwischen hatte jedoch die von Strong befürchtete Panik am Aktienmarkt begonnen. Viele Spekulanten hatten bei ihren lokalen Banken in der amerikanischen Provinz Darlehen in der Annahme aufgenommen, mit ihrem vermeintlich soliden Aktienpaket jederzeit ihre Bankschulden zurückzahlen und immer noch einen Gewinn würden einstreichen können. Nach dem Zusammenbruch des Marktes wurden sie aber von ihren Bankiers zur Zahlung ihrer Schulden aufgefordert. Da die Aktien gefallen waren, konnten viele diesen Forderungen nur durch eine persönliche Bankrotterklärung entkommen. Als diese sich häuften, waren auch viele Banken ruiniert und mussten die Schalter schließen. Die Besitzer von Sparkonten hatten ihr Geld nun ebenfalls verloren.

Indessen endete die Kettenreaktion nicht nur mit einer Katastrophe an den Börsen. Vielmehr wandten sich diejenigen Amerikaner, die in den deutschen Aktienmarkt investiert hatten, nun an deutsche Unternehmen und Kommunen jenseits des Atlantiks, um ihre Investitionen abzurufen, mit der Folge, dass der amerikanische Börsenkrach vom Oktober 1929 auch nach Europa und vor allem nach Deutschland hineinschwappte. Viele Unternehmen brachen zusammen, ihre Arbeiter wurden entlassen und die Reichsregierung, der ebenfalls das Geld ausging, begann ihrerseits, Arbeiter und Angestellte zu entlassen, die Haushalte zu kürzen und die Sozialversicherungszahlungen abzubauen.

2.3 Die Bekämpfung der Großen Depression und die mit Hitlers Aufstieg verbundene Gefahr für den Frieden

Nach 1929 wurden Millionen von Familien überall von der Weltwirtschaftskrise betroffen. In den Vereinigten Staaten stieg die Armut und Not auch deshalb, weil es kein sozialstaatliches Netz gab, das die Arbeitslosen wenigstens teilweise hätte auffangen können. In Deutschland bestand zwar ein solches Netz, doch schrumpften die in den Versicherungskassen angesammelten Mittel immer mehr. Soweit es Großbritannien betraf, auf dessen Schicksal in den dreißiger Jahren jetzt einzugehen sein wird, war die Not ebenfalls groß. Doch zahlte es sich nun aus, dass man sich in den Vorjahren bemüht hatte, das Commonwealth und die Kolonien zusammenzuhalten, sodass man sich auf deren Hilfe bei der Krisenbekämpfung stützen konnte. Insofern konnte England die Wirkungen des Zusammenbruchs der internationalen Wirtschaft etwas abfedern. Soweit es das Gesamtwachstum der Wirtschaft betraf, erlebte das Land von 1933 bis 1937 sogar einen leichten Anstieg. Vor allem blieb das politische System stabiler als in Deutschland. In London gelang es, einen politischen Konsens zur Fortführung der parlamentarisch gewählten Regierung unter den Parteien zu finden. Hingegen brach die Weimarer Demokratie infolge des Aufstiegs extremer Parteien, voran der Nationalsozialisten und der Kommunisten, zusammen. Die Parteien, die die Republik verteidigten, wurden von der radikalen Rechten und Linken überwältigt, die den Parlamentarismus zerstören und durch eine faschistische bzw. stalinistische Diktatur ersetzen wollten.

Allerdings konnte sich London vor den gefährlichen Entwicklungen in Deutschland auch dadurch schützen, indem die Regierung, auf den Zusammenhalt und Einfluss des Empire und Commonwealth vertrauend, diesen Block mit noch höheren Zollschutzmauern umgab, die 1932 auf einer großen Konferenz im kanadischen Ottawa beschlossen wurden. So war der leichte Aufschwung, der sich generell Mitte der dreißiger Jahre in England abzeichnete, immerhin stark genug, um zu verhindern, dass die britischen Faschisten unter Oswald Mosley eine Chance hatten, den konservativen Tories und der Labour-Partei die Wähler in größerer Zahl abspenstig zu machen. Als sich 1937 erneut eine Rezession abzeichnete, war diese bezeichnenderweise weniger ernst als die, mit der US-Präsident Roosevelt zur gleichen Zeit im Lande zu kämpfen hatte.

Doch 1933 kamen in Deutschland, dessen Gesellschaft in der Großen Depression politisch nicht so gefestigt blieb wie die englische, die Nationalsozialisten an die Macht. Deren »Führer« Adolf Hitler verfolgte unmittelbar eine Politik, die Großbritannien 1939 zum zweiten Mal innerhalb einer Generation in einen Weltkrieg hineinzog. Aus diesem Krieg, den das Land wiederum nicht gewollt hatte, ging es 1945 siegreich, aber noch geschwächter als 1918 hervor. Doch bevor ich auf die Umstände dieses weiteren Niedergangs eingehe, gilt es die britischen Reaktionen auf die NS-Diktatur in den dreißiger Jahren zu untersuchen. Diese Reaktionen sind nur zu verstehen, wenn man zuvor auf das große Täuschungsmanöver hinweist, das Hitler gegenüber den deutschen Konservativen, die mit ihm 1933 ein Bündnis eingingen und die glaubten, ihn kontrollieren zu können. Noch raffinierter war sein Verhalten gegenüber den Engländern und Amerikanern, nachdem er langfristig schon in den zwanziger Jahren gegen diese einen Krieg ins Auge gefasst hatte. Während die konservativen Koalitionspartner aus eigenem Erleben mit Hitlers Brutalität und seiner Verlogenheit vertraut waren und ihm erst dann sehr zögerlich Widerstand leisteten, als es längst zu spät war, hatte das Ausland noch größere Schwierigkeiten, Hitlers Politik und Ziele zu durchschauen.

Dies lag nicht nur an den wenigen verlässlichen Informationen, die sie über das NS-Regime hatten, sondern auch daran, dass es gerade in der Konservativen Partei viele Politiker und auch Wähler gab, die Sympathien für Hitler hegten. Die einen sahen sie in ihm einen entschlossenen Gegner der Kommunisten, deren Aufstieg und Ziele auch viele Briten fürchteten. Das Verbot der Kommunistischen Partei Deutschlands (KPD) und die Verfolgung ihrer Mitglieder und Anführer begrüßten auch viele Konservative in Großbritannien, auch wenn sie die KZ-Methoden und Todesurteile des NS-Regimes ablehnten. Bei anderen hatte sich schon vor 1929 das Gefühl breitgemacht, dass man Deutschland in Versailler Friedensvertrag zu hart behandelt hatte und die Festigung der Weimarer Republik dadurch erschwert worden war. Dementsprechend war man in England gegenüber der neuen Regierung in Berlin milder gestimmt. Man konnte sich in Großbritannien nicht vorstellen, dass in Berlin jetzt ein Reichskanzler residierte, dessen Politik auf aggressive Ziele ausgerichtet war, die er dogmatisch verfolgte. Hitler war ein Politiker, der generell deutlich sagte, was er wollte und plante. Insofern unterschied er sich von den meisten britischen Politikern, die zwar manchmal ebenfalls radikale Töne anschlugen, aber ihre Forderungen am Verhandlungstisch oder im persönlichen Gespräch modifizierten, um so am Ende einen Kompromiss zu ermöglichen.

Besonders verwirrend war es für das Ausland, dass der deutsche Reichskanzler auf das NS-Programm und seine Strategie von dessen Verwirklichung zwar ideologisch fixiert war, doch zugleich durchaus taktisch agierte und öffentliche Stellungnahmen abgab, die seine ausländischen Zuhörer als moderat und »vernünftig« ansehen konnten. So ließ sich Hitler bald nach seiner Machtübernahme von diversen konservativen britischen und amerikanischen Journalisten interviewen und sagte schon wenige Tage nach dem Januar 1933 vor der Weltpresse, man möge über ihn und seine Regierung doch bitte keine vorschnellen Urteile fällen. Es stimme nicht, wenn er als Mann »blutrünstiger radikaler Reden« dargestellt worden sei und »alle Welt nun von seiner Mäßigung überrascht sei«.[20] In erster Linie gehe es ihm um die deutsche Innenpolitik, um die Lösung der Arbeitslosigkeit sowie der Krise in der Landwirtschaft. Und natürlich – so fügte er hinzu – müsse er die Kommunisten und Sozialdemokraten bekämpfen, die er fälschlicherweise seit Jahren für den verlorenen Krieg und die Probleme der Weimarer Republik verantwortlich gemacht hatte.

Was Hitler verschwieg, waren die rassistischen Pläne der Eroberung von »Lebensraum«, die er in seinem 1925 verfassten Buch *Mein Kampf* zuerst vorgestellt hatte. Ich kann es mir ersparen, auf diese Pläne genauer einzugehen, die die Schaffung eines Großgermanischen Reichs anvisierten, das gewaltsam gegen die Slawen und Juden im Osten errichtet werden sollte. Dazu gibt es inzwischen viele gute Analysen.[21] Hier sei nur auf eine Passage in seinem Buch verwiesen, in der er die Politik Wilhelms II. und der Eliten des Kaiserreichs scharf kritisierte. Hätten sie doch vor 1914 den großen Fehler gemacht, sich mit ihrer Außen- und Rüstungspolitik mit allen Großmächten zu verfeinden. Infolgedessen habe Deutschland 1914 in einem Zweifrontenkrieg und obendrein in einem Seekrieg kämpfen müssen, den es 1918 prompt verlor. Für die Errichtung seines germanisch-rassistischen Reiches verfolgte Hitler daher eine andere Strategie: Zuerst sollten die Territorien im Osten unterjocht werden. War dies erreicht, so verfügte er, anders als seine Vorgänger im Ersten Weltkrieg, über einen blockadefesten Großraum mit den Rohstoffen, einschließlich der ertragreichen Landwirtschaft der Ukraine, sowie über die slawische Bevölkerung als auszubeutendes »Menschenmaterial«. Erst nach der Konsolidierung dieses Blocks dachte Hitler daran, die »Seemächte« zu einem Kampf, um die Weltherrschaft herauszufordern. Dieser Plan hatte schon vor 1933 nicht nur Großbritannien, sondern auch die USA eingeschlossen, über die Hitler sich in seinem sogenannten *Zweiten Buch* geäußert hatte. Doch hatte er dieses Buch wohlweislich nicht veröffentlicht. Wollte er sich anders als Wilhelm II. doch nicht England und Amerika zu Feinden machen, bevor nicht die erste Phase der Eroberung von »Lebensraum« im Osten abgeschlossen war.

Interessant ist auch, dass der Reichskanzler in den ersten Jahren nach 1933 die Engländer ernster nahm als die Amerikaner. Bei letzteren vermerkte er außer der großen Entfernung jenseits des Atlantiks die tiefe Depression von 1929, aus der das Land sich nur allmählich befreite. Dagegen lag das sich schneller erholende Großbritannien nur einen Sprung über den Ärmelkanal entfernt, besaß immer noch eine starke Flotte und die Unterstützung seines Empire und Commonwealth. In Erinnerung an die strategischen »Fehler«, die Wilhelm II. gemacht hatte, bemühte sich Hitler, den Engländern zu versichern, dass Deutschland keine Absichten habe, erneut ihre Flotte und damit ihr Weltreich herauszufordern. Ein entscheidender Schritt dafür war, dass er mit London ganz undogmatisch-diplomatisch über ein Flottenabkommen zu verhandeln begann, das 1935 schließlich unterzeichnet wurde und eine zukünftige deutsche Kriegsmarine größenmäßig so begrenzte, dass sie von der Royal Navy nicht wie zu Zeiten Wilhelms II. als Bedrohung betrachtet werden konnte. Da Hitlers Blick bereits auf die Eroberungen im Osten gerichtet war, kam der nächste Schritt mit dem Bemühen um ein deutsch-britisches Bündnis: Er bot an, England seine überseeischen Besitzungen zu garantieren, sofern London ihm im Gegenzug freie Hand lasse, sich Schritt für Schritt erst die in Versailles verlorenen Gebiete im Rheinland und anschließend die östlichen Nachbarn einzuverleiben. Als er 1936 daher mit der Besetzung des Rheinlandes begann und die Engländer den Reichskanzler gewähren ließen, glaubte er sich dem Bündnisabschluss nahe. Zu diesem Zweck entsandte er nun seinen engen außenpolitischen Berater Joachim von Ribbentrop als seinen Botschafter nach London, den er im Oktober 1936 mit den Worten verabschiedete: »Ribbentrop bringen Sie mir das englische Bündnis.«[22]

Die Mission scheiterte, weil Hitler davon ausging, dass er im Ausgleich für seine Garantie der englischen Besitzungen, freie Hand habe, nach der Besetzung des Rheinlands nun auch bei den östlichen Nachbarn einzumarschieren. Er wusste, dass inzwischen mit Neville Chamberlain ein Hauptvertreter der britischen Beschwichtigungspolitik Premierminister geworden war, der auf jeden Fall einen erneuten Krieg mit Deutschland vermeiden wollte. Zwar hatte sein Vorgänger Stanley Baldwin in der pessimistischen Erwartung neuer Konflikte mit Deutschland und auch mit dem faschistischen Italien mit einem ersten Rüstungsausbau vor allem der Luftwaffe begonnen; aber dem Land fehlte nach der Wirtschaftskrise die finanzielle und politische Kraft zu einer nachhaltigen Aufrüstung. Auch mussten Baldwin und Chamberlain auf die Stimmung im Land Rücksicht nehmen, dessen Bürger noch durch die Erinnerung an den blutigen Ersten Weltkrieg großenteils pazifistisch eingestellt waren. Dementsprechend bestand Chamberlain Hitler gegenüber darauf, dass territoriale Veränderungen in Osteuropa nur aufgrund von Verhandlungen im gegenseitigen Einvernehmen zu verwirklichen seien.

Als Hitler daher mit seiner Politik einer Zusammenarbeit mit England selbst nach der Entsendung Ribbentrops nicht weiterkam, begann er sich nach Osten auszubreiten, ohne die vorherige Zustimmung der Engländer zu besitzen. Sein erstes Objekt war Österreich, das er 1938 ans Reich »anschloss«, ohne international auf Widerstand zu stoßen. Im Gegenteil, die meisten Bewohner des Landes jubelten, dass sie »heimgeholt« wurden. Derweil wurde diese Annexion in London mit der Bemerkung abgetan, Deutschland marschiere lediglich in seinen Hintergarten ein. Diese Passivität wiederum ermunterte Hitler, das von deutschsprachigen Tschechen besiedelte Sudetenland in der westlichen Tschechoslowakei zum nächsten Eroberungsobjekt zu machen. Ein solches Unternehmen war für die Erhaltung des Friedens schon gefährlicher. Doch dann schlug Chamberlain Verhandlungen vor, die in München 1938 schließlich unter Bruch internationaler Schutzgarantien zu einem den Tschechoslowaken aufgezwungenen Abkommen führten, von dem Chamberlain recht naiv glaubte, »für unsere Zeit den Frieden gesichert« zu haben. Das Sudetenland wurde von dem bestehenden Staat abgetrennt und dem Reich zugesprochen. Dieser »Friedensschluss« dauerte freilich nur einige Monate, bis Hitler der Wehrmacht im März 1939 befahl, gegen die Proteste der Engländer die »Rest-Tschechei« zu besetzen. Damit lag jetzt Polen direkt in Hitlers

Blickfeld, dessen Schaffung und Existenz er schon in der Weimarer Republik nie anerkannt hatte.

Vom kaltschnäuzigen Zerreißen des Münchener Abkommens und dem Gewaltakt gegen Prag schockiert, gab London jetzt Warschau eine Garantie, dass Großbritannien und Frankreich bei einer Annexion Polens durch Hitler Deutschland den Krieg erklären würden. Was Hitler ermunterte, seine seit dem März vorbereitete Invasion Polens dennoch weiterzuverfolgen, war sein Eindruck, dass Chamberlain wie zuvor auch diesmal gegen eine Invasion lediglich protestieren würde. Er wusste auch, dass die britische und deutsche Industrie Wirtschaftsgespräche in der Hoffnung abhielten, mit ihren Bemühungen zur Erhaltung des Friedens beizutragen. Schließlich gelang dem Reichskanzler Ende August, nur wenige Tage von dem Angriff auf Polen, ein Coup, von dem er meinte, dass London hiernach Warschau trotz der Garantie fallen lassen würde: Er unterzeichnete ein Bündnis mit der Sowjetunion, die er bis dahin in Grund und Boden verdammt hatte und deren Zerstörung er weiterhin als das Hauptobjekt seiner Eroberung von »Lebensraum« im Osten betrachtete. In der Tat schlug das Abkommen mit Stalin im Westen wie ein Donnerschlag ein. Allerdings hatte Hitler sowohl Chamberlain als auch die Stimmung in der britischen Bevölkerung diesmal unterschätzt und war daher überrascht, als England und auch Frankreich dem Deutschen Reich in den ersten Septembertagen den Fehdehandschuh hinwarfen. Der Reichskanzler befand sich jetzt in einem Zweifrontenkrieg wilhelminischen Ausmaßes, den er nach seinem Stufenplan gerade hatte vermeiden wollen.

2.4 Deutschlands von England nicht gewünschter Eroberungskrieg und die Rolle der USA

Nachdem die Polen innerhalb von kurzer Zeit besiegt und das Land, wie mit Stalin vereinbart, zwischen Deutschland und der Sowjetunion aufgeteilt worden war, war es nicht erstaunlich, dass Hitler versuchen würde, England und Frankreich zu einem Friedensabschluss zu bewegen, zumal Paris und London im Westen keine militärischen Operationen gegen das Reich einleiteten. In diesem Zusammenhang sind nun diverse Versuche zu sehen, mit den Engländern, deren Kabinett Chamberlain weiterhin leitete, ins Gespräch zu kommen. Hierzu sei nur eine bezeichnende Tagebuchnotiz zitiert, die der Heeres-Generalstabschef Franz Halder am 21. Mai 1940 festhielt:[23] »Wir suchen Fühlung mit England auf der Basis einer Teilung der Welt.« Ribbentrop, nunmehr Außenminister, bestätigte dies am 19. Juni – kurz nach der Niederlage Frankreichs, das Hitler am 10. Mai angegriffen und in wenigen Wochen ebenfalls geschlagen hatte. Zu seinem italienischen Kollegen Galeazzo Ciano sagte er, dass Hitler nicht die Zerstörung des britischen Empire anstrebe. London müsse nur den Fait Accompli auf dem europäischen Kontinent anerkennen und ein paar seiner Kolonialbesitzungen aufgeben. Hitlers Hoffnung erwies sich sofort als ein Luftschloss. Denn inzwischen war Chamberlain zurückgetreten und durch Winston Churchill ersetzt worden, der schon seit langem die offizielle Beschwichtigungspolitik aus der Opposition heraus grimmig kritisiert hatte und jetzt als neuer Premierminister alle Ressourcen mobilisierte, um den Kampf gegen Hitler, der inzwischen auch ganz West- und Nordeuropa außer Schweden überrannt hatte, aufzunehmen. Churchill widerstand unbeugsam bis zum Sieg von 1945. Diesmal hatte London schon viel früher als im Ersten Weltkrieg die Unterstützung der mächtigen USA gegen das verbrecherische Regime in Berlin.

Bevor ich auf dieses angloamerikanische Bündnis zu sprechen komme, soll noch ein kurzer Blick auf die Vereinigten Staaten und Präsident Roosevelt geworfen werden, durch den diese Allianz auch im Hinblick auf ihre Probleme verständlicher wird. Als er im Januar 1933 ins Weiße Haus in Washington einzog, sah sich Roosevelt ebenso wie Hitler Millionen von arbeitslosen Landsleuten gegenüber, die eine Lösung der Krise erwarteten. Beide Politiker begriffen es daher als eine ihrer Hauptaufgaben, diesen Menschen wieder ein regelmäßiges Einkommen zu sichern. Indessen gingen sie sehr unterschiedliche Wege. Beide waren überzeugt, dass anstelle der bisherigen Austerity-Politik der staatlichen Kürzungen die Wirtschaft öffentliche Investitionen benötigte, mit deren Hilfe die Unternehmen wieder Aufträge bekamen und Arbeiter einstellen konnten. Diese Alternative war inzwischen von dem britischen Ökonomen John Maynard Keynes, aber auch von deutschen Sozialdemokraten im WTB-Plan vorgeschlagen worden. Hitler wollte ebenfalls durch öffentliche Investitionen Arbeit beschaffen. Doch unterschied sich sein Plan in einem entscheidenden Punkte von Roosevelts. Zwar sprach er, wie erwähnt, den Briten und Amerikanern gegenüber von seinen friedlichen Absichten; doch war er stillschweigend weiterhin auf die gewaltsame Eroberung von »Lebensraum« im Osten fixiert. Um das Land auf diesen Krieg vorzubereiten, begann er gleich 1933 mit einem Rüstungsprogramm, das der Industrie Aufträge und den Arbeitslosen Arbeit und Einkommen verschaffte. Diese Aufrüstung sollte in den folgenden Jahren dann soweit vorangetrieben werden, dass das Reich einen Landkrieg im Osten gewinnen konnte, während die Seemacht England im Westen unbehelligt bleiben würde. Anders formuliert: Hitler verschrieb sich 1933 einem »militärischen Keynesianismus«.[24]

Roosevelts Programm öffentlicher Investitionen war hingegen darauf ausgerichtet, die Produktion ziviler Güter sowie den Bau ziviler Infrastrukturverbesserungen anzuregen. Seine Keynesianismus-Version vergab Aufträge zum Bau von Brücken und Stauseen wie das von der Tennessee Valley Authority in Angriff genommene, arbeitsbeschaffende Großprojekt im Mittelwesten. Allerdings kamen diese Initiativen langsamer in Gang als die nationalsozialistischen, dank derer es Hitler schon 1936 gelang, die Arbeitslosigkeit in Deutschland so gut wie zu beseitigen. An sich hätte Hitler damals seinen »militärischen Keynesianismus« abbrechen und die Wirtschaft auf Zivilproduktion umstellen müssen, um eine Inflation zu vermeiden. Zwar hatten die Menschen nun wieder Geld in der Tasche, doch brauchten sie Konsumgüter. Panzer wollten sie auf jeden Fall nicht kaufen. Doch Hitler rüstete weiter. Soweit es das öffentliche Defizit betraf, das inzwischen sehr stark angewachsen war, wollte er dieses nicht durch Steuererhöhungen mindern. Vielmehr gedachte er, in den von der Wehrmacht eroberten Ländern ganz unverblümt nicht nur deren Rohstoffe und die Arbeitskraft der Bevölkerungen auszubeuten, sondern sie auch ihrer finanziellen Reserven und Ersparnisse berauben.

Derweil bot Roosevelt seinen Arbeitern nicht nur den zwar langsameren Abbau der Arbeitslosigkeit, sondern errichtete mit seinem »New Deal« zum ersten Mal auch ein stärkeres sozialstaatliches Netz und förderte die Gewerkschaften gegenüber den mächtigen Unternehmern. Mit diesen Erfolgen wurde er 1936 wiedergewählt. Doch dann erlebte die amerikanische Wirtschaft 1937 einen Rückschlag, von dem sie sich zwar wieder erholte, aber das 1938/39 von Roosevelt anvisierte Ziel nicht erreichte. Inzwischen beobachtete der Präsident nicht nur die deutschen Rüstungen, sondern auch die gewaltsamen Beutezüge, die das expansionistische Japan auf dem asiatischen Kontinent in Korea und China begann. Zugleich begab sich Mussolini in Nordafrika und Äthiopien auf seine imperialistischen Abenteuer, während Hitler – wie erwähnt – die osteuropäischen Länder zu besetzen begann.

Diese Entwicklungen veranlassten Roosevelt im Oktober 1937, eine Rede zu halten, in der er warnte, dass die sich formierenden Achsenmächte mit der Gegnerschaft der Vereinigten Staaten rechnen müssten, wenn sie ihre Eroberungszüge fortsetzten. Hiernach entstand in Washington eine zweigleisige Außenpolitik. Auf der einen Seite bemühte sich Cordell Hull als Außenminister darum, die bisherige, aus der Krise von 1929 entstandene bilaterale und protektionistische Politik durch eine Rückkehr zu multilateralem Handel zu ersetzen, auch in der Hoffnung, vor allem Hitler auf diese Weise wieder in ein internationales System friedlichen Austauschs zurückzuholen und von imperialistischen Eroberungen abzuhalten.

Freilich wusste Roosevelt auch, wie sehr infolge der Wirtschaftskrise die eigenen Streitkräfte vernachlässigt worden waren. Nachdem er in seiner Rede vom Oktober 1937 die Gefahr eines neuen Weltkriegs angesprochen hatte, kam in Washington die Erinnerung an 1917 wieder hoch. Damals hatte es ein ganzes Jahr gedauert, bis die unvorbereiteten USA ihre Truppen an die Westfront entsenden konnten. In einer solchen Situation wollte sich die Administration nicht ein zweites Mal wiederfinden. Allerdings musste der Präsident vorsichtig verfahren, wenn er neben der von Hull verfolgten Handelspolitik das Land auf einen Krieg vorbereiten wollte. Gab es im US-Kongress doch viele Politiker, vor allem aus dem Mittelwesten, die das Land weiterhin aus der internationalen Politik heraushalten wollten und auf eine strikte Einhaltung des Neutralitätsgesetzes von 1933 und dessen Novellierung von 1937 achteten. Indessen hatte Roosevelt in seiner Regierung in der Person seines Schatzministers Henry Morgenthau einen starken Verbündeten. Dieser verfügte nicht nur über die Mittel, um militärische Vorbereitungen unauffällig zu finanzieren. Vielmehr war er auch über die Entwicklungen in Japan und Italien und vor allem über das Hitler-Regime alarmiert, wo die jüdische Bevölkerung immer mehr drangsaliert wurde, bis Berlin im November 1938 gar einen mörderischen Pogrom anzettelte.

Morgenthau ging auf zwei Ebenen an seine verdeckten Kriegsvorbereitungen heran. Zum einen bemühte er sich im Kongress, Lockerungen des Neutralitätsgesetzes zu erreichen. Des Weiteren ersuchte er amerikanische Unternehmen, Bestellungen von Kriegsmaterial seitens Frankreichs und Englands prompt zu erfüllen und ihre Kapazitäten auf diese Weise zu erweitern. Sein Ziel war es, dass die wachsende Nachfrage aus Europa und zunehmend auch die seitens der amerikanischen Streitkräfte bedient wurde. Eine weitere Revision des Neutralitätsgesetzes im Jahre 1939 brachte der Administration zusätzliche Möglichkeiten. Waffen konnten jetzt exportiert werden, vorausgesetzt, dass sie per »cash and carry« geliefert wurden. Wichtig ist darüber hinaus, dass man besonders den Flugzeugbau und die Kriegsmarine begünstigte. Hatte die britische Luftwaffe mit ihrem Ausbau schon Mitte der dreißiger Jahre begonnen, folgte Hitler bald mit einer geheimen Rede nach, die er im November 1937 in Antwort auf Roosevelts Drohungen des Vormonats hielt. Vor der Wehrmachtführung und hohen Parteifunktionären forderte er nun, dass Deutschland nach dem bevorstehenden Abschluss seiner Landrüstungen ab 1943/44 für einen Entscheidungskrieg gegen England und die USA gerüstet sein müsse.

Es begann somit eine Umpolung in der NS-Kriegsproduktion weg von den Landstreitkräften hin zur Luftwaffe und Marine. Willy Messerschmitt legte 1938 Entwürfe für einen viermotorigen Bomber vor, der mit einer Bombenlast von fünf Tonnen nach New York hin- und zurückfliegen konnte. Im Januar 1939 diskutierte Hitler mit Admiral Erich Raeder den sogenannten Z-Plan, in dem der Bau von »Überschlachtschiffen« und Flugzeugträgern vorgesehen war. Derweil verstärkten die USA ihre Luftwaffe, während sich die Vorbereitungen bei der Marine zugleich auf den Bau von Frachtern konzentrierten. Dabei erwies sich Henry Kayser als einer der dynamischsten Unternehmer seiner Zeit. Er hatte schon in früheren Jahren unter dem New Deal Zivilaufträge angenommen, darunter auch den Bau des riesigen Hoover-Damms zum Stau des Colorado River in Arizona, unweit von Las Vegas. Obwohl ein Außenseiter in der Schifffahrtsindustrie, errichtete er 1940 fünf Werften an der Westküste von Richmond in Kalifornien bis nach Portland und Vancouver im Norden. Wohl auch in Erinnerung an die großen Verluste, die deutsche U-Boote im Ersten Weltkrieg der britischen Handelsmarine auf dem Atlantik beigebracht hatten, legte Kayser die berühmten »Liberty«-Frachter auf Stapel, die er nach einem hoch rationalisierten Bausystem in erstaunlicher Kürze auslieferte.

Inzwischen kämpfte England allein gegen ein scheinbar übermächtiges Drittes Reich. Die Truppen, die man 1940 zur Unterstützung der Franzosen an die Westfront geschickt hatte, wurden zurückgeschlagen. Rund 225.000 Briten konnten durch eine Notevakuierung von den Stränden bei Dünkirchen gerade noch gerettet werden. Die »Schlacht um England« zwischen der Göring'schen Luftwaffe und der Royal Air

Force tobte im Sommer 1940 über dem Ärmelkanal, und England bereitete sich auf eine Invasion der Wehrmacht vor. In dieser Stunde der Not kam Roosevelt nun Churchill mit der Lieferung von Kriegsgerät und Nahrungsmitteln zu Hilfe, allerdings weiterhin unter dem gelockerten Neutralitätsgesetz. Die Lieferungen mussten in bar bezahlt und auf britischen Frachtern verschifft werden. Im Atlantik lauerten die deutschen U-Boote auf sie, und die Royal Navy konnte den Schiffen nur begrenzt Geleitschutz bieten. Die Patrouillen der amerikanischen Marine endeten an der Neutralitätsgrenze, die nur von Halifax, Nova Scotia, über die Bermuda-Inseln bis in die Karibik bei Antigua verlief. Nicht weniger alarmierend war, dass Churchill die Barzahlungsmittel bald nicht mehr aufbringen konnte. Zwar vermutete man in Washington, dass London einige Goldreserven in Südafrika versteckt hielt, doch Roosevelt erkannte, wie sehr die Engländer jetzt auf amerikanische Hilfe angewiesen waren. Churchill bat dringend, ein Lend-Lease-Abkommen abzuschließen, das London Kredite einräumte und den USA im Gegenzug Stützpunkte im kanadischen Neufundland und in der Karibik zusagte. Allerdings befand sich Roosevelt im Herbst 1940 im Wahlkampf und wagte mit diesem Abkommen erst nach seiner Wiederwahl im Frühjahr 1941 vor den US-Kongress zu treten.

Derweil liefen die amerikanischen Rüstungen auf hohen Touren und versorgten nicht nur die Engländer und ihr Empire und Commonwealth, sondern ab Sommer 1941 auch die Sowjetunion, in die Hitler zur Eroberung von germanischem »Lebensraum« unter Bruch seines Abkommens mit Stalin vom August 1939 im Juni 1941 eingefallen war. Diese Lieferungen trugen mit dazu bei, dass es der Roten Armee im Herbst und Winter 1941 unter großen Opfern gelang, die Wehrmacht vor Moskau zurückzuschlagen. Anfang Dezember griffen die Japaner Amerika in Pearl Habor auf Hawaii an. Roosevelt konnte jetzt auch die letzten Isolationisten überzeugen, dass sich das Land nach diesem Angriff zur Verteidigung im Pazifik und Atlantik aufraffen musste, zumal es Hitler war, der einige Tage nach Pearl Harbor Washington den Krieg erklärte. Danach war es nur noch eine Frage der Zeit, wann die Westalliierten zusammen mit den Sowjets Hitler, Mussolini und die Japaner, die inzwischen bis Singapur vorgedrungen waren, in die Knie zwingen würden.

Angesichts dieser Vorausschau ist jetzt der Punkt gekommen, an dem ich mich den amerikanisch-britischen Beziehungen zwischen 1942 und 1945 zuwenden kann. Um nicht nur die militärische, sondern auch die politische Koordination zu fördern, richteten London und Washington 1942 diverse Expertenkommissionen ein, die auch schon über die Nachkriegszeit nachdenken sollten. Jenseits der Fachleute in den Ministerien wurden weitere Experten herangezogen, und Industrielle stellten sich den Komitees zur Verfügung, unter denen das Committee on Economic Development (CED) viele einflussreiche Männer aus der Wirtschaft anzog. In den dreißiger Jahren hatten diverse amerikanische Firmen allerdings ihre deutschen Werke weiter betrieben und vor allem in der Automobilindustrie auch Aufträge von der Wehrmacht angenommen. Henry Ford sympathisierte bis in den Krieg hinein mit Hitler und machte diesem sogar Geburtstagsgeschenke. Bei GM bemühte sich George Mooney, der für die internationalen Geschäfte des Konzerns verantwortlich war, noch 1940 darum, Hitler an den Verhandlungstisch zu bekommen und einen Waffenstillstand zu erreichen. Erst als die USA direkt in den Krieg eintraten, konnte Roosevelt sich ganz auf die Unterstützung der Unternehmerschaft verlassen.

Indessen traten bei aller Einsicht, dass England und die USA jetzt in einem Boot saßen, schnell auch Meinungsverschiedenheiten auf. Seitens des Militärs ging es vor allem um strategische Fragen über die Errichtung einer zweiten Front im Westen oder Süden Europas. Stalin, dessen Rote Armee die Hauptlast des Landkriegs trug, drängte sehr auf eine angloamerikanische Invasion des europäischen Kontinents. In den politischen Diskussionen in Washington und London ging es vor allem um die Gestaltung der Welt nach dem siegreichen Ende des Krieges. Dabei erschien immer wieder die Frage nach den Friedenszielen der Alliierten auf der Tagesordnung, über die Roosevelt und Churchill schon im August 1941 auf ihrem Treffen in Placentia Bay an der Küste Neufundlands gesprochen hatten. Ziel des Treffens war es, eine Einigung über den Text einer »Atlantic Charter« zu erzielen, in der die Friedensziele der Westalliierten festgelegt werden sollten.[25] Dieser Text zog zum einen eine scharfe Kontrastlinie zur Eroberungspolitik der drei Achsenmächte. Der Entwurf, der wahrscheinlich von der amerikanischen Delegation aufgesetzt worden war, wandte sich gegen Territorialveränderungen und sicherte den unterdrückten Völkern zu, dass sie sich nach dem Alliierten Sieg und der Wiedererlangung souveräner staatlicher Rechte ihre Regierungsform frei wählen könnten, die ihnen »gewaltsam entzogen worden« war. Auch sollten sie gleichberechtigten Zugang zum Handel und zu Rohstoffen haben, die für das Erreichen »wirtschaftlichen Wohlstands« nötig waren, allerdings unter »Beachtung bestehender Verpflichtungen«.

Des Weiteren versprach der Text »die vollste Zusammenarbeit« unter allen Nationen auf dem Gebiet der Wirtschaft mit dem Ziel, allen »verbesserte Arbeitsbedingungen, wirtschaftliches Vorankommen und soziale Sicherheit« zu bieten. In der Nachkriegswelt sollte jeder ein Leben führen können, das von Not und Angst frei war. Auch sollten die Ozeane allen ohne Behinderungen offenstehen. Die Anwendung von Gewalt sollte geächtet werden, und Nationen, von denen jenseits ihrer Grenzen eine Bedrohung ausging oder die eine solche darstellten, sollten abgerüstet werden. Doch als es um die Verabschiedung des Textes ging, kritisierte Churchill die Passagen, die von der freien Wahl der Regierungsform und unausgesprochen folglich auch von den britischen Kolonien handelten. Dort hatten sich inzwischen weitere Befreiungs- und Unabhängigkeitsbewegungen gebildet. Der US-Präsident meinte zwar, dass die Ausbeutung von Rohstoffen ohne gleichzeitige sozioökonomische Verbesserungen in den Kolonien eine überholte Methode von Herrschaft sei, die die Stabilität und den Frieden nicht mehr sichern könne. Schließlich könne man nicht »die faschistische Sklaverei bekämpfen« und zugleich dafür arbeiten, »in der ganzen Welt die Menschen von einer rückständigen Kolonialpolitik« befreien zu wollen.

Das war gewiss eine sehr direkte Kritik nicht nur an der Besatzungspolitik der Achsenmächte, sondern auch am britischen Kolonialreich. Um jedoch einen Eklat zu vermeiden, erklärte der US-Präsident sich bereit, dass im Schlusstext auch der Hinweis auf den Zugang zu Rohstoffen durch eine vage Formulierung ersetzt wurde. Da zudem von den vier von Roosevelt ins Auge gefassten Freiheiten nur die Befreiung von Not und Angst aufgenommen wurde und Religions- und Informationsfreiheit unerwähnt blieben, korrigierte er dieses Manko einige Wochen nach dem Treffen mit Churchill am 21. August 1941 in einer Rede vor dem US-Kongress. Churchill dürfte von dieser Rede kaum erfreut gewesen sein.

Auch zur Behandlung der Deutschen nach dem Krieg gab es Meinungsverschiedenheiten, die schließlich im Oktober 1944 auf einer Konferenz der Westalliierten im kanadischen Quebec an die Oberfläche kamen. Inzwischen hatte man in Washington konkrete Informationen über die Ermordung von Millionen von Juden und anderen Minderheiten in Osteuropa erhalten, die Henry Morgenthau veranlassten, einen Plan zu entwickeln: Die Deutschen sollten nach ihrer nunmehr fest erwarteten Niederlage hart angefasst und bestraft werden. Zwar stimmt es nicht, dass das Land in einen Agrarstaat zurückentwickelt werden sollte. Doch wollte Morgenthau das Potenzial der deutschen Industrie soweit beschneiden, dass von den Land nie wieder ein Krieg ausgehen konnte. Zudem sollte der Lebensstandard der Bevölkerung unter dem der europäischen Nachbarn gehalten und deren Reintegration in die Völkergemeinschaft auf Jahre hinaus verschoben werden.[26]

Es spricht für die verständliche Verbitterung, die die Engländer und auch Churchill gegen die Deutschen nicht nur wegen der Nachrichten über den Holocaust, sondern auch aufgrund der eigenen Verluste durch den Krieg zu Land und zur See sowie infolge der Bombardierungen durch die Luftwaffe verspürten, dass Churchill zuerst einer harten Bestrafung zuneigte. Nicht nur London, sondern auch Plymouth, Portsmouth, Coventry und Liverpool waren von deutschen Bomben schwer getroffen worden. Hull an der Ostküste erlitt über 100 Luftangriffe bei Tag und bei Nacht. Als Churchill dann in Quebec allerdings die Details des Morgenthau-Plans erfuhr, bezeichnete er diesen kurzerhand als »unchristlich«[!] und reihte sich in die amerikanischen Kritiker ein, die den Plan inzwischen ebenfalls ablehnten. Obwohl Cordell Hull aus der Administration inzwischen ausgeschieden war, lebte seine Konzeption des Wiederaufbaus einer multilateralen Handelspolitik mit der Open Door unter Führung Amerikas vor allem im State Department und War Department fort. Dort erinnerte man sich auch an den Fehler, den das Land 1919 begangen hatte, als es sich von der internationalen Politik verabschiedete. Nach dem Zweiten Weltkrieg sollte daher auch das erneut geschlagene Deutschland nicht wieder als Aussätziger behandelt, sondern möglichst bald wieder in eine europäische Gemeinschaft integriert werden.

2.5 Alliierte Friedensplanungen nach dem Eintritt der USA in den Weltkrieg, 1941–1945

Doch geht es vorerst noch darum zu analysieren, wie die Amerikaner ihren britischen Bündnispartner ab 1942 behandelten. Mit dem Eintritt der USA in den Krieg verbesserte sich als erstes der Geleitschutz für den Nachschub über den Atlantik. Angesichts der jetzt weit in den Ostatlantik vorgeschobenen amerikanischen Schutzzone und der

Verstärkung des Konvoi-Systems erhöhten sich die deutschen U-Boot-Verluste. Lebensmittel und Kriegsmaterial erreichten die britischen Inseln. In der Vorbereitung auf die Alliierte Invasion im Westen, die im Juni 1944 schließlich erfolgte, kamen auch größere Transporte amerikanischer Truppen dort an.

Einen Monat nach der Invasion der Normandie rief Washington die Westalliierten zu einer Konferenz im Mount Washington Hotel in Bretton Woods, New Hampshire, zusammen, die zeigte, wie stark die Roosevelt-Administration jetzt auf die Schaffung von internationalen Vereinbarungen und Institutionen für eine Neuordnung der Nachkriegswelt hinarbeitete, in der die USA die eindeutige Hegemonialmacht sein würden. Da war als erstes das internationale Währungssystem, in dem Washington und die Wall Street jetzt endlich ihre Vorherrschaft gegenüber London und der Londoner City durchsetzen wollten. Zugleich verpflichteten sich die 44 teilnehmenden Nationen zur Verwirklichung der Open Door und zur Gründung von zwei neuen Organisationen, der Weltbank und des Internationalen Währungsfonds (IMF). Schließlich wurde noch der Abschluss eines General Agreement on Tariffs and Trade (GATT) vorbereitet. Morgenthau verkündete, dass mit den Vereinbarungen von Bretton Woods das Ende des Wirtschaftsnationalismus früherer Zeiten eingeläutet werde. Für den IMF legte Dexter White seitens der US-Administration einen umfassenden Plan vor. Keynes setzte diesem eine britische Alternativkonzeption entgegen, die den Dollar weniger einseitig gegenüber dem Pfund Sterling zur internationalen Leitwährung machte. Allerdings hatten er und auch andere Kollegen schon während der Verhandlungen den Verdacht geschöpft, dass es den Amerikanern nur darum ging, Washingtons Vormachtstellung zu zementieren und London als Finanzzentrum in den zweiten Rang abzuschieben. Whites Konzeption obsiegte. Der Dollar wurde zur Reservewährung mit einem Goldpreis von $35 pro Unze gemacht, an dem sich die Währungen der anderen westlichen Nationen für die Nachkriegsjahrzehnte hinfort orientierten, bis Washington angesichts der katastrophalen Folgen, die der Vietnam-Krieg für die US-Währung und Wirtschaft hatte, sich 1974 von Bretton Woods zurückzog und ein neues System der gleitenden Währungen entstand.

Nach der für die Engländer enttäuschenden Regelung des Währungs- und Handelssystems für die Nachkriegszeit in Bretton Woods kam bei Kriegsende 1945 kurz nach Roosevelts Tod im Februar 1945 durch seinen Nachfolger Harry Truman der härteste Tiefschlag: Am 21. August kündigte er das Lend-Lease-Abkommen auf. Neue Bestellungen sollten nicht mehr angenommen werden und eine Rückzahlung der durch die Kriegslieferungen entstandenen Schulden stand ins Haus. Die britischen Auslandsschulden beliefen sich 1945 auf mindestens 2.000 Millionen, vielleicht sogar auf 3000 Millionen, die Ressourcen, die man aus dem Empire und Commonwealth mobilisiert hatte, nicht eingerechnet. Hatte man in Quebec noch gehofft, dass die von Morgenthau anvisierte Einhegung des deutschen Industriepotenzials verhindern würde, dass »Großbritannien bei Kriegsende den kompletten Bankrott« erklären müsste,[27] so stand das Land jetzt erst recht vor einer solchen Katastrophe, zumal inzwischen auch die verlangte harte Bestrafung der Deutschen unsicher war. Denn nun drängten sowohl das State als auch das War Department sowie die amerikanischen Konzerne auf den Wiederaufbau der westdeutschen Industrie, nicht auf deren Demontage und nachhaltige Schwächung.

So waren Londons Reaktionen auf Trumans Entscheidung ausgesprochen verbittert. Keynes sprach von einem »finanziellen Dünkirchen« und der Tory-Abgeordnete Robert Boothby von einem »ökonomischen München«.[28] Für Hugh Dalton stand das Land von dem »totalen wirtschaftlichen Ruin«. Der Londoner *Economist* war noch direkter, indem er einen Vergleich anstellte: Besonders schwer erträglich war es für das einflussreiche Magazin, dass Großbritannien im Verfolg der gemeinsamen Sache »ein Viertel seines Nationalvermögens« verloren habe und jetzt »denjenigen, die sich durch den Krieg bereichert [haben], ein halbes Jahrhundert lang Tribut zahlen« müsse. Zudem hatten rund 270.000 Soldaten und 60.000 Zivilisten den Tod gefunden. Auch der liberale *Manchester Guardian* hieb in diese Kerbe. Während die Engländer sich zu »einem hohen Preis« ihre Freiheit erkämpft hätten, konnten die Amerikaner ihre Freiheit obendrein mit einem wirtschaftlichen Gewinn erringen.

In der Folgezeit erkannte Truman dann aber doch, das sein Rückzug dem Verbündeten zu großen Schaden zufügte. Im US-Kongress begannen nicht nur Verhandlungen über die Zukunft von Lend-Lease, sondern auch über einen neuen Kredit. Doch war es bei der Ratifizierung im Kongress für britische Beobachter kaum zu ertragen, wie der Kredit von den amerikanischen Politikern behandelt wurde. Wie der *Manchester Guardian* schrieb, hätte man angesichts der Debatten in Washington den Antrag lieber zurückgezogen als einem Parlament in Washington verpflichtet zu sein,»das so viele unwissende und schlecht gelaunte Mitglieder« enthielt. Der *Economist* setzte hinzu, dass es nicht länger möglich sei, auf einen US-Kongress zu setzen, der mit »irgendeiner Festigkeit eine Politik der Mäßigung und Liberalität« verfolge, ohne die »die gesamte Struktur der Anleihe«, des Bretton Woods-Systems und eines Handels ohne Diskriminierungen »auf Sand gebaut« sei. Die konservative *London Times* fügte abschließend hinzu, dass man indessen keine andere Wahl habe, als den amerikanischen Kredit »schweren Herzens« zu akzeptieren.

Sehr positiv wirkte sich später aus, dass Washington bis 1947 schließlich eine aus der Zeit von 1919 stammende Lektion der Geschichte verwirklichte: Im Juni des Jahres hatte George C. Marshall in einer Rede in der Harvard-Universität ein weiteres und letztlich viel wichtigeres Anleiheprogramm angekündigt, das, anders als nach dem Ersten Weltkrieg, den amerikanischen Steuerzahler direkt in die Pflicht nahm. Die Bedeutung dieses Engagements ist in der Forschung gelegentlich heruntergespielt worden. Doch wirkte diese öffentliche Hilfe als Initialzündung, die die amerikanische Industrie sodann ermutigte, selbst in Westeuropa zu investieren. Denn diesmal ging es im US-Kongress nicht nur um eine Absicherung privater Kredite an die europäische Industrie; vielmehr hatte der Staat und damit der amerikanische Steuerzahler das Risiko sogar direkt übernommen. Dies hinterließ bei den an Europa interessierten amerikanischen Konzernen den Eindruck, dass jetzt auch ihr Risiko und das der dahinterstehenden Banken anders als 1920/21 annehmbar geworden war.

Über die Art und Weise, wie die westdeutsche Industrie die Mittel des Marshall-Plans einsetzte und erneut Beziehungen mit amerikanischen Firmen zur Modernisierung ihrer Fabriken herstellte, ist inzwischen eine breite Literatur vorhanden.[29] Das Bild der britischen Industrie ist weniger gut erforscht, und so soll jetzt zuerst der Frage nachgegangen werden, wie die Briten die ihnen zufließenden Marshall-Plan-Mittel, die umfangreicher waren als die Hilfe für die westdeutsche Industrie, verwendeten.

2.6 Großbritannien und Westdeutschland nach dem Ende des Weltkriegs, 1945–1962

Als der Krieg im Mai 1945 endlich zu Ende ging, konnte die britische Bevölkerung mit einigem Recht auf den Sieg über die Deutschen stolz sein. War ihnen doch die Verteidigung ihrer politischen, wirtschaftlichen und kulturellen Ordnung gegen die Hitler-Diktatur gelungen. So wichtig dies sozialpsychisch auch war, das Land sah sich zugleich mit den materiellen Folgen des Krieges konfrontiert. Mehr noch als 1918 waren enorme Ressourcen für den Sieg buchstäblich verpulvert worden. Die Lage war hiernach so schwierig, dass Lebensmittel rationiert werden mussten und das System der Marken erst 1950 wieder abgeschafft werden konnte. In vielen Familien war daher Schmalhans weiterhin Küchenmeister. Um die Moral der Bevölkerung selbst in den dunkelsten Tagen des Krieges abzustützen, hatte Churchill sich siegesgewiss gezeigt, aber nie verschwiegen, dass dieser Sieg mit »Blut, Schweiß und Tränen« errungen werden müsse. Das Bündnis seiner Konservativen Partei mit der Labour Party hatte das Vertrauen in die Regierung zwar gestärkt; aber Clement Attlee und die anderen Kabinettsmitglieder auf der Linken hatten schon früh verlangt, dass nach dem gewonnenen Krieg die Lage der Arbeiterschaft spürbar verbessert werden müsse. Schon 1942 war William Beveridge daher mit einer Aufstellung der in Angriff zu nehmenden Sozialreformen beauftragt worden, die er Ende des Jahres vorlegte und die in der Folgezeit zu Gesetzen gemacht wurden. Der von Rab Butler entworfene Education Act, der vor allem das Schulsystem reformierte, wurde schon 1944 ratifiziert. Im Jahre 1946 wurde der National Insurance Act Gesetz, gefolgt 1947 von einem weiteren, das eine Gesundheitsversorgung für alle, den National Health Service, einführte. Und schließlich mussten auch die Fabriken, die Kriegsmaterial hergestellt hatten, auf zivile Produktion umgestellt werden.

Wenn es gelungen wäre, die innere Kriegskoalition unter Churchill fortzusetzen, hätte allein diese Regierung schon vor enormen Aufgaben gestanden. Doch dann gab es in Westminster einen unerwartet großen Umbruch: Das Parlament wurde aufgelöst, und am 5. Juli 1945 fanden Neuwahlen statt, die die Labour-Partei mit 393 Sitzen gegen die 213 der Konservativen sicher gewann. Attlee wurde Premierminister und stand nun vor der Aufgabe, ein stark linkes, sozialistisches Programm in die Tat umzusetzen, darunter auch die Sozialisierung von Industrien. Zug um Zug wurden die Elektrizitätsversorgung, der Bergbau, die Eisen- und Stahlindustrie und der Lastwagenverkehr verstaatlicht. Zwar besaß Attlee eine Mehrheit im Parlament; doch regte sich bei den Konservativen und den Wirtschaftseliten unvermeidlich ein starker Widerstand. Waren die Verstaatlichungen für die Wirtschaft schon umwälzend genug, durch diesen Widerstand geriet der wirtschaftliche Wiederaufbau zusätzlich ins Stocken. Im Herbst 1947 musste die Regierung einen Lohnstopp, Haushaltskürzungen und Steuererhöhungen beschließen. Derweil bestand die Arbeiterschaft auf einer Erfüllung der Wahlversprechen und drängte ihre Gewerkschaften, Streiks auszurufen. Schon 1945 und 1946 hatte es daraufhin über 2300 Arbeitsniederlegungen gegeben. Zwischen 1948 und 1953 lag die Zahl etwas niedriger bei 1700 Streiks, bevor sie in den späten fünfziger und frühen sechziger Jahren auf über 2000 hochschnellte. Im Jahre 1962 traten nicht weniger als 4,4 Millionen Arbeiter in den Ausstand, sodass an die 5,7 Millionen Arbeitstage verloren gingen.

Hoch waren schließlich die Kosten, die dadurch entstanden waren, dass England auf den Alliierten Konferenzen von Jalta und Potsdam 1945 eine Besatzungszone in West- und Norddeutschland zugesprochen wurde, in der das Ruhrgebiet mit seinen Bevölkerungsmillionen in den ausgebombten Städten lag, zu denen zahllose Flüchtlinge, verbliebene ehemalige Zwangsarbeiter und heimgekehrte Soldaten kamen. Nach internationalem Recht waren die britischen Besatzer für deren Versorgung in ihrer Zone verantwortlich, obwohl Attlee die eigene Bevölkerung kaum ernähren konnte. Im Ruhrgebiet war die Not schließlich so groß, dass London die Amerikaner herbeiholen musste. Im Januar 1947 wurde die gemeinsam verwaltete Bi-Zone errichtet, wodurch die Amerikaner mit ihren großen Lagern an Getreide und anderen Lebensmitteln für das Ruhrgebiet mitverantwortlich wurden. Der Nachteil war allerdings, dass Washington und die amerikanische Industrie nunmehr auch bei der Neuorganisation der Ruhrindustrie ein Wort mitreden konnten. Und da Washington im Gegensatz zu London die westdeutsche Industrie von der NS-Kommandowirtschaft in eine sozial-liberale Marktwirtschaft umbauen wollte, kam es unvermeidlich zu Reibungen mit der Labour-Regierung, die zwischen einer Sozialisierung der Ruhrschwerindustrie einerseits und einer Neugestaltung von Kapital und Arbeit mit Hilfe der paritätischen Mitbestimmung andererseits schwankte. Letztere wurde nach einigem

Hin und Her 1947 von den Besatzungsbehörden unter William Harris-Burland zusammen mit den deutschen Gewerkschaften und gegen den Widerstand der westdeutschen Unternehmer eingeführt. Indessen sagte dieses Modell den Amerikanern überhaupt nicht zu. Weitere Spannungen entstanden, als die Engländer strikt auf Demontagen von Hütten- und Bergwerkskonzernen an der Ruhr bestanden, die den Wiederaufbauplänen Washingtons zuwiderliefen, aber erst 1949/50 endgültig eingestellt wurden. Kurzum, Washington und London lagen sich in vielen Fragen weiterhin quer.

Anhand dieser knappen Schilderung der Probleme, mit denen die Briten in den späten vierziger Jahren im Land und in ihrer Besatzungszone kämpften, wobei die Entnazifizierung der Westdeutschen und die Reorganisation aller zivilen Institutionen wie Bildung und Rechtspflege noch hinzukamen, wird deutlich, dass es mehrere Jahre dauerte, bis die Londoner Regierung und die Geschäftswelt wirtschaftspolitisch wieder festeren Boden unter den Füssen hatten. Was dem Aufschwung der britischen Wirtschaft damals half, war der zunehmende Erfolg der amerikanischen Open-Door-Strategie. Diese wurde angetrieben durch den Drang amerikanischer Konzerne, in den westlichen Weltmarkt zu gehen und auf diese Weise den Übergang von den eher noch stark regulierten Märkten der späten vierziger Jahre zum multilateralen Handel im Schatten der amerikanischen Hegemonie überzugehen. Der britischen Industrie half es dabei, dass das Pfund im September 1949 gegenüber dem Dollar um rund 30 Prozent abgewertet wurde. Allerdings verteuerte sich dadurch die Einfuhr von Lebensmitteln.

Wie die Industrie befand sich auch die Londoner City in diesen ersten Jahren in keinem guten Zustand. Der Wert ausländischer Investitionen war gegenüber 1939 um 40 Prozent gesunken.[30] Die indirekten Bankeinkommen (invisible earnings) waren ebenfalls geschrumpft. Zudem hatten sie Staatspapiere und Treasury Deposit Receipts (TDRs) gekauft, deren Gewinnmargen gering waren. War die Industrie noch zu geschwächt, um sich Geld leihen zu wollen, so fehlten den Banken nach dem Aderlass des Weltkriegs die gut gepolsterten Sparkonten wohlhabender Kunden, mit denen sie hätten arbeiten können. Auch die 1951 vorgenommene Abwertung des Pfundes spiegelte die allgemeine Schwäche der britischen Wirtschaft wider. Immerhin aber hatte dies den Vorteil, dass britische Industrieerzeugnisse auf dem Weltmarkt billiger angeboten werden konnten. Das bisherige Handelsdefizit wandelte sich daraufhin in einen Überschuss von 200 Millionen Dollar.

Der Ausbruch des Korea-Krieges im Juni 1950 wirkte unter diesen Umständen auch auf die britische Wirtschaft stimulierend. Besonders die steigende Nachfrage nach Stahl und Rohstoffen brachte die Schwerindustrie langsam in Schwung. Die bisherige Streikneigung ließ nach und auch in Großbritannien erlebten selbst Arbeiterfamilien eine spürbare Verbesserung ihres Lebensstandards. Von weiteren Verstaatlichungen war keine Rede mehr, und die linken Neigungen der Kriegsgeneration in der Labour Party machten den reformistischen Vorschlägen einer jüngeren Kohorte von Abgeordneten Platz. Sie wollten den Kapitalismus nicht mehr brechen, sondern ihn in Richtung auf eine größere sozialstaatliche Absicherung und soziale Gerechtigkeit umbiegen. Politiker wie Anthony Crosland, Roy Jenkins und Denis Healey gaben mehr und mehr den Ton an. Sie waren schlicht Sozialdemokraten. Derweil schwenkte die Konservative Partei nach ihrem Sieg über Attlee in den Wahlen von 1951 mehr zur Mitte, wo Politiker wie Harold Macmillan und Rab Butler an Einfluss gewannen. Churchill wurde erneut zum Premierminister gekoren.

Doch wie reagierte die britische Unternehmerschaft auf die Wachstumschancen? Einige Statistiken zeigen, dass sie diese nur zögerlich nutzten. An der Entwicklung der Automobilindustrie lässt sich gut zeigen, wie selbst die Konkurrenz von Ford und GM die britischen Hersteller nicht dazu animierte, wenigstens zahlen- und qualitätsmäßig das gleiche Niveau anzustreben wie die Amerikaner. Ein Problem war, dass weiterhin viele verschiedene Marken und Modelle angeboten wurden. Sicherlich brauchte man nicht so weit zu gehen wie die Volkswagen A. G. im niedersächsischen Wolfsburg, die zuerst nur ein einziges billiges Standardmodell sowie ein attraktiveres Exportmodell vom Fließband laufen ließ. Es zeigt sich gerade an diesem Beispiel, wie sehr den britischen Firmen, die wie früher oft weiterhin von Absolventen der Universitäten von Oxford oder Cambridge geleitet wurden, ein Verständnis für moderne Technik, Innovation und Unternehmensführung abging.

Als britische Ingenieure 1945 bei VW in Wolfsburg ankamen und dort den unter Hitler von Joseph Ganz und Ferdinand Porsche entworfenen Personenwagen, der wegen seiner ungewöhnlichen Karosserieform bald als »Käfer« weltbekannt wurde, auseinandernahmen, erkannten sie sofort die Vorteile des luftgekühlten und an der Hinterachse montierten vierzylindrigen Boxermotors sowie die raffinierte Torsionsfederung.[31] Nach dem Besatzungsrecht hätten die Briten alle Patente und andere Rechte von Volkswagen an sich ziehen, alles nach England verlagern und dort oder auch in Wolfsburg produzieren können. Als der »Käfer« der britischen Autoindustrie angeboten wurde, war die negative Reaktion der Rootes-Gruppe darauf bezeichnend. Deren Direktoren waren nicht bereit, dem Design »irgendeine besondere Brillianz« zuzugestehen. Man betrachtete das Modell nicht als ein Beispiel »eines erstklassigen Designs, das von den britischen Herstellern nachgebaut« werden könnte. Erst einige Jahre später beklagte man sich über die Wolfsburger Konkurrenz. Als Ford-England, sein »Anglia«-Modell herausbrachte, verkaufte es sich auf dem dortigen Binnenmarkt recht gut. Doch im Wettbewerb mit dem Volkswagen, für den der Ford-Anglia als Konkurrent konzipiert worden war, konnte der Wagen nicht mithalten. Inzwischen war die Eigentumsfrage auf deutsche Initiative zu Gunsten des Landes Niedersachsen gelöst worden, das nunmehr vom Erfolg des VW enorm profitierte.

Wie konservativ die britische Automobilindustrie war, zeigt das weitere Beispiel der Fusion von Morris und Austin, die 1952 erfolgte und hinfort als British Motor Corporation (BMC) firmierte.[32] Indessen hatte diese Fusion nur geringe Rationalisierungsfolgen. Morris und Austin behielten ihre alten Vertretungen einfach bei, sodass die BMC in den fünfziger Jahren nicht weniger als 400 Auslieferungslager und 4500 Vertretungen hatte. Da sich alle Modelle auch aufgrund von Käuferloyalitäten gut verkauften, fand eine Vorbereitung auf Krisenzeiten nicht statt. Im Jahre 1958 produzierte BMC an die 450.000 Automobile und machte einen Gewinn von £ 21 Millionen. Betrachtet man jedoch den Gewinn pro Fahrzeug, so war der Kontrast im Vergleich zu dem modernisierten GM-Vauxhall-Werk in Luton nördlich von London schon erheblich, nämlich £ 35 gegenüber GM in Luton mit £ 80. Selbst bei den Ford-Werken in Dagenham, die große Produktivitätsprobleme hatten, stand der Gewinn pro Fahrzeug immerhin noch bei £45. Ein Grund für die mangelnde Produktivität bei BMC waren schon damals die häufigen Arbeitsniederlegungen. So gingen 1960 eine halbe Million Arbeitsstunden, ein Jahr später 350.000 verloren. Diese Streikbilanz, von der Vauxhall Cars wohl ausgenommen war, brachten den Labour-Abgeordneten Francis Noel-Baker zu einem vernichtenden Urteil über den »fürchterlichen Zustand der Industriebeziehungen«.[33]

Auch die Erfolge mit dem technisch genial konzipierten »Mini« von Alec Issigonis waren vor diesem Hintergrund enttäuschend. Zwar wurde dieser Kleinwagen ein Bestseller. BMC hatte sich allerdings beim Preis erheblich verkalkuliert, sodass der Gewinn pro Fahrzeug erheblich schmaler war. Auch in den folgenden Jahren trat keine Verbesserung ein. Als 1968 die Umwandlung von BMC in British Leyland Motors (BLM) erfolgte, hatte der Konzern infolge attraktiver Modelle wie dem »Maxi« noch einen Marktanteil von 40,6 Prozent. Doch nur sieben Jahre später, als obendrein die alten Streikprobleme der britischen Industrie ganz allgemein einsetzten, waren es nur noch 30,9 Prozent. Der Konzern schrieb damals einen schmerzlichen Verlust von £23 Millionen. Da das Unternehmen zu groß war, um es einfach in den Bankrott gehen zu lassen, sprang die Londoner Regierung ein und verstaatlichte British Leyland. Als das nichts half und BLM inzwischen jede Familie mit £200 belastete, um dem Konzern am Leben zu halten, traf Premierministerin Margaret Thatcher eine für sie typische Entscheidung: sie ließ British Leyland sang- und klanglos untergehen.

Mochten die Gewerkschaften und die lokalen Shop Stewards als die unmittelbaren Sprecher eines Werkes auch immer wieder obstinat sein und ihre Mitglieder häufig zum sofortigen Stopp des Fließbandes aufrufen, es fehlte an geschulten Managern, die die Spannungen abbauen konnten. Dies jedenfalls war eine Kritik, die der *Economist* schon 1959 vorbrachte.[34] Eine weitere Rüge bezog sich auf die Qualität der britischen Fahrzeuge. Ob die Motorenteile oder Lackierungen ungenau vermessen oder von wenig motivierten Arbeitern schludrig behandelt worden waren, englische Autos hatten im Ausland keinen guten Ruf. Da die Qualitätskontrolle oft schlecht war, blieben Fahrzeuge nach Motorschäden häufiger liegen. Aus Kanada kam die Kritik, dass die Autos die dort verbreiteten Schotterstraßen nur mit Schwierigkeit bewältigten. Ebenso wurde der mangelnde Gepäckraum und ihre Schmalspurigkeit negativ vermerkt. Auf deutschen Autobahnen hielten britische Motore und Kühlsysteme bei hohen Dauergeschwindigkeiten über längere Strecken nicht durch. Über die Verlässlichkeit des großen Austin »Rover« wurde gewitzelt, dass man immer zwei davon besitzen müsse, weil einer gerade in der Reparaturwerkstatt stehe. Abschließend sei daher auf eine umfassende Studie der britischen Automobilindustrie hingewiesen: Jonathan Wood veröffentlichte 1988 ein Buch über den »Aufstieg und Fall der britischen Autoindustrie«, das er mit *Wheels of Misfortune* betitelte.[35] Hinzukam, dass immer wieder auf veralteten Maschinen einfach weiterproduziert wurde, weil das Geld für die Anschaffung von moderneren Anlagen fehlte. Vor dem Hintergrund dieser Probleme und einer Arbeitslosigkeit, die 1962/63 bei 800.000 lag, wird verständlicher, warum sich nicht nur viele Konservative und Unternehmer weigerten, ihre Firmen in die amerikanische Open Door zu integrieren und ihr Empire aufzugeben. Dabei dachte man nicht nur an die materielle Unterstützung, mit der man von den Kanadiern oder Australiern, aber auch durch den Besitz von Kolonien rechnete. Das von den USA verlangte Abschiednehmen von Blöcken, die mit Zollschutzmauern umgeben waren, fiel auch psychologisch schwer. Das war schon im August 1941 bei den Verhandlungen um die Atlantic Charter an die Oberfläche getreten. Dem fügte Churchill später gelegentlich hinzu, dass er 1940 nicht in den Dienst des Königs getreten sei, um den Vorsitz über die Demontage des Empire zu übernehmen. Ebenso wenig war das Bewusstsein gebrochen, dass man der Welt und voran den in imperialen Fragen nicht sehr erfahrenen Amerikanern aus dem eigenen Wissensfond weiterhin guten Rat erteilen könne.

Zu diesem Ergebnis kam jedenfalls die westdeutsche Historikerin Ursula Lehmkuhl in ihrem Buch über eine von London anvisierte *Pax Anglo-Americana*.[36] Im Foreign Office ebenso wie im Colonial Office erkannte man zwar, dass die USA im Atlantik tonangebend sein würden; doch glaubte man, dass Washington weniger als die britischen Diplomaten und Außenpolitiker mit der nichtwestlichen Welt vertraut sei und man daher zur Lösung dortiger Probleme Washington guten Rat erteilen könne. Wie es in einer Denkschrift des Foreign Office dazu hieß, wollte man mithelfen,»diesen großen [und] schwer zu dirigierenden Schleppkahn, [d. h.] die Vereinigten Staaten von Amerika, in den richtigen Hafen« zu steuern und ihn davon abzuhalten, »auf dem Ozean« herumzuschlingern und eine »isolierte Bedrohung für die Schifffahrt« zu sein. Die dahinterstehende Idee war nicht, das Commonwealth gegen die USA einzusetzen, sondern »die Macht« der USA zu nutzen, »um das Commonwealth und Empire zu erhalten«. Dass sich dieser Plan, der an die Argumente von William Stead aus dem Jahre 1902 erinnerte, als Illusion erwies, zeigte sich erneut am 15. August 1945 in einer Stellungnahme des State Department in Washington. Dort hieß es ganz brutal: Das »Präferenzsystem des britischen Empire der Handelsbeschränkungen und der Wirtschaftsblöcke wie des Sterling-Gebiets« müsse entweder »komplett abgeschafft oder scharf modifiziert« werden.[37] Churchill hat seine positive, aus der Zeit vor 1914 stammende Meinung zum Empire und Commonwealth auch in den fünfziger Jahren nicht geändert, als er erneut Premierminister war.

Hätte Westdeutschland nach dem Krieg noch ein solches Präferenzsystem besessen, so hätte Washington als Besatzungsmacht dieses per Verordnung auflösen können. Dem britischen Verbündeten konnte man dies nicht einfach befehlen, sondern musste der Entwicklung des Antikolonialismus und der Unabhängigkeitsbewegungen in Asien und Afrika ihren Lauf lassen. Wie stark der Trend zur Auflösung von Kolonialbesitz schon unmittelbar nach Kriegsende war, zeigte sich an Indien, aus dem London sich 1948 durch die Schaffung von zwei unabhängigen Staaten, Indien und Pakistan, und die Trennung von Hindus und Muslims praktisch über Nacht zurückzog. Ebenso ließ England die aus seiner noch aus dem Völkerbund herrührende Verantwortung für Palästina fallen und widersetzte sich nur kurz der Gründung von Israel und der Vertreibung der palästinensischen Einwohner. Während London sein Empire als Präferenzzone in den frühen fünfziger Jahren zusammenhielt und sich daher auch der von den USA geförderten Europäischen Gemeinschaft für Kohle und Stahl (EGKS) fernhielt, kam es 1956 schließlich zu einer sehr ernsten Krise zwischen London und Washington, als Nationalisten in Ägypten unter Führung von Gamal Abdel Nasser gewaltsam die Kontrolle des Suez-Kanals übernahmen. England, unterstützt von Frankreich und Israel, wollte diese Enteignung und Blockade des Kanals rückgängig machen und bereitete die Invasion des Landes mit der Rechtfertigung vor, die internationale Kanalschifffahrt schützen zu müssen. Doch dann erklärte sich der damalige Premierminister Anthony Eden am 6. November plötzlich zum Rückzug bereit. Er tat dies nicht, weil US-Präsident Eisenhower diese Maßnahmen durch die Entsendung der amerikanischen Flotte ins Mittelmeer stoppte, sondern weil er schlicht drohte, die britische Währung zu ruinieren. Wie Eisenhower Eden damals sagte:[38] »Wenn Sie Ihre Truppen bis morgen nicht aus Port Said abziehen, werde ich einen Ansturm auf das Pfund verursachen und es auf Null herunterdrücken.« Klarer hätte Washington dem Premierminister wohl nicht sagen können, dass das Zeitalter des Kolonialismus endgültig vorbei war. Harold Macmillan, der Schatzminister in Edens Kabinett, riet daraufhin dringend, das Unternehmen abzusagen, »oder wir werden Ende der Woche keine Dollars mehr zur Verfügung haben«.

Eine der Folgen dieser Entwicklung war, dass sich Großbritannien bald darauf den Kontinentaleuropäern zuwandte. Nach dem Abschluss der EGKS hatten sich die sechs Mitglieder im Juni 1955 in Messina getroffen und den Belgier Paul Henri Spaak beauftragt, eine Kommission zu leiten, deren Aufgabe es war, über die Gemeinschaft von Kohle und Stahl hinaus den Entwurf zu einer umfassenderen westeuropäischen Zollunion zu erstellen. Diese Europäische Wirtschaftsgemeinschaft (EWG) wurde schließlich im Januar 1958 ins Leben gerufen. Im Juli 1961 war es sodann Macmillan, der als Edens Nachfolger den Antrag stellte, England in die EWG aufzunehmen. Die Geschichte dieses Antrags, der erst 1975 nach einem zustimmenden britischen Referendum verwirklicht wurde und im Jahre 2017 zum Antrag der damaligen Premierministerin Theresa May führte, diese inzwischen zur Europäischen Union (EU) ausgebaute Gemeinschaft wieder zu verlassen, ist in den beiden folgenden Kapitel zu untersuchen.

3. England und die Europäische Gemeinschaft, 1962–1979

3.1 Britische Wirtschaft, das zerfallende Empire und Westeuropa, 1962–1969

Als Harold Macmillan Ende 1956 der Nachfolger des glücklosen Eden in der Downing Street wurde, durchlief das Land zwar in seiner Außen- und Kolonial-Politik eine tiefe Krise, erlebte innenpolitisch aber eine Periode relativer Stabilität. Wirtschaftlich standen die Zeichen positiv und selbst die meisten Arbeiter, die sich ihrer Klassenzugehörigkeit weiterhin durchaus bewusst waren, konnten sich einer bescheidenen Verbesserung ihres Lebensstandards erfreuen. 1957 hatten 56 Prozent der Erwachsenen ein Fernsehgerät, 26 Prozent eine Waschmaschine und zwölf Prozent einen Kühlschrank. In den Arbeiterhaushalten waren die Anteile geringer, bei den Kühlschränken waren es zum Beispiel nur fünf Prozent. Wer sich kein Auto leisten konnte, hatte ein Motorrad. Als daher 1959 allgemeine Wahlen stattfanden, konnten die Konservativen diese Entwicklungen zu einer Konsumgesellschaft für sich verbuchen und im Unterhaus mit der Propagandaparole, die Bürger hätten es noch nie so gutgehabt, eine Mehrheit gewinnen.

Hingegen war die Niederlage nicht vergessen, die die Amerikaner dem Vereinigten Königreich am Suez-Kanal zugefügt hatten und die Macmillan an zentraler Stelle miterlebte. Damals musste der neue Premierminister erkennen, dass der Traum ausgeträumt war, mit Hilfe des Empire und Commonwealth erneut eine Spitzenstellung in der Welt zu erringen. Dies verhinderte freilich nicht, dass viele Engländer den Verlust vor allem den Amerikanern gegenüber mit Überlegenheitsgefühlen zu kompensieren suchten, wie Michael Young, der spätere Baron Young of Dartington, im Oktober 1956 feststellte. Ihm war aufgefallen, dass die großen Leistungen des Landes herausgestellt und gegenüber denen der USA und der Sowjetunion hochgehalten wurden.

Freilich ließ sich der tatsächliche Niedergang nicht mit arroganten Behauptungen aufhalten. Nachdem Indien schon 1948 aufgegeben worden war, regten sich jetzt auch die afrikanischen Kolonien überall stärker gegen die britische Herrschaft. In Ostafrika glaubte man 1953 noch des Aufstandes der Kikuju Herr werden zu können, bei dessen bis 1956 andauernder Unterdrückung an die 20.000 Stammesangehörige uns Leben kamen.[1] Fast 1.100 der Aufständischen wurden von der britischen Armee ohne große Umstände gehenkt. Doch die Wellen des Antikolonialismus verbreiteten sich weiter, und 1962 entstand Uganda als souveräner Staat, ein Jahr später gefolgt von Kenia. 1964 kam Tansania hinzu. In Rhodesien stemmten sich die weißen Siedler noch etwas länger gegen die afrikanischen Unabhängigkeitsbewegungen, bis auch sie kapitulierten und Simbabwe, Sambia und Malawi entstanden.

Die Franzosen, denen Eisenhower ebenfalls den Rückzug aus Suez verordnet hatte, machten mit ihren brutalen Methoden sowohl in Vietnam als auch in Algerien die gleiche Erfahrung, dass ihre Besitzungen nicht zu retten waren. In Südostasien war es Paris noch gelungen, die USA in den Kampf gegen die vietnamesischen Kommunisten hineinzuziehen, die dann nach der Niederlage der französischen Armee 1954 bei Dien Bien Phu in den sechziger Jahren selbst dort steckenblieben. In Algerien hatte eben diese Armee zusammen mit den weißen Siedlern noch versucht, der arabischen Unabhängigkeitsbewegung in einem ebenfalls sehr grausamen Bürgerkrieg zu widerstehen; doch scheiterte dieses Unternehmen nicht zuletzt, weil die Amerikaner diesmal die algerischen Befreiungseinheiten verdeckt unterstützten.[2] In Westafrika war der Dekolonisierungsprozess gleichfalls nicht aufzuhalten. Ghana und Nigeria hatten schon 1957 bzw. 1960 ihre Unabhängigkeit erreicht. Sierra Leone folgte 1961.

Angesichts dieser Entwicklungen in einem Kolonialreich, das 1945 nach den Vorstellungen der Konservativen sowie auch vieler Labour-Politiker die Zukunft Englands als einer der ersten Großmächte hatte sichern sollen, wird verständlich, warum sich London zum europäischen Kontinent hinwandte, von dem sie sich 1951 bei der Gründung der EGKS ferngehalten hatten. Zuerst versuchte Macmillan noch eine von England gesteuerte Europäische Freihandelszone (EFTA) mit den Skandinaviern zu organisieren. Als dieses Unternehmen nicht den erhofften Erfolg hatte, stellte Macmillan den britischen Antrag zur Aufnahme in die EWG. Die Gemeinschaft mochte mehrheitlich geneigt sein, über diesen Antrag zu verhandeln. Doch dann erschien der französische Präsident Charles de Gaulle auf dem Plan, der die Aufnahme zuerst 1963 und erneut 1967 blockierte. Die Gründe dafür lagen tief in der Persönlichkeit de Gaulles sowie in den Vorbehalten, die nicht nur die Franzosen, sondern auch andere Westeuropäer gegenüber den Briten hatten.

Bevor ich auf de Gaulles Rolle in der weiteren Entwicklung der EWG näher eingehe, lohnt es sich, die merkwürdigen Parallelen in der Lage zu überdenken, in der sich sowohl Frankreich als auch England Anfang der sechziger Jahre befanden. Ihren Politikern und auch ihren Industrie- und Finanzeliten war in der Suez-Krise und im Algerien-Krieg klar geworden, dass ihre Kolonialreiche verloren waren und sich ihre Volkswirtschaften in Zukunft nicht mehr mit Hilfe von Gewinnen aus überseeischen Besitzungen stabilisieren ließen. Beide waren auch deshalb auf Europa zurückverwiesen, weil die Hegemonialmacht USA ihnen die Unterstützung entzogen hatte. Waren die Beziehungen zwischen de Gaulle und Washington daher Anfang der sechziger Jahre schlecht, so war auch das Verhältnis zwischen Eisenhowers Nachfolger, dem jungen John F. Kennedy, und Macmillan angespannt, auch wenn dies in der Öffentlichkeit nicht so sichtbar war wie im Falle Frankreichs.

Allerdings hatten beide Länder außenpolitisch dadurch wieder mehr Manövrierraum gewonnen, sodass ihre Regierungen innenpolitisch relativ fest im Sattel saßen. Macmillan hatte in den Wahlen von 1959 den Konservativen im Unterhaus zu einer Mehrheit verholfen, mit der er hinfort arbeiten konnte. Zudem war er pragmatisch genug, um mit den inzwischen aufgestiegenen sozialdemokratischen Reformern in der Labour Party um Crosland, Healey und Crossman zusammenzuarbeiten, die nach den wenig erfolgreichen sozialistischen Experimenten der frühen Nachkriegszeit einen sozialstaatlichen Kapitalismus akzeptierten. Frankreich hatte seine Verfassungskrise mit Hilfe von de Gaulle 1958 überwunden.[3] Die Fünfte Republik war gegründet und de Gaulle Ende des Jahres zum Präsidenten mit erheblichen Vollmachten gewählt worden, mit denen er den Krieg in Algerien beenden konnte. Wie kompliziert dies war, zeigt sich nicht nur daran, dass die *pieds noirs* genannten weißen Siedler Algerien verlassen mussten, sondern auch an den zwei erfolglosen Attentatsversuchen, den die Radikalen unter ihnen mit Teilen der Opposition im Offizierkorps auf den Präsidenten verübten.

Mit dem Ende des Kampfes in Algerien war de Gaulle wieder freier, sich der EWG zuzuwenden. Er entwickelte nunmehr die Idee, eine europäische Einflusssphäre zu schaffen, die von der französischen Atlantikküste bis zum Ural im Osten reichte und die Zusammenarbeit mit der Sowjetunion einschloss, die Engländer und Amerikaner indessen draußen vor ließ. Dass de Gaulle es mit dieser Konzeption ernst meinte, zeigte sich Mitte der sechziger Jahre schließlich daran, dass er die französischen Streitkräfte einschließlich der nuklearen *Force de Frappe* von der NATO abzog. Die Wurzeln dieser Politik des Ausschlusses der »Angelsachsen« von Europa sind gerade auch in der Biografie des französischen Präsidenten zu finden. Im Jahre 1890 geboren, hatte er im Ersten Weltkrieg an der Westfront gekämpft und war verwundet und dekoriert worden. Nach 1918 im Offizierkorps aufgestiegen, erkannte er schon früh die Bedrohung seines Landes durch Hitler, fand mit seinen Vorstellungen von moderner Landkriegführung und der Bedeutung der Panzerwaffe bei seinen Vorgesetzten jedoch kein Gehör und erlebte daher 1940 die erniedrigende Niederlage durch die schnellen Panzerverbände der Wehrmacht mit.

Weiterhin auf den Widerstand gegen Hitler eingeschworen, ging er nach England, wo er eine Exil-Regierung aufbaute. Von Anfang an fühlte de Gaulle sich in London politisch marginalisiert, und sein Verhältnis zu Churchill war denkbar schlecht. Nach der Befreiung Frankreichs engagierte er sich von 1944 bis 1946 in der Provisorischen Regierung in Paris beim Wiederaufbau des Landes, bevor er sich als Pensionär in seinen Heimatort in Lothringen zurückzog. Erst 1958 holte der damalige französische Präsident René Coty ihn nach Paris zurück, um bei der Gestaltung der neuen Verfassung mitzuhelfen, mit der die Fünfte Republik ins Leben gerufen wurde.

Vor diesem Hintergrund ist nun de Gaulles Konzeption einer kontinentaleuropäischen Zone zu sehen, die recht eindeutig gegen die USA gerichtet war. Aber auch seine wenig guten Erinnerungen an die Jahre in London spielten mit, als er 1963 darauf drängte, den britischen Aufnahmeantrag zurückzuweisen. Der Präsident konnte den Verdacht nicht überwinden, dass es den Briten aufgrund ihrer Geschichte und ihren insularen Traditionen immer schwerfallen würde, sich nachhaltig in die EWG zu integrieren, und dass sie im Andenken an ihre »special relationship« mit den USA aus den beiden Weltkriegen immer wieder nach Washington blicken und das Trojanische Pferd der Amerikaner in Europa sein würden.

Anstelle einer Erweiterung der EWG wollte de Gaulle lieber deren Vertiefung, für deren Entwicklung das deutsch-französische Verhältnis zentral war. Das hing nicht nur damit zusammen, dass er durch die Tragödie, die die beiden Weltkriege auch für ihn persönlich bedeuteten, geprägt worden war. Vielmehr dachte er auch an Frankreichs Verhältnis zu den deutschen Nachbarn, wo Konrad Adenauer, ein Mann seiner Generation und gewiss kein »Preuße«, sondern ein Rheinländer, seit 1949 Bundeskanzler war. Dieser hatte seit langem nicht nur die wirtschaftliche Integration, sondern auch die Versöhnung der beiden Nachbarn gefördert.[4] Das Freundschaftsabkommen, das de Gaulle und Adenauer im Januar 1963 unterzeichneten, hatte für beide Männer daher auch eine große symbolische Bedeutung. Und schließlich sollte man nicht unterschätzen, dass beide Katholiken waren, die gegenüber dem »protestantisch-jüdischen«, kapitalistischen Amerika und der britischen »Händlernation« alte kulturelle Vorbehalte hatten. Obwohl in diesen Wahrnehmungen der »Anglosaxons« manches verzerrt war, England erschien beiden Männern als das Land, das jene »materialistische« Gesellschaft jenseits des Atlantiks mitgegründet hatte. Beide dachten an die Wiedererrichtung eines »Abendlands«, das sie auf dem europäischen Kontinent verankerten und mit Begriffen wie »Okzident« oder einer »Western Civilization« nicht einfach vermengt sehen wollten. Das Abendland war für sie eine westeuropäische Wertegemeinschaft.[5]

Bedenkt man diese Faktoren und sieht sie zusammen mit der veränderten Situation der beiden ehemaligen Kolonialmächte Frankreich und Großbritannien und den Erfahrungen, Urteilen und Vorurteilen eines einflussreichen Politikers der sechziger Jahre, so wird plausibel, warum England mit seinem Eintritt in die EWG warten musste, bis de Gaulle nach den Pariser Studentenunruhen von 1968 und einer hoch verlorenen Präsidentenwahl 1969 zurücktrat. Die Ereignisse der frühen siebziger Jahre schienen einen erneuten Antrag Londons auch welt- und europapolitisch zu begünstigen. Denn inzwischen hatten sich die globalen Gewichte weiter verschoben. Den USA wollte es nicht gelingen, den Krieg in Vietnam zu beenden. Angesichts einer zunehmenden innenpolitischen Kritik und auch eskalierender Kosten standen US-Präsident Richard Nixon und sein Sicherheitsberater Henry Kissinger unter dem Druck, mit Hanoi einen Waffenstillstand zu schließen. Trieben die Kosten des Krieges doch die Inflation an und produzierten zusammen mit Protestbewegungen schließlich eine

Wirtschaftskrise. Nixon sah sich gezwungen, die Konvertibilität des Dollars aufzugeben, die seit dem Abkommen von Bretton Woods die Stabilität der westlichen Währungen gesichert hatte.[6] Bald darauf wurde das amerikanische politische System durch den Watergate-Skandal getroffen, der zu Nixons Rücktritt führte. Nicht weniger verunsichernd war es, dass die westlichen Industrieländer 1974 von einer Ölkrise getroffen wurden, als die arabischen Länder ihre Preise drastisch erhöhten.

3.2 Großbritanniens Politik und Wirtschaft während der Krise der siebziger Jahre

Nach dem Aufschwung, den die britische Wirtschaft in den späten fünfziger Jahren erlebt hatte, wirkte sich im folgenden Jahrzehnt die mangelnde Modernisierung sehr negativ auf die Produktivität der britischen Industrie aus. Es gelang weder Macmillan noch seinen Nachfolgern, den weiteren wirtschaftlichen Niedergang des Landes aufzuhalten. Nicht weniger nachteilig war, dass im Januar 1969 in Nordirland Unruhen zwischen den Protestanten und Katholiken ausbrachen, die sich zu einem regelrechten Bürgerkrieg auswuchsen. Die katholische Irish Republican Army (IRA) griff zu Bombenanschlägen und Attentaten, auf die die nordirischen Protestanten ihrerseits mit Gewalttaten reagierten. Als es der Regierung von Harold Wilson in London nicht gelang, die Kämpfe und Untergrundaktionen der IRA unter Kontrolle zu bringen, schritt im Sommer 1970 die britische Armee ein, die sehr einseitig gegen die IRA vorging und damit einen großen Teil der Katholiken gegen sich aufbrachte. Der Konflikt schwelte über viele Jahre hinweg weiter und erreichte schließlich Birmingham und andere Städte, in denen die IRA Bomben legte, die zahlreiche Tote und Verletzte hinterließen. Die inzwischen eingerichteten Internierungslager für Angehörige der IRA und ihrer Helfershelfer füllten sich.

Vor diesem Hintergrund und einer erneuten Welle von Streiks, bei denen 1972 fast 24 Millionen Arbeitstage verloren gingen, schaffte es Premierminister Edward Heath gerade noch, die formellen Voraussetzungen eines britischen Beitritts mit der EWG zu vereinbaren, ehe die Konservativen die Wahlen von 1974 verloren und Wilson erneut Premierminister wurde. Dieser ließ das Land sodann 1975 über die Mitgliedschaft in einem Volksentscheid abstimmen, in dem sich 57 Prozent der Wähler für einen Beitritt aussprachen.[7] Dieser Abstimmung ging allerdings eine heftige Debatte zwischen den Befürwortern und denen voraus, die eine Mitgliedschaft rundweg ablehnten. So pries die eine Fraktion in der Kampagne die Vorteile der EWG, während die Gegner nicht nur wirtschaftliche, sondern auch kulturelle und historische Argumente ins Feld führten. Viele der letzteren fürchteten, dass das Land mit seinen insularen Denktraditionen und Lebensstilen von den Kontinentaleuropäern majorisiert und von der Brüsseler Bürokratie in ihren Souveränitätsrechten eingeengt werden würden. Sie bangten um ihre nationale und regionale Identität als Briten bzw. Engländer, Waliser, Schotten und Nordirländer. Es war auch wenig hilfreich, dass gegenüber den Franzosen viele alte Ressentiments bestanden, während die Deutschen von vielen Bürgern, die die beiden Weltkriege miterlebt hatten, noch feindseliger behandelt wurden. Hingegen wollten die Befürworter – durch die Vergangenheit weniger belastet – an einem größeren Markt ohne hohe Zollschranken teilnehmen; sie waren jung und optimistisch und hofften, die Gesellschaft offener und kosmopolitischer zu gestalten. Vergleicht man nun dieses Referendum mit dem, das 2016 über die Frage veranstaltet wurde, ob Großbritannien die Europäische Union wieder verlassen solle, so hatten sich die Sprecher auf beiden Seiten 40 Jahre später natürlich verändert. Interessant ist hingegen, dass sich bei aller Verwirrung in den Köpfen der Durchschnittsbürger sowie einzelner Politiker in der Substanz der Argumente, die sowohl auf Seiten der Befürworter als auch der Gegner vorgetragen wurden, frappierende Parallelen ergaben. Gerade bei den Gegnern gab es sowohl 1975 als auch 2016 Positionen, die zeigten, wie tief die Urteile und Vorurteile, Identitäten und Mentalitäten weiterhin wurzelten. Das sind Vergleiche, auf die ich in Kapitel 4 bei der Analyse des »Brexit« zurückkommen werde.

Im Jahre 1975 kam der Beitritt zu einem Zeitpunkt, als sowohl die amerikanische als auch die westeuropäische Wirtschaft, wie erwähnt, von mehreren Krisen geschüttelt wurden. Wenn sich der europhile Edward Heath und der weniger bibelfeste Europäer und Sozialdemokrat Harold Wilson von der Mitgliedschaft einen Wirtschaftsaufschwung erhofft hatten, so blieb dieser damals aus. Die »Stagflation« jener Jahre konnte nicht überwunden werden. Die Europagegner stießen sich auch daran, dass das Pfund damals von seinem bisherigen Duodezimalsystem auf ein Dezimalsystem umgestellt wurde, das den

Handel mit der EWG zwar erleichterte, aber vor allem eine ältere Generation irritierte, die mit den neuen Münzen und Scheinen anfangs nicht zurechtkam. Schlimmer noch war, dass angesichts der stagnierenden britischen Industrie die Gewerkschaften immer unruhiger wurden und höhere Löhne verlangten, die nach Lage der betreffenden Unternehmen nicht zu leisten waren. British Leyland musste vor dem Zusammenbruch gerettet werden, ebenso Rolls Royce, deren teure Luxuskarossen immer weniger Käufer fanden. Die Krise traf auch die vor Jahren verstaatlichte Kohleindustrie schwer. Zwar war Steinkohle für den Abbau noch reichlich vorhanden. Doch war den Zechen inzwischen durch das Öl eine Konkurrenz erwachsen, die in den sechziger Jahren zu einer ersten Kohlekrise geführt hatten. Infolge dieses Wandels war die Produktion zwischen 1968 und 1978 von 167 Millionen. Tonnen auf 124 Millionen. gesunken, beim Stahl von 26 Millionen Tonnen auf 20 Millionen. Als die weiterhin Verluste machenden Bergwerke den Bergleuten allzu magere Lohnerhöhungen anboten, kam es zu Streiks. Ganze Landesteile wurden so stark betroffen, dass Stromabschaltungen verhängt werden mussten. Im Dezember 1973, also noch vor der Ölkrise, musste notgedrungen eine Dreitagewoche eingeführt werden. Inzwischen hatten sich die Preise für die Familienhaushalte zwischen 1973 und 1978 verdoppelt.

Trotz größerer Lohnerhöhungen war die Unzufriedenheit in der Arbeiterschaft so groß geworden, dass Heaths Konservative in den nächsten Wahlen frustriert mit der Frage antraten, wer das Land eigentlich regiere. Viele Wähler antworteten Heath darauf, dass sie lieber der Arbeiterpartei die Zügel in die Hand geben wollten als ihm.[8] Allerdings polarisierte sich die Lage dermaßen, dass die Wahl von 1975 keine klare Mehrheit ergab. Erst in einem weiteren Wahlgang erlangte Labour eine knappe Mehrheit. Als Wilson bald darauf zurücktrat, wurde James Callaghan Premierminister. Auch er konnte die Streiks nicht beilegen, die 1978 schließlich einen Höhepunkt erreichten. Selbst das Einkommen aus den inzwischen entdeckten Ölvorkommen aus der Nordsee reichte nicht aus, um die Lohnforderungen zu decken und die Löcher im Haushalt zu stopfen. Schatzkanzler Healey musste den erniedrigenden Gang zum International Monetary Fund antreten, der einen Kredit von 2,3 Milliarden Pfund zur Verfügung stellte. Da das Land weiterhin politisch gespalten blieb, gab es im Frühjahr 1979 wiederum Neuwahlen, aus denen die Konservativen erneut als Sieger hervorgingen. Sie machten im Mai daraufhin Margaret Thatcher zur

Premierministerin, die aus einem anderen Holz geschnitzt war als Heath und Callaghan.

Aus kleinbürgerlichen Verhältnissen in Grantham, Lincolnshire, stammend, hatte sie am Somerville College in Oxford zunächst für ihren Bachelor in Chemie geforscht, danach aber noch Jura studiert und als Rechtsanwältin gearbeitet.[9] Politisch ehrgeizig kam sie als Abgeordnete der Konservativen 1959 ins Parlament, stieg schnell in der Partei auf und hatte als Bildungsministerin unter Heath von 1970 bis 1974 einen guten Einblick in die Misere der britischen Politik und Wirtschaft gewinnen können. Diese Beobachtungen überzeugten sie, dass der Staat in der Wirtschaft nicht nur wegen des Einflusses der öffentlichen Unternehmen, sondern auch infolge einer Überbürokratisierung zu mächtig geworden war. Soweit es die Bürger betraf, waren sie Thatchers Ansicht nach alle und vor allem die Unterschichten durch die Expansion des Sozialstaates von Handreichungen aus dem Steuerhaushalt vom Staat allzu abhängig geworden. Das waren Argumente, die neoliberale Ökonomen schon seit Jahren vorgebracht hatten und mit denen sich in den Vereinigten Staaten der 1977 an die Macht gekommene Demokratische US-Präsident Jimmy Carter bereits angefreundet hatte. Allerdings dauerte es in den USA noch bis 1981, bis Carters Nachfolger Ronald Reagan die Wende in den Neoliberalismus entschlossen vollzog. Da hatte Thatcher, bald als die »Eiserne Lady« bekannt, ab 1979 zwei Jahre Vorlaufzeit, in denen sie ihre neue Wirtschaftspolitik politisch durchzusetzen begann.

Was zu dieser Zeit an Vorstellungen über eine Abkehr von der bisherigen Wirtschaftspolitik in den Unternehmen diskutiert wurde, ist, wenn auch in noch recht vorsichtiger Form, in einem Manifest nachzulesen, das zu den Wahlen von 1978 vom »Institute of Directors« im Namen seiner Mitglieder von rund 30.000 Firmenvorständen veröffentlicht wurde.[10] Darin war gleich eingangs der Aufruf an die neue Regierung enthalten, eine Palette von Maßnahmen zu ergreifen, an deren erster Stelle die Erwartung stand, dem »Geschäftsprozess seine rechte Bedeutung wiederzugeben als der Quelle von Geldern, mit denen die Dienst- und Wohlfahrtsleistungen« finanziert wurden. Des Weiteren wollten die »Directors« die Geschäfte, für die sie verantwortlich seien, »so effizient und sparsam wie möglich« betreiben. Zwar kämen die Ressourcen dafür aus dem Steueraufkommen und der Vergütung von Dienstleistungen. Doch sei der wirkliche Wert dieser Ressourcen großenteils vom Wohlstand abhängig, der

»durch den Geschäftsprozess geschaffen« werde. Dieser recht diplomatischen Definition des Vorrangsanspruchs der Privatindustrie folgte eine kritische Diskussion über deren Schrumpfung und die Expansion des öffentlichen Sektors nach 1945. Man habe seit dem Zweiten Weltkrieg damit experimentiert, das Eigentum und die Kontrolle bedeutsamer Teile des industriellen und wirtschaftlichen Lebens öffentlichen Gesellschaften und staatseigenen Unternehmen zu überlassen. Das Institut meinte, dass dieses »Experiment nicht erfolgreich gewesen« sei.

Als nächstes kam das Manifest auf die Steuerfrage zu sprechen. Hier erwartete man, dass Steuern vernünftig und ohne hohe Verwaltungskosten oder gar willkürlich erhoben werden sollten. Ebenso sollten sie gerecht und möglichst wenig diskriminierend sein. Soweit es die Steuerraten betraf, wandte sich das Manifest gegen die sehr hohe Progression von 83 Prozent. Ziel der nächsten Jahre müsse es sein, einen Standardsatz von 25 Prozent für Jahreseinkommen bis zu £ 50.000 und einen Spitzensatz von 50 Prozent für Jahreseinkommen von über £ 50.000 zu erreichen. Bei den öffentlichen Ausgaben müssten sowohl die richtigen Prioritäten gesetzt und zugleich auch Anreize zur Vermögensbildung geschaffen werden, die gegenüber den Staatsausgaben vorrangig seien. Auch sollten die öffentlichen Unternehmen sich über den Binnenmarkt finanzieren dürfen.

Dem Institut zufolge bestand keine Notwendigkeit, die bisherige restriktive Einkommenspolitik fortzuführen. Soweit es die öffentlichen Monopolunternehmen in den Bereichen Gas, Elektrizität und Eisenbahn betraf, gebe es bei Löhnen und Gehältern zwar keine automatische Zurückhaltung; dennoch müssten Erhöhungen an dem ausgerichtet sein, was die Öffentlichkeit zu tragen bereit sei. Wo es um die Einkommen des Privatsektors gehe, solle die neue Regierung deren Bestimmung dem Markt überlassen. Ein weiterer Abschnitt des Manifests machte Vorschläge zu einer Reform der Arbeitsbeziehungen mit strikteren Regeln bei der Vorbereitung und Durchführung von Streiks. Diskriminierungen durch Closed Shops sollten abgeschafft und auch die Praxis des Streikpostenstehens gesetzlich geklärt werden. Schließlich verwarf das Manifest noch das Konzept industrieller Mitbestimmung. Es dürfe nicht sein, dass im Aufsichtsrat und im Management Einzelinteressen vertreten seien, die die Zusammenarbeit des Managements politisierten. An den Formulierungen dazu war interessant, dass die Interessen des Kunden hervorgehoben wurden, nicht aber die für die Machtverteilung und die Entwicklungsrichtung der Unternehmen wesentlich relevanteren der Aktionäre, deren Entscheidungsfreiheit nicht durch eine Mitbestimmung der Arbeitnehmer unterminiert werden sollte. Obwohl das Institut die Erwartungen der Unternehmerschaft gegenüber der 1979 zu wählenden Regierung insgesamt recht zurückhaltend formuliert hatte, war man in einem Punkt ganz unbeugsam: Eine Mitbestimmung der Gewerkschaften wurde rundweg abgelehnt.

An dieser Stelle bestätigte sich erneut, warum die Vorschläge einer Königlichen Kommission gescheitert waren, die unter dem Vorsitz von Alan Bullock, dem bekannten Historiker und Mitglied des House of Lords, getagt hatte. Sie hatte nach längeren Beratungen vorschlagen, ein partnerschaftliches Verhältnis zwischen Unternehmensführung und Belegschaften und ihren Gewerkschaftsvertretern herzustellen. Zu diesem Zweck hatte man vor allem das westdeutsche System der paritätischen Mitbestimmung in der Kohle- und Stahlindustrie aus dem Jahre 1951 genauer studiert, bei dem sich im Aufsichtsrat eine jeweils gleiche Anzahl von Vertretern der Aktionäre und der Belegschaft unter einem neutralen Vorsitzenden gegenübersaßen. In den Vorstand wurde zudem ein »Arbeitsdirektor« mit gleichen Rechten aufgenommen. Die Bullock-Kommission wollte den Arbeitnehmern in Unternehmen von mehr als 2.000 Mitarbeitern ähnliche Teilnahmerechte einräumen. Doch als der Bericht im Winter 1977 vorgelegt wurde, lehnten sowohl die Gewerkschaften und die Regierung unter Callaghan als auch die Unternehmer eine derartige Reform ab und versuchten ihre Beziehungen trotz der vielen Streiks weiterhin nach dem bisherigen Konfliktmodell eines »Them and Us« zu lösen.[11] Zwar hatte es auch in der Bundesrepublik nach 1951 Streiks gegeben; doch sorgten dort sowohl das Mitbestimmungsgesetz und auch das Betriebsverfassungsgesetz von 1952 dafür, dass der Arbeitsfriede insgesamt erhalten blieb, weil beide Seiten darauf verwiesen waren, schon vor einer Streikdrohung Kompromisse auszuhandeln. Während ich hier nicht auf die westdeutsche Gesetzgebungspraxis im Einzelnen eingehen kann, sei dennoch auf eine Ironie hingewiesen: Das Montanmitbestimmungsmodell war 1947 zusammen mit den Gewerkschaften der britischen Zone von den Besatzungsbehörden gegen die Opposition der Ruhrschwerindustrie eingeführt worden.[12] In Großbritannien wollte auch 1978 niemand etwas von diesem Modell wissen, so sehr es sich im Ruhrgebiet inzwischen bewährt hatte.

3.3 Thatchers Aufstieg und die Finanzialisierung der britischen Wirtschaft, 1979–1987

Nachdem Thatcher in die Downing Street eingezogen war, formulierte die Premierministerin ihre Vorstellungen von moderner Wirtschaftspolitik, die die Stagflation der vorangegangenen Jahre überwinden sollten, sehr viel radikaler als in dem soeben zitierten Manifest des »Institute of Directors«. Wichtiger noch: Sie war jetzt in der Lage, neoliberale Ideen in die Praxis umzusetzen. Da sie der EWG seit langem skeptisch gegenüberstand und in dem europäischen Experiment ein Forum sah, in dem die Mitglieder eher mit Nachdruck ihre nationalen Interessen vertraten, als die wirtschaftliche Zusammenarbeit politisch zu vertiefen, trat sie in Brüssel vor allem als die Fordernde auf, die Konzessionen verlangte und Englands Beitragszahlungen reduzieren wollte. Für sie war die Europäische Gemeinschaft in erster Linie nützlich, weil man in Brüssel Subventionen für die britische Landwirtschaft und die Entwicklung der regionalen Infrastruktur in Wales, Nordirland und Schottland erhalten konnte. So hatte Thatcher angesichts der nunmehr fast kompletten Auflösung des Kolonialreiches eine neue Strategie, um das Land nicht nur aus der Krise der siebziger Jahre herauszuführen, sondern es wieder in die erste Reihe der Großmächte zu stellen. Dazu traf es sich gut, dass Reagan sich ab 1981 ideologisch und in seiner praktischen Politik ebenfalls dem Neoliberalismus verschrieb.[13] Insofern ging es Thatcher auch um eine Erneuerung des alten angloamerikanischen Bündnisses, das seit der Suez-Krise in den Hintergrund getreten war.

Eine erste Gelegenheit zur Zusammenarbeit ergab sich 1982, als die Generäle, die in Argentinien damals die Macht ergriffen hatten, sich zur Stabilisierung ihres Regimes auf ein außenpolitisches Abenteuer einließen: Die Junta erhob Anspruch auf die von den Engländern seit langem besiedelten Falklandinseln im Südatlantik und besetzte diese im April 1982.[14] Die von Thatcher zur Befreiung entsandten Marineeinheiten erzwangen Anfang Juni die Kapitulation der argentinischen Besatzungstruppen. Allerdings erwies sich dabei, dass die britischen Streitkräfte für derartige Fernoperationen vor allem in der elektronischen Logistik nicht mehr hinreichend ausgerüstet waren. Hier konnte Thatchers »Freund« Ronald Reagan entscheidend helfen. Während die Premierministerin einen der letzten Außenposten des einstigen britischen Weltreiches in kurzer Zeit zurückgewann, dauerte es praktisch bis ans Ende ihrer Regierungszeit, bevor sie in der Heimat auf den britischen Inseln die Gewerkschaften unter Kontrolle gebracht hatte. Nach den vielen Unruhen der siebziger Jahre riefen die Bergleute unter Arthur Scargill 1984 einen weiteren bedrohlichen Streik aus, nachdem das Kabinett über ein Zehntel der Belegschaft der in Staatsbesitz befindlichen Zechen gekappt hatte. Das Ausmaß der Probleme, mit denen Thatcher sich konfrontiert sah, mag man daran ermessen, dass damals in über 4.500 Ausständen 29 Millionen Arbeitstage verloren gingen. Was ihr den Mut gab, als die »Iron Lady« die britischen Gewerkschaften politisch zu entmachten, war deren laufender Mitgliederschwund. Auf jeden Fall hatte Thatcher die britischen Gewerkschaften hinfort politisch entmachtet.

Die zahlreichen Arbeitsprobleme, mit denen sich die Industrie in dieser Zeit herumschlug, erleichterten Thatcher auch die Durchsetzung eines weiteren Programms, das das Kabinett zuerst in den zwanziger Jahren verfolgt hatte: die Bevorzugung der Londoner City gegenüber den Industrieunternehmen. Im Verfolg ihrer neoliberalen Politik leitete die Premierministerin jetzt die »Finanzialisierung« der britischen Wirtschaft ein. Diese Politik kulminierte schließlich im »Big Bang«, mit dem für die englischen Banken und Investmentfirmen der Rahmen geschaffen wurde, erneut zum Finanzzentrum der Welt aufzusteigen und ganz offen mit den amerikanischen Geldinstituten zu konkurrieren. Die City konnte jetzt, von alten Kontrollen und Restriktionen befreit, zur globalen Drehscheibe werden, über die die Riesenvermögen der Superreichen in der Welt aus dem arabischen Raum, aber auch anderswo profitabel und leicht verschiebbar zirkulierten. Das Ziel war, nicht langfristig in die britischen Industrieunternehmen zu investieren, sondern durch Währungsspekulationen und die Suche nach den besten Zuwachschancen, mobile Vermögen zu mehren und den Eigentümern obendrein dabei zu helfen, ihre Gewinne vor dem Zugriff der nationalen Behörden in Steuerparadiesen zu verstecken.

Infolge dieses »Big Bang« saß die City in den nächsten Jahren gegenüber ihren alten Rivalen in der Wall Street in der Vorhand. Die amerikanischen Banken zogen erst langsam nach, und es dauerte bis 1999, bis in den USA eine große gesetzliche Hürde beseitigt wurde. Unter dem Eindruck der Großen Depression von 1929 war unter Roosevelt der Glass-Steagall Act ratifiziert worden, der eine Schutzwand errichtete zwischen den großen, global operierenden Investmentfirmen wie

Goldman Sachs und den zahlreichen, kleineren Provinzbanken, die über den ganzen Kontinent verstreut es lokalen Sparern erleichterten, ihre bescheidenen Vermögen ertragreich anzulegen. Diese Banken hatten weiterhindie Möglichkeit, diese Gelder an lokale und regionale Betriebe als längerfristige Darlehen oder Überziehungskredite zu vergeben. Während der Präsidentschaft Bill Clintons, der sich mit neoliberalen Beratern wie Robert Rubin und Larry Summers umgeben hatte, wurde der Glass-Steagall Act als angeblich überflüssige Schutzwand aufgehoben. Hinfort standen den großen amerikanischen Banken in New York, Chicago oder Los Angeles auch die Guthaben der Provinzbanken für ihre oft risikovollen globalen Investitionen zur Verfügung – mit Gefahren und Folgen, die in Kapitel 4 zu schildern sein werden.

Inzwischen wurden unter Thatcher auch die anderen Ziele der Neoliberalen in Angriff genommen. So kam es zu einer massiven Privatisierung der staatlichen Unternehmen, die nach 1945 entstanden waren. Was nach dem Zweiten Weltkrieg sozialisiert worden war, wurde von der Thatcher-Regierung jetzt auf den Markt gebracht und den Wohlhabenden zum Kauf empfohlen. Für die Neoliberalen war der »Markt« das Herzstück einer modernen kapitalistischen Wirtschaft, der angeblich für das Wohl aller gesellschaftlichen Gruppen und Schichten ohne die Kontrollen und Interventionsmöglichkeiten des Staates sorgte. Das freie Disponieren von Ressourcen, so hieß es, werde Investoren ermutigen, und die durch sie ausgelöste Expansion der Wirtschaft würde einen »*trickle down*«-Effekt haben und den Wohlstandspegel für alle anheben.

Folglich gerieten die Vorstände der Banken und Industrieunternehmen mehr denn je unter Druck, höhere Gewinne einzufahren, wenn sie selbst von den Aktionärsversammlungen entsprechende Gehaltserhöhungen bewilligt haben wollten. Kurzum, mit dem Aufstieg einer *shareholder society* wurde die bisherige *stakeholder society*, die auch die Betriebsangehörigen und Gewerkschaften einbegriff, verdrängt. Derweil steigerten sich neben den Dividenden auch die Einkommen und Erfolgsbeteiligungen der Unternehmensleitungen. In den schwierigen Jahren der Mittsiebziger waren die Vorstände noch »schlecht bezahlt und hoch besteuert« gewesen. Die neoliberale Einkommens- und Steuerpolitik veränderte deren Lage radikal.[15] Was schon unter Thatcher begann, setzte sich selbst nach der Krise von 2007/08 fort. So erhielten 2012 2.714 britische Bankiers Gehälter von mehr als einer

Million Euro, weitere Vergünstigungen nicht einmal einbegriffen. Zählt man die Steuervorteile hinzu, so wird verständlich, warum sich seit den neunziger Jahren die Schere zwischen den Spitzengehältern und den Durchschnittseinkommen und damit auch die Schere zwischen Arm und Reich immer weiter öffnete.

Für die Durchsetzung des Neoliberalismus musste noch eine weitere fragwürdige Hypothese popularisiert werden: Die Investitionsneigung der Reichen würde erhöht werden, wenn die Steuersätze auf hohe Einkommen heruntergeschraubt würden. Diese Neigung, so der Ökonom Arthur Laffer, würde besonders stimuliert, sobald die Steuerermäßigungen für diese Schicht einen bestimmten Wendepunkt erreicht hätten, den Arthur Laffer mit seiner Laffer-Kurve grafisch dargestellt hatte. Dass sich seine steuerpolitischen Voraussagen seither nicht bestätigt haben, tat dem Ansehen des Autors keinen Abbruch. US-Präsident Donald Trump hielt Laffers Theorien für so überzeugend, dass er dem inzwischen 80-Jährigen im Mai 2019 die »Presidential Medal of Freedom« überreichte. So wurden die Irrwege eines an sich gescheiterten Ökonomen weiterhin an höchster Stelle gefeiert.

3.4 Das Ringen um eine Lösung der »Deutschen Frage«, 1988–1992

Doch jenseits ihrer neoliberalen Radikalkur für die britische Wirtschaft mit ihrer Begünstigung der City und Vernachlässigung der Industrie glaubte Thatcher sich noch auf einem anderen Gebiet durchsetzen zu können: dem der deutschen Wiedervereinigung 1990/91. Über den Fall der Berliner Mauer und den Zusammenbruch des Ostblocks mitsamt der DDR liegen inzwischen ausgezeichnete Studien vor, allen voran die Bücher der amerikanischen Historikerin Mary Sarotte. Noch bevor sie die Auflösung des Honecker-Regimes analysierte, veröffentlichte sie ein Buch über die vier Alliierten Siegermächte des Zweiten Weltkriegs, die 1989/90 vor der Frage standen, ob die beiden deutschen Staaten vereinigt werden sollten und damit zugleich mit Deutschland den nach 1945 nie ausgehandelten Frieden zu schließen.[16] US-Präsident George H. W. Bush setzte sich für eine umfassende Lösung ein, die es nicht bei zwei deutschen Staaten beließ. Michail Gorbatschow als der Mann, der den Stein durch seine Politik in der Sowjetunion und gegenüber den Osteuropäern überhaupt erst ins Rollen gebracht hatte, war auch bereit, seine Zustimmung zu geben, allerdings mit der Vorstellung, dass bestimmte Versprechen, von denen er fest annahm, dass Bush ihm diese gegeben hatte, von den Amerikanern honoriert werden würden. Derweil sprachen sich sowohl der französische Präsident François Mitterand als auch Thatcher gegen die Vereinigung der beiden deutschen Staaten aus. Sie hatten die große Sorge, dass ein deutscher Machtblock in Zentraleuropa eine erneute ernste Gefahr für den Frieden bedeute. Bei beiden und auch bei vielen Engländern spielten dabei durchaus verständliche Erinnerungen an die von Deutschland ausgelösten Weltkriege mit ihren Millionenopfern und wirtschaftlichen Folgen eine Rolle. Mitterand hatte die Besetzung seines Landes durch die Wehrmacht 1940 persönlich miterlebt, auch wenn er die Besatzer nicht sofort aus dem Untergrund bekämpft hatte. Doch dann war er 1990/91 Politiker genug, einer Wiedervereinigung zuzustimmen, sofern man die Bundesrepublik zusammen mit ihren Nachbarn so stark in die Wirtschaftsgemeinschaft integrierte, dass Alleingänge wie unter Wilhelm II. und Hitler nicht mehr möglich sein würden.[17] Zudem wurden Mitterand finanzielle Zugeständnisse gemacht. Während er daraufhin bereit war, Bushs Europaplänen seine Unterstützung zu geben, lehnte Thatcher eine Vereinigung der beiden Deutschlands strikt ab. Auch bei ihr waren Erinnerungen aus dem Zweiten Weltkrieg mit den Bombardierungen durch die Luftwaffe lebendig, als sie noch ein junges Mädchen in Grantham war. Doch sie lehnte Bushs Strategie auch ab, weil sie fürchtete, dass das größere Deutschland eine Führungsstellung gewinnen würde, die mit den Vorstellungen der ihr vorschwebenden Position Englands in der Welt nicht zu vereinbaren war. Vor allem ihre neoliberale Wirtschaftspolitik war darauf ausgerichtet, ein modernes England zu schaffen, das auf dem Weltmarkt konkurrenzfähig sein würde. Eine solche Stellung zu erreichen, wurde indessen nicht nur durch ihre Industriepolitik im Innern, sondern auch durch die wiedervereinigte Industriemacht Deutschland im Herzen Europas in Frage gestellt.

Die Stärke der Thatcher'schen Germanophobie kam sehr deutlich in einem Treffen auf dem Landsitz der Premierministerin in Chequers bei London am 24. März 1990 zu Tage.[18] Sie hatte eine Reihe von Deutschlandkennern dorthin eingeladen, darunter die beiden amerikanischen Historiker Fritz Stern und Gordon Craig, den britischen Historiker Norman Stone sowie den britischen Politologen Timothy Garton

Ash. Obwohl die Gäste sich bemühten, Thatcher zu beruhigen und ihre Sorgen vor einer neuen »deutschen Gefahr« zu zerstreuen, blieb die Iron Lady hartnäckig, mit der Folge, dass Bush Großbritannien in den Verhandlungen marginalisierte und am Ende seine Deutschland-Strategie ohne Thatcher durchsetzte. Bundeskanzler Helmut Kohl, der sich nach anfänglichem Zögern ebenfalls für eine Wiedervereinigung einsetzte, wurde zu den Verhandlungen hinzugezogen. Das ursprüngliche Zweistaatenmodell wurde aufgegeben, und die fünf ostdeutschen Länder wurden in die seit 1949 bestehende Bundesrepublik aufgenommen. Das an sich als provisorisch geltende Grundgesetz brauchte nicht – wie ursprünglich gedacht – durch eine neue Verfassung ersetzt zu werden; vielmehr wurde der Beitrittsartikel angewandt, sodass das Grundgesetz jetzt zur Verfassung des vereinigten Deutschland, einschließlich der neuen Bundesländer im Osten, wurde.

Thatchers unbeugsame Einstellung zur »Deutschen Frage« rief unvermeidlich innenpolitischen Widerspruch hervor. Allerdings war diese Opposition nur einer von mehreren Gründen, weshalb die Autorität, die sie zuvor genossen hatte, sich zusehends auflöste. War es doch nicht nur ihr Befehlston, der ihr angekreidet wurde. Sie hatte auch eklatante Fehler in ihrer Innenpolitik gemacht, darunter der Plan, die bisherige Grundsteuer auf Hauseigentum durch eine Gemeinschaftssteuer zu ersetzen, die alle traf. Wie unpopulär dies war, hatte sich bereits 1989 in Schottland gezeigt. Als diese Steuer ein Jahr später südlich der schottischen Grenze eingeführt wurde, kam es in London im Trafalgar Square zu Tumulten. Thatchers Kabinettskollegen gehörten zunehmend ebenfalls zu ihren Kritikern, wobei auch ihre Feindseligkeit gegenüber Europa eine Rolle spielte. Wie sie damals meinte, habe sie nicht den britischen Staat erfolgreich gestärkt, um der Herrschaft eines neuen europäischen »Superstaats« in Brüssel zu unterliegen.[19] Das war eine Ansicht, die 25 Jahre später in England erneut zu hören war, ebenso wie London gegenüber Brüssel schon vor der Iron Lady immer wieder auf britischen Souveränitätsrechten gepocht hatte. Darüber hinaus wollten vor allem Nigel Lawson und Geoffrey Howe respektive Schatz- und Außenminister im Thatcher-Kabinett das Vereinigte Königreich in den Europäischen Währungsmechanismus einbringen, während Thatcher das Pfund unbedingt als unabhängige Währung gegen die Vorläufer einer europäischen Währungsunion erhalten wollte. Michael Heseltine, seit längerem einer ihrer schärfsten Kritiker, forderte sie nunmehr zur Wahl um den Parteivorsitz heraus. Als Thatcher diese im zweiten Wahlgang zu verlieren drohte, warf sie das Handtuch und trat zurück. Ihr Regime hinterließ nicht nur in ihrer Partei einen Scherbenhaufen, sondern brachte jetzt auch zahlreiche soziale Probleme in den Blick, die durch ihre neoliberale »Finanzialisierungs«-, Privatisierungs-, Deindustrialisierung- und Steuerpolitik zusammen mit den gleichzeitigen öffentlichen Kürzungen entstanden waren. Das Land war weiterhin wirtschaftlich in einem schlechten Zustand.

John Major wurde nunmehr Thatchers Nachfolger, der eine sehr viel weichere Politik verfolgte als seine Mentorin. Er schaffte die kontroverse Gemeinschaftssteuer wieder ab und engagierte sich in Brüssel in Verhandlungen, die schließlich in der Schaffung der Europäischen Union (EU) kulminierten. Zwar war Majors Position zeitweise durch eine Gruppe konservativer Abgeordneter gefährdet, die offen gegen seine Politik rebellierten; doch er überlebte deren Herausforderung. Mit der von ihm ausgehandelten Lösung konnte England weiterhin auf Distanz zu Europa bleiben, und diese von der Bevölkerungsmehrheit bejahten Maßnahmen waren es, die es den Tories ermöglichten, in der Wahlen von 1992 einen entscheidenden Sieg zu erringen. Dies ermunterte den Premierminister, einerseits das soziale Netz für die Unterschichten zu stärken, zugleich aber auch mit der neoliberalen Wirtschaftspolitik seiner Vorgängerin fortzufahren, indem er Bergwerke, Wasserversorgung und Eisenbahnen an Privatinvestoren zu sehr günstigen Preisen verscherbelte und die Gewinner zugleich ermunterte, sich bei der Finanzierung von Schulen und Krankenhäusern, das heißt, bei deren Privatisierung zu engagieren.

3.5 Von Premierminister Tony Blair zu David Cameron

Während Major mit den Widersprüchen neoliberaler Politik rang, verspürten die Working-Class-Tories unter den Wählern die wirtschaftlichen Folgen des Thatcherismus am eigenen Leibe: Ihr Lebensstandard verschlechterte sich weiter, öffentliche Sozialprogramme, von denen sie oft abhingen, schrumpften. Derweil wandelte sich die Labour Party von einer traditionellen Arbeiterpartei zu einer Bewegung, die auch andere Schichten anzog. Ihre Führer konnten hoffen, erneut an die Macht zu kommen, die sie 1979 an Thatcher verloren hatten. Freilich ist zweifelhaft, ob die Partei dies allein mit dem Wahlversprechen erreicht hätte, die wirtschaftspolitischen Veränderungen der Thatcher-Jahre zurückzurollen. Was neue Wähler anzog, war Toni Blair, der – jung, voller Energie und Optimismus – ein menschlicheres Charisma zu besitzen schien als die »Iron Lady«.[20] Blair errang 1994 den Parteivorsitz und konnte Labour bis zur nächsten Wahl ein neues Gesicht zu geben. Dabei standen ihm Gordon Brown als Schatzkanzler des Schattenkabinetts zur Seite, der die sparsame Ausgabenpolitik der Thatcher-Zeit fortzusetzen versprach, so sehr dies gerade die Minderbemittelten weiterhin traf. Als 1997 Wahlen stattfanden, brachten Blair und Brown den Tories eine erste Niederlage bei. Sie gewannen auch die nächsten Wahlen von 2001, ehe Blair vor dem nächsten Wahlgang den Stab an Brown weitergab. Allerdings war schon vorher fraglich, ob er, der er als Schatzminister eher ein Zahlenmensch und weniger ein Charismatiker wie Blair war, die Partei weiterhin an der Macht halten konnte. Am Ende verlor Labour die Wahlen von 2010, die indessen keine klare Mehrheit für die Konservativen erbrachten.

Die politischen Spaltungen, die sich damals recht deutlich zeigten, konnten eben noch durch eine Koalitionsregierung überwunden werden, die die Konservativen, deren Führung David Cameron inzwischen übernommen hatte, mit den erfolgreichen Liberaldemokraten unter Nick Clegg bildeten. Es dauerte wiederum nicht lange, bis dieses Bündnis zerfiel und Cameron eine weitere Neuwahl für 2013 in die Wege leitete, in deren vorangehendem Wahlkampf er versprach, die britische Mitgliedschaft in der EU einer Volksabstimmung zu unterwerfen. Zuvor wollte er mit der EU ein für Großbritannien günstiges Abkommen aushandeln, aufgrund dessen Cameron glaubte, dass sich sodann eine klare Mehrheit für ein Verbleiben in der EU entscheiden würde. Als die Abstimmung dann am 18. Juni 2016 eine Mehrheit von 52 Prozent zu 48 Prozent für einen »Brexit« ergab, begann eine Krise des britischen politischen Systems, die schließlich mit dem Austritt des Landes aus der EU endete. Doch bevor der Verlauf dieser Krise der nächsten drei Jahre geschildert wird, ist es zum Verständnis dieser dramatischen politischen Entwicklungen erforderlich, in die Zeit zu Beginn dieses Jahrhunderts zurückzugehen. Mochten – wie die bisherigen Kapitel zu zeigen versuchten – die Wurzeln dieser Entwicklung auch weit zurück im 20. Jahrhundert mit dem Niedergang der britischen Weltposition zusammenhängen, es gab auch Faktoren, die unmittelbar in die Ereignisse von 2016–2019 hineinspielten.

So optimistisch Major und nach ihm Blair in den neunziger Jahren hinsichtlich einer neoliberalen »Modernisierung« und der Teilnahme des Landes an dem damaligen Wirtschaftsboom waren, sie wussten um die Schwächen der britischen Industrie. Mochten die »Finanzialisierung« der City und der Wohlstand in Südengland eindrucksvoll sein, der englische Norden nahm daran nur sehr begrenzt teil. Laut Statistik lagen die mittleren Familienvermögen im englischen Südosten bei £175.000 Pfund, in Wales bei £85.000 und im nordöstlichen Yorkshire bei £55.000.[21] Gerade dort standen viele Fabriken, Werften und Zechen still. Die Jugendarbeitslosigkeit war groß und Städten wie Newcastle oder Bradford fehlte das Geld, um ausländische Investoren in den Manufakturbereich zu locken. Diese Umstände mögen erklären, warum die Londoner Regierung trotz aller Subventionen für die Landwirtschaft und zur Modernisierung der Infrastruktur von abgelegeneren Regionen wie Wales oder Schottland erneut nach Amerika blickte. Hatte man dort doch unter Reagan und dann unter Clinton ebenfalls eine neoliberale Wirtschaftspolitik betrieben. Allein dadurch gab es viele Wahlverwandtschaften, während man die erstrebte Zusammenarbeit mit Washington auf dem Gebiet des Handels dadurch abzustützen versuchte, indem man auch militärisch enger kooperierte.

So war es bei allem Gewicht moralischer Gesichtspunkte auf britischer Seite die Aussicht, über einen Eingriff auf dem Balkan gegen die territorialen Ambitionen Serbiens auch die alte »Waffenbruderschaft« gegen Diktaturen und autoritäre Regime mit den USA zu erneuern. Auf dem Balkan mochte sich die Eindämmung Serbiens noch am Rande der Legalität vollzogen haben; das Bündnis, das Blair und US-Präsident George W. Bush vor der Invasion des Irak im Frühjahr 2003 abschlossen, stellte wie auch der nachfolgende Krieg selbst eine glatte Verletzung des Völkerrechts dar. Die Besetzung des Landes durch amerikanische und britische Truppen geschah unter dem Vorwand einer notwendigen Zerstörung von vermeintlichen Massenvernichtungswaffen in den Händen von Saddam Hussein. Außerdem – so die weitere Rechtfertigung – würde im befreiten Irak die Demokratie ausbrechen. Freilich wurden diese Waffen nach dem Sieg über den Diktator trotz intensiver Suche nie gefunden, und der Verdacht wollte sich nicht legen, dass es Bush und seinen engsten Beratern, Vize-Präsident Dick Cheney und Pentagon-Chef Donald Rumsfeld, um viel größere strategische Ziele der Vorherrschaft im Mittelosten ging. Jedenfalls gab es im Stab von Rumsfeld eine Beratergruppe, die im Sommer und

Herbst 2002 darüber nachdachte, wie der erwartete schnelle Sieg über Hussein zum Ausgangspunkt einer breiteren Reorganisation des Mittelostens unter amerikanischer Regie gemacht werden sollte.[22] Es lohnt sich, bezüglich Blairs Unterstützung auf einen offiziellen Bericht Bezug zu nehmen, den eine Kommission von Privy Councillors unter dem Vorsitz von Sir John Chilcot später veröffentlichte. Darin sind über zwölf Bände und 6.275 Seiten hinweg die Illusionen, Lügen, Täuschungen und Selbsttäuschungen der Verantwortlichen in Washington und London nachzulesen.[23] Sie alle wurden in einer längeren Rezension des Berichts und zweier weiterer Bücher zum Thema von dem bekannten Journalisten Geoffrey Wheatcroft beurteilt.[24] Soweit es Blairs Beteiligung betrifft, zitiert Wheatcroft den Premierminister höchstpersönlich, der am 28. Juli 2002, also lange vor der illegalen Invasion, dem US-Präsidenten versicherte, dass er, komme was wolle, zu ihm stehen werde. Wheatcroft vergleicht den Ausbruch des Irak-Kriegs und seines Verlaufs mit der Suez-Krise von 1956, nur sei die Operation 2003 unter dem Blickwinkel der politischen Unehrlichkeiten, des Schadens für die Interessen des Landes und des menschlichen Leids in jeder Beziehung noch viel schlimmer gewesen.

Indessen bewegte Blair angesichts seiner großen politischen Ambitionen noch etwas anderes. Wie er im März 2002 einigen Labour-Abgeordneten vertraulich gestand, sei es seine Strategie, sich neben die Amerikaner zu legen und zu versuchen, die Entwicklungen so mitzugestalten, wie es »erforderlich« sei.[25] So tauchte auch jetzt wieder der Gedanke einer »special relationship« mit den USA auf, die dem Land nicht nur politische und wirtschaftliche Vorteile bringen, sondern mit der es auch gelingen sollte, die unerfahrenen Amerikaner sanft vom Rücksitz aus zu steuern. Es war eine Illusion, die bis zur Idee einer Pax Anglo-Americana von 1945, wenn nicht gar bis 1902 zu William Stead zurückreichte. Was damals nicht nur Blair, sondern auch die britischen politischen Eliten mit ihrer Politik an Schaden anrichteten, löste Wheatcroft zufolge nun endlich einen Vertrauensverlust in der Bevölkerung aus, der sich bis in die Gegenwart fortsetzte. Jedenfalls war es für Wheatcroft nicht zu weit gegriffen, wenn er die »Brexit-Abstimmung, die Schwächung der Labour-Partei und den Aufstieg von Donald Trump« als Folge jenes populistischen Meinungsumschlags gegen Eliten interpretierte, der heute im Westen zu beobachten sei.

Sieht man sich diesen Populismus genauer an, so werden dahinter die Ressentiments sichtbar, die durch den Boom und die optimistische

Propaganda verdeckt geblieben waren. Es bedurfte der »Rezession« von 2007/8, um denen, die nicht vom »Kasino-Kapitalismus« der vorherigen Jahre profitiert hatten, bewusst zu machen, wie sehr die Neoliberalen sie über den Tisch gezogen hatten.[26] Sie merkten jetzt vor allem in den deindustrialisierten Regionen des Nordens, wie spürbar sie sich sozioökonomisch abwärts bewegt hatten, während die Reichen infolge der Steuerpolitik, der Privatisierungen und öffentlichen Kürzungen am Sozialstaatbudget immer reicher geworden waren. Zwar hatte es schon Mitte der neunziger Jahre vor allem in der EU Stimmen gegeben, die vor der Dynamik eines »Raubtierkapitalismus« warnten und den seit Thatcher und Reagan alles dominierenden »Markt« zivilisieren wollten.[27] Allerdings wurden sie von den Nutznießern und Propagandisten des Neoliberalismus bis auf Weiteres übertönt.

Denkwürdig ist auch das Wort des Vorsitzenden der Federal Reserve Bank in Washington, Alan Greenspan, der schon im Dezember 1996 vor einem »irrationalen Überschwang« warnte, der am Aktienmarkt herrsche, wo viele Aktien zu Notierungen gehandelt wurden, die in keinem Verhältnis zu dem Wert oder dem Potenzial der jeweiligen Unternehmen standen.[28] Doch wie schon 1929 wagte die Federal Reserve Bank nicht, etwas gegen diese Überhitzung zu tun, aus Sorge, den »Markt« zu beunruhigen und eine Panik auszulösen. Im Gegensatz zu den Reaktionen auf die Depression der dreißiger Jahre handelte Ben Bernanke, Greenspans Nachfolger, der die damalige Katastrophe intensiv studiert hatte, 2007/08 anders als dereinst Benjamin Strong und seine Kollegen.[29] Ihm gelang es daher relativ schnell, die Bankenkrise unter Kontrolle zu bringen. Allerdings war es auch in Großbritannien eine Rettung des Finanzsystems und nicht der Industrie, die dort erfolgte. So erholten sich die Banken recht bald, während Industrie und Handel viel langsamer wieder in Gang kamen. In den Jahren vor der Krise von 2007/08 war die tiefer liegende Wachstumsschwäche lediglich durch einheimische Konsumenten verdeckt worden, die ihre Kreditkarten ausreizten und damit zu der öffentlichen Verschuldung noch hohe Privatschulden anhäuften.

Dann kamen die verlockenden Kreditfinanzierungen, die vor allem die britische Automobilindustrie anbot. Allein 2016 unterschrieben Autokäufer Teilzahlungsverträge von insgesamt £31,6 Milliarden.[30] Angesichts der niedrigen Zinsen waren Personal Contract Plans (PCP) besonders beliebt. Viele dieser Verträge, mit denen Autos entweder geleast oder abgestottert wurden, verschnürten die Banken wie in den neunziger Jahren zu angeblich sicheren Paketen, die an Investoren und auch Pensionsfonds weiterverkauft wurden. Angesichts der Kauflust wiederholte sich, was letztlich zur Krise von 2007/08 geführt hatte: die Schuldenaufnahme von Familien, die sich eigentlich ein neues Auto oder höhere Hypotheken zum Hauserwerb gar nicht leisten konnten und die Hüter der Bank of England erneut zum Stirnrunzeln veranlassten, als die Kredite wieder das Ausmaß der Zeit vor der Großen Depression von 2008.[31] Es war nicht zu verheimlichen, dass die PCP die dahinterstehenden Banken und Autohersteller verwundbar machten, sollte eine erneute Panik ausbrechen.

Die Folgen des Neoliberalismus waren besonders in den alten Manufakturregionen der Midlands und des Nordens bis über die schottische Grenze hinweg sichtbar. Wie Andreas Oldag im März 2012 berichtete, waren dort »die alten Kohlegruben und Stahlschmelzen« verschwunden und auf den »Industriebrachen ist kaum etwas Neues entstanden«.[32] Dienstleistungen beschränkten sich in den sozialen Armutsregionen zwischen Liverpool und Glasgow »allzu häufig auf schäbige Spielhallen und heruntergekommene Einkaufszentren«. Er fügte hinzu: »Ob die neuen Pläne der Regierung zur Teilprivatisierung von Polizeirevieren und Fernstraßen tatsächlich mehr Geld in die Kassen bringen, ist fraglich.« In der Tat bot die Entwicklung der Eisenbahnen – bei ihrer Erfindung im 19. Jahrhundert der Stolz der Nation – ein warnendes Beispiel. Denn der in den neunziger Jahren des 20. Jahrhunderts eingeleitete Verkauf des 1945 von Attlee verstaatlichten Unternehmens an private Investoren erwies sich zwei Jahrzehnte später als eine kostspielige Fehlkalkulation. Wie Tim Engartner im März 2009 schrieb, habe sich die »neoliberal inspirierte Privatisierung des Zugverkehrs« inzwischen »zu einem denkwürdigen Fiasko« ausgewachsen.[33] Denn 1993 war British Rail in nicht weniger als »106 Firmen zerlegt« worden. Selbst »die Schienenwege verkaufte man« an die Firma Railtrack, die in den ersten Jahren noch Dividenden von 700 Millionen Pfund ausschüttete.

Doch der Druck, hohe Gewinne einzufahren, führte zu einer Vernachlässigung an sich notwendiger Schienenarbeiten und aus diesem Grunde schließlich im Oktober 2000 zu einem Unglück bei Hatfield mit vier Toten und siebzig Verletzten, wonach die Zahl der Fahrgäste deutlich absank. Ein weiteres Problem war die mangelnde Koordination der Fahrpläne mit oft ungünstigen Anschlüssen. Die Fahrpreise für überfüllte Züge stiegen, und als die wiederholten Erhöhungen zu

Protesten führten und die Reisenden zum Teil auf die viel billigeren Fernbusse überwechselten, erhoben die privaten Eisenbahnen die Forderung nach staatlichen Subventionen. Aber auch diese konnten die zahlreichen Mängel nicht beseitigen, und so kam eine Fachtagung nur sieben Jahre nach der Privatisierung zu dem Schluss, dass es »zwischen den einzelnen Institutionen und Unternehmen ... kaum noch Verständigung« gebe. Der »Zusammenhalt unter den Berufsgruppen« wie unter den Lokführern und den Signalwärtern gehe verloren und »das Arbeitsklima sei so schlecht wie nie«. Kurzum, »Die Privatisierung zerstört die zweihundertjährige englische Eisenbahn.«

Freilich waren Subventionen für die Eisenbahnen nicht die einzigen Ausgaben, die die Verschuldung des britischen Staates erhöhten. Während, wie Brett Christophers in seinem Buch gezeigt hat, die neoliberalen Tories öffentliche Wälder und Wiesen privatisierten,[34] waren unter Blair und Brown die Sozialkosten gestiegen, von den weiterhin hohen Lasten durch die militärischen Engagements der Briten im Mittelosten, von den Kosten der Nuklearrüstung und der teuren Kriegsmarine mit ihren Flugzeugträgern und U-Booten ganz zu schweigen. Unter diesen Umständen hatte Blair keine andere Wahl, als den zwölf Millionen Briten, die selbst in den Boomzeiten in Armut lebten und deren Einkommen 60 Prozent unter dem Durchschnitt lag, unter die Arme zu greifen. Bis 2019 war die Zahl der Armen auf 14 Millionen gestiegen, von denen sieben Prozent unter Dauerarmut litten. Hinzukamen an die 650.000 Menschen mit Behinderung. Die Kürzung ihrer Unterstützungen liess viele von ihnen zusammen mit alten Menschen in Armut stürzen. Dementsprechend war der staatliche Schuldenberg langsam weiter gewachsen. Nach der Krise von 2007/08 belief sich die Neuverschuldung allein 2009 auf £175 Milliarden. Das waren über zwölf Prozent des Bruttoinlandsprodukts. Weitere Anleihen von £700 Milliarden wurden – so die Vorausbilder – in den nächsten fünf Jahren bei einer erhofften, aber wohl überoptimistischen Wachstumsrate von 1,25 Prozent fällig wurden.

Zur Bewältigung dieser Probleme hatte der inzwischen zum Parteichef der Konservativen aufgestiegene David Cameron allerdings eine andere Lösung als Blair. Zwar wollte er nicht zur harten Linie des Thatcherismus zurück. Doch meinte er zugleich, dass »die Zentralisierung und Verstaatlichung aller Lebensbereiche zum Zusammenbruch des Gemeinschaftsgefühls auf lokaler Ebene« geführt habe.[35] Seine Politik zielte darauf ab, »gemeinnützige Vereine und Verbände« stärker für soziale Aufgaben zu rekrutieren. Was man anstelle »zentraler Regelung« benötige, seien Dienstleistungen, »die auf lokaler Ebene den Bedürfnissen der Kommune angepasst sind«. Was Cameron nicht erwähnte, war, dass mit dieser Konstruktion die Prinzipien neoliberaler Wirtschaftspolitik auf nationaler Ebene, die die Wohlhabenden seit den achtziger Jahren so sehr begünstigt hatten, weiterbetrieben werden konnten. Er verschrieb dem Staat eine Austerity-Politik, deren Kürzungen vor allem die sozial schwachen Schichten traf. Auch das Stipendienprogramm für minderbemittelte Studenten wurde gestrichen. Einheimische Studenten mussten hinfort hohe Studiengebühren von £9.000 zur Finanzierung der Universitäten aufbringen, die zugleich auf das Einwerben von Forschungsmitteln bei Stiftungen und Mäzenen verwiesen wurden.

Ein Vergleich mit den Ökonomien von Deutschland und Frankreich erhellt die Probleme, vor denen Cameron stand, als er nach dem Wahlsieg der Tories 2010 Premierminister wurde. Im Jahre 2013 stand England in der EU hinter Deutschland und Frankreich auf dem dritten Platz, soweit es die Güterproduktion betraf.[36] Um nur mit Frankreich aufzuschließen, wäre eine Steigerung um $50 Milliarden bei den Investitionen in den vernachlässigten alten Industrieregionen erforderlich gewesen. Vor allem die Ausbildung von Arbeitskräften, die moderne computerisierte Maschinen bedienen konnten, war dafür unumgänglich. In Deutschland hatte man dies mit Hilfe von systematischer Lehrlingsausbildung und der Finanzierung von Fachschulen sowie Fachhochschulen aufrechterhalten.[37] England litt unter einer empfindlichen Ausbildungslücke, während die deutsche Arbeiterschaft nicht nur zahlenmäßig um 10 Millionen Menschen grösser, sondern auch über zehn Prozent produktiver war. In dieser Beziehung rangierten die Briten auch hinter ihren anderen westeuropäischen Nachbarn.

3.6 Das Referendum und seine Folgen, 2016–2017

Wie auch immer Cameron sich daher eine erneute Prosperität vorstellte, die Aussichten, England als ein führendes europäisches Industrieland aufzubauen, verdunkelten sich 2016 weiter, als eine Mehrheit der Wähler sich gegen den Verbleib in der EU mit seinem Markt von 400 Millionen Konsumenten entschied. Zwar hatten die »Brexiteers«

der Bevölkerung vorgegaukelt, dass ein Alleingang und die Befreiung von der Brüsseler Bürokratie mit ihren dauernden Regelungen und Interventionen dem Vereinigten Königreich eine glänzende Zukunft bescheren würde. Doch fehlte es an ökonomischen Daten, die diese Voraussagen bestätigten.

Als der Volksentscheid sodann gegen eine weitere Mitgliedschaft in der EU ausgefallen war, gab es gleich mehrere Prognosen, die die optimistische Propaganda der Brexiteers als irreführend entlarvten. Im Juli 2017 berichtete das offizielle Office for National Statistics (ONS), dass die Volkswirtschaft in der ersten Hälfte des Jahres um nur 0,5 Prozent gewachsen sei.[38] Die Produktion vor allem von Fahrzeugen war im gleichen Zeitraum sogar um 0,5 Prozent gefallen. Der Dienstleistungssektor verzeichnete einen leichten Anstieg um 0,5 Prozent im ersten Quartal. Zudem stand das Pfund schwächer, was für den Export Vorteile brachte, aber wiederum die Inflation zum Nachteil der Konsumenten antrieb. Wie Chris Williamson von IHS Markit es erklärte, deuteten die mageren Wachstumsraten darauf hin, dass die Wirtschaft an Dynamik verloren habe und daher ein Wachstum von 1,8 Prozent wie 2016 nicht erreicht sein werde.[39] Es war unter diesen Umständen wohl unvermeidlich, dass Mark Carney, der Gouverneur der Bank of England, unter Druck stand, den ohnehin schon sehr niedrigen Leitzinssatz von 0,5 Prozent auf 0,25 Prozent zu senken.[40] Es erhob sich sofort die Frage, ob die Wirtschaft allein dadurch zu beleben war. Zugleich erscholl der Ruf, das letztjährige Defizit von £46 Milliarden auf £58 Milliarden zu erhöhen. Dem fügte das ONS die Prognose hinzu, dass das Dezifit für 2020/21 mindestens £100 Milliarden höhen liegen werde als die vor dem Volksentscheid angestellten Berechnungen.[41]

Im Herbst 2017 begann es an allen Ecken und Enden zu krachen. Familien mussten auf ihre Ersparnisse zurückgreifen.[42] Im letzten Jahr hatten fast neun Millionen Haushalte auf Pump gelebt, um die Rechnungen für Haushaltsgrundmittel begleichen zu können. Soweit es die Handelsbilanz betraf, hatte sich diese um £900 Millionen auf £23,2 Milliarden verschlechtert. Die Schwäche des Pfundes nach dem Referendum hatte zwar zu einem Anstieg der Industrieproduktion geführt.[43] Aber es gab auch den Druck, die Zinsen zu erhöhen, die das Pfund stärkten, das Defizit sowie die Risiken für die Erhaltung der finanziellen Stabilität hinwieder vergrößerten. Es war also immer noch das alte Dilemma im Verhältnis von Manufaktur und City, bei dem die Industrie erneut den Kürzeren zog, weil die Deindustrialisierung weiter fortgeschritten war, ausländische Firmen an die Verlagerung in die EU dachten und Investoren nervös auf die kaum absehbaren Folgen eines Brexits warteten. Der Ausgang des Volksentscheids hatte noch eine weitere bedrohliche Folge. Es begann mit fremdenfeindlichen Ausbrüchen gegenüber dem Pflegepersonal und Ärzten aus der EU, die 2016 als erste die Koffer packten und den National Health Service (NHS) verließen, der an allen Enden schon früher stark unter Kürzungen durch die Regierung gelitten hatte. Infolge dieser Personallücken geriet die medizinische Versorgung ins Stocken. Die Wartelisten für Operationen wurden länger. In der Landwirtschaft fehlte es an Erntehelfern, und auch bei den Universitäten machte sich der drohende Austritt Englands unmittelbar bemerkbar.[44] Über die Jahre hatte die Forschungsförderung von Colleges und Instituten an die 19.000 Stellen geschaffen. Bis zu 14 Prozent der externen Forschungsmittel kamen aus Brüssel. Im Falle der Universität Oxford kamen 2014–2015 £66 Millionen (zwölf Prozent) aus der EU. Dieser Segen würde mit dem Austritt aufhören und damit auch die Zusammenarbeit mit den Kontinentaleuropäern unterbrechen oder sie zumindest erschweren. Auch das Schicksal des Lehr- und Forschungspersonals aus der EU musste ungewiss werden, wenn scharfe Visa- und Arbeitsbestimmungen wie vor 1975 wieder eingeführt wurden.

Indessen stellten schon rein zahlenmäßig die in Großbritannien niedergelassenen und produzierenden Unternehmen und Banken ein noch größeres Problem. Soweit es einheimische selbständige Unternehmen wie den Luxussportwagenbauer Aston Martin betraf, so waren dessen Verkaufschancen in der EU nach dem Brexit durch Zölle bedroht, die bei einem Preis von rund £ 150.000 für den DB11 und £ 225.000 für den Superleggera heftig sein würden.[45] Angesichts dieser Aussichten und auch der Drohung amerikanischer Zollerhöhungen sanken die Aktien von Aston Martin Lagonda von ca. 1.800 Punkten im Oktober 2018 auf 800 im Juli 2019.

Anders war die Situation ausländischer Firmen wie Honda, Peugeot oder BMW, die ihre Fahrzeuge in England fertigten und jetzt vor der Frage standen, ob sie ihre Fließbänder stoppen und die Produktion auf den europäischen Kontinent verlagern sollten. Dies betrifft zum Beispiel BMW mit seinen Werkhallen für den »Mini«, der als kleinerer Personenwagen auf dem von Alec Issigonis in den sechziger Jahren für Austin entwickelten »Mini« beruht und den die Bayern in Cowley bei Oxford mit einem größeren Modell wieder in die Gewinnzone gehoben hatten.⁴⁶ Für Rolls Royce, die ebenfalls zu BMW gehören, entstand dasselbe Dilemma wie für den teuren Aston Martin. Toyota hatte in Derby Werkhallen gebaut und warnte, dass man die Entwicklungen in England »genau verfolgen« und auf ihre Rückwirkungen im Hinblick auf »unsere geschäftlichen Operationen« im Vereinigten Königreich analysieren werde, während Honda ohne Umschweife die Schließung seiner Werke mit einem Verlust von 3.500 Arbeitsplätzen verkündete.⁴⁷ Nissan produziert als zweitgrößter japanischer Konzern in Sunderland zwei Wagen pro Minute und fast 500.000 pro Jahr, wird aber wohl nicht nur aus Kostengründen aus England wegziehen.⁴⁸ Vielmehr geriet der Konzern auch in Schwierigkeiten, nachdem der Vorstandsvorsitzende Carlos Ghosh unter dem Verdacht verhaftet wurde, große Summen von Euros verborgen und Nissan-Konten für persönliche Zwecke verwendet zu haben. Damit war wohl die Zusage von Ghosh hinfällig, in Sunderland Nissans »X-Trail«-Modell fertigen zu lassen. Zudem kündigte Nissan Entlassungen von insgesamt 10.000 Mitarbeitern weltweit an, darunter auch britische.

Ford und die jetzt zu Peugeot gehörenden Vauxhall-Werke, die immerhin seit den zwanziger Jahren in Dagenham und Luton vertreten waren, dürften vor der Entscheidung stehen, ob sie ihre Produktion zumindest reduzieren sollten. Ford mit seinen 14.000 Angestellten und Arbeitern kündigte nach dem Volksentscheid an, dass man auf die Wettbewerbsfähigkeit des Konzerns achten müsse und die Investitionspläne nach dem britischen Austritt aus der EU überdenken werde.⁴⁹ Der Konzern werde alles tun, um sicherzustellen, dass »unser Europageschäft wettbewerbsfähig« bleibe und »sich auf einem Pfad nachhaltiger Profitabilität« weiterentwickeln werde. Und jenseits der großen Automobilkonzerne erhebt sich auch die Frage nach dem Schicksal der vielen einheimischen und westeuropäischen Zulieferer, wenn man bedenkt, aus wie vielen Einzelteilen ein modernes Fahrzeug besteht, von denen viele in oft mittelständischen Firmen produziert werden. Besorgt sah auch der multinationale Flugzeughersteller Airbus in die Zukunft, der in England 15.000 Mitarbeiter hatte und in Wales Flügel montierte.⁵⁰

Schließlich sollten die Banken, Versicherungen und Beraterfirmen nicht vergessen werden. Zur Zukunft dieses Dienstleistungssektors äußerte sich Xavier Rolet, der Vorsitzende des London Stock Exchange, schon bald nach dem Volksentscheid. Nach seiner konservativen Schätzung ging es um mindestens 100.000 Stellen, wenn man die

Provinzen und die zahlreichen Stellen zur Unterstützung des täglichen Bankverkehrs einbezog.[51] Zwar glaubte er nicht, dass London als Clearing-Zentrum jener £ 44 Milliarden, die täglich durch die City liefen, verschwinden würde; doch sah auch er, dass ausländische Institute versuchen würden, mit London zu konkurrieren. Jamie Dimon, der Vorstandsvorsitzende der mächtigen amerikanischen JP Morgan Bank, erschien auf dem Plan und warnte, dass zwischen 1.000 und 4.000 Stellen aus England umgesiedelt werden könnten.[52] Morgan Stanley, die 16.000 Angestellte in Großbritannien beschäftigten, sprach ebenfalls von Versetzungen, fügten aber hinzu, dass man in London, Bournemouth und Schottland weiterhin stark präsent bleiben werde. Beunruhigend war auch, dass Banken bereits nach geeigneten Büros in Amsterdam, Dublin, Paris und Frankfurt zu suchen begannen. Japans Mitsubishi UFG wollte nach Amsterdam umziehen, und selbst Lloyds of London versetzte zehn Prozent seiner Mitarbeiter nach Luxemburg. Ein starkes Interesse zeigte Frankfurt schon kurz nach dem Volksentscheid. Wie Kate Connolly für den *Guardian* recherchierte, sahen die Frankfurter im Brexit ihre Chance.[53] Peter Feldmann, der Oberbürgermeister von Frankfurt, den die Journalistin interviewte, pries die Wohn- und kulturellen Vorteile der Stadt und hatte sogar eine besondere Telefonbank eingerichtet, bei der man sich über das Leben und Geschäftsleben Frankfurts erkundigen konnte. Auch Volker Bouffier, der hessische Ministerpräsident, mahnte, dass man leisetreten müsse, um nicht den Eindruck zu erwecken, hier seien Geier am Werk, die sich über das Aas hermachten.

Als sich US-Präsident Trump zum Austritt Großbritanniens positiv äußerte, machten sich die Brexiteers sofort Hoffnungen auf eine künftige »special relationship« mit Amerika, obwohl die Schwäche ihrer Position allzu deutlich war.[54] Das Verhältnis war allerdings zudem durch kritische Worte von May gegenüber Trump und abfällige Bemerkungen des US-Präsidenten über die britische Premierministerin getrübt. Doch auch ohne diese Spannungen stellte eine Umfrage unter britischen Exporteuren fest, dass ein Handelsabkommen mit den USA kein Allheilmittel sei.[55] Auch die Leichtigkeit, mit der solche Abkommen vor 2007/08 zu erreichen gewesen seien, gebe es nicht mehr. Derweil vertraute die EU darauf, dass der britische Austritt zwar einigen Schaden anrichten würde, aber der Gemeinschaft langfristig eher Vorteile bringen und sie fester zusammenschweißen würde. Kommissionspräsident Jean-Claude Juncker meinte, dass es noch nicht »genügend Europa« und »genügend Union« gebe.⁵⁶ Einer seiner Berater fügte hinzu, dass der Brexit für die EU als »Katalysator« wirke. Seien »viele Dinge doch wegen England« nicht in Angriff genommen worden, was jetzt angepackt werden könne. Großbritannien stand vor der Frage, Exporte zu verlieren, die immerhin zwölf Prozent seines Bruttoinlandsprodukts ausmachten.

Im November 2016 bemerkte Paul O'Connor, der Leiter eines Teams bei Henderson Global Investors, dass die Politik jetzt einen größeren Einfluss auf die Märkte ausübe, als er es jemals erlebt habe.⁵⁷ Auf diese Entwicklung ging auch die Studie von Martin Westlake ausführlicher ein und dieser Primat der Politik steht im Mittelpunkt des nächsten Kapitels.⁵⁸ Es soll gezeigt werden, warum das politische Ringen um den Brexit zwischen 2016 und 2019 so dramatische Formen annahm.

4. Britisch-europäische Brexit-Verhandlungen 2018–2020

Nachdem im letzten Kapitel die Entwicklung der britischen Wirtschaft im Zeichen der von Thatcher und der Londoner City, aber auch von Industrie und Handel praktizierten neoliberalen Politik, im Hinblick auf die Krise von 2007/08 und schließlich bis 2019 unter wirtschaftlichen Gesichtspunkten dargestellt wurde, wendet sich dieses Kapitel den politischen Entwicklungen zu, die infolge des Volksentscheids zum Austritt aus der EU vom 23. Juni 2016 abliefen. Die britische Politik war angesichts der vielen Schlenker, die sowohl die Politiker als auch die öffentliche Meinung machten, selbst für die Briten schwer zu durchschauen. Bei den zahllosen ausländischen Beobachtern war die Verwirrung verständlicherweise noch größer.

4.1 Die Ergebnisse des Volksentscheids von 2016 im Detail

Beginnen wir mit der ersten politischen Brexit-Phase und den Ergebnissen des Volksentscheids. Wie schon erwähnt, entschieden sich 52 Prozent für den Austritt, 48 Prozent wollten hingegen in der EU verbleiben.[1] Schaut man sich die regionalen Unterschiede an, so votierten Schottland wie auch die Orkney-Inseln und die Hebriden für ein Verbleiben. Gleiches galt für Nordirland und die nordwestlichen Küstenstreifen von Wales. Am deutlichsten sprach sich Edinburgh mit 74,4 Prozent für ein Verbleiben aus, gefolgt von Glasgow mit 66,6 Prozent, wo allerdings nur 56,2 Prozent der Wahlberechtigten ihre Stimme abgaben. Südlich der schottischen Grenze begann mit wenigen Ausnahmen das Land der Brexiteers. Den höchsten Anteil errang mit 75,6 Prozent der Bostoner Bezirk in Lincolnshire, wie überhaupt die englische Ostküste von Newcastle im Norden bis hinunter zu den Grafschaften Lincolnshire, Norfolk, Essex und Kent im Süden mehrheitlich für einen Austritt stimmten. Die Ausnahme war Cambridgeshire mit seiner Universität, wo 73,8 Prozent verbleiben wollten. Dagegen saßen die Brexiteers insgesamt auch entlang der Westküste von Dumphries, in den alten Industrie- und Hafenregionen um Liverpool bis Humberside im Osten mit Ausnahme von Manchester. Den höchsten Anteil hatte Blackpool mit 67,5 Prozent, einer Stadt mit dem niedrigsten mittleren Einkommen des Landes von nur £ 16.384 pro Jahr. Eine Mehrheit von Brexiteers gab es auch in den Midlands um Birmingham und um die Autostadt Coventry sowie weiter westlich sodann in Südwales. Befürworter sind im Westen um die Stadt Bristol und weiter östlich in Oxfordshire zu finden. Die wohlhabenden Grafschaften südlich von London wollten sämtlich bleiben. An London selbst wie bei den alten Industriegebieten des Nordens und der Midlands lässt sich erneut zeigen, wie sozioökonomische Faktoren mitspielten: Die Arbeiterviertel von Ost-London wollten im Gegensatz zu den meisten übrigen Stadtteilen austreten, ebenso wie die weiter westlich gelegenen landwirtschaftlichen Regionen von Somerset, Westdevon und Cornwall. In West Somerset wurden Generationsunterschiede besonders deutlich. Dort betrug das mittlere Alter 53 Jahre und 60,6 Prozent entschieden sich gegen die EU. Diese Ziffer lag nur etwas über der Gesamtauszählung, laut derer 60 Prozent der Wähler über 65 den Austritt unterstützten. Bei den 18-bis-24-Jährigen war es genau umgekehrt. Von ihnen stimmten 73 Prozent bei geringerer Wahlbeteiligung für ein Verbleiben in der EU. In Gibraltar stimmten hingegen 95,9 Prozent für ein Verbleiben; dort hatte man auch die höchste Wahlbeteiligung von 83,5 Prozent.

Aus der Rückschau lässt sich die Entscheidung der 52 Prozent sicherlich zu einem größeren Teil aus der ökonomischen und soziokulturellen Geschichte der britischen Gesellschaft im 20. Jahrhundert erklären, wie sie in den vorangegangenen Kapiteln geschildert wurde. Doch wird man eine relativ einfache Erklärung hinzusetzen müssen: die Entscheidung von Premierminister David Cameron, diesen Volksentscheid überhaupt erst einzuleiten und dessen Gefahren dabei in sehr fahrlässiger Weise unterschätzt zu haben. Schon sein Versprechen, bei einem Sieg seiner Partei in den Wahlen von 2013, der Bevölkerung den Austritt aus der EU plebiszitär zur Wahl zu stellen, barg ein großes Risiko in sich. Schlimmer noch war, dass Cameron so zuversichtlich war, eine Mehrheit für einen Verbleib zu erhalten, dass er nicht einmal daran dachte, eine qualifizierte Mehrheit zu verlangen. So hatte er zwar in vielen Reden immer wieder zum Ausdruck gebracht, dass er das Land in der EU halten wolle, aber seine Überredungs- und Überzeugungskünste überschätzte er dabei maßlos. Das mochte nicht zuletzt mit seiner Herkunft und Erziehung zusammengehangen haben. Er kam aus einer sehr wohlhabenden Familie der oberen Mittelklasse, durch die er alle Privilegien, die sich dieser Schicht boten, genossen hatte.[2] Seine Schulausbildung hatte er in Eton abgeschlossen. Danach besuchte er in Oxford das Brasenose College, wo er Philosophie, Politik und Volkswirtschaft studierte und sein Examen mit Eins (First) absolvierte. Er war gewiss ein sehr intelligenter und zugleich selbstbewusster Mann, der von einer ziemlich unernsten Schul- und Collegezeit den Übergang ins britische Establishment mit entsprechender Protektion ohne große Hindernisse geschafft hatte.

Als er sich dann für eine Laufbahn in der Politik entschied, sah er sich sowohl in der Konservativen Partei als auch in verschiedenen Ministerien mit zahlreichen politischen Problemen konfrontiert. Doch blieb ihm die sozioökonomische Welt der Arbeiter und jener Mitbürger fremd, die immer wieder in großer Sorge um ihre wirtschaftliche Existenz schwebten. So mochte es mit seinem mangelnden Verständnis für das Leben in den heruntergekommenen Industriegebieten zusammengehangen haben, dass ihm auch als Premierminister die Antenne dafür fehlte, was in den minderbemittelten Schichten des Landes über die neoliberale Politik der Tories mit ihren Verbindungen zur Finanzwelt und zum adeligen Großgrundbesitz gedacht und gesagt wurde. Soweit es seine Einstellung zu Europa betraf, war er gegen die Schaffung einer europäischen Einheitswährung und auch gegen jeden weiteren Transfer von Souveränitätsrechten zur EU, stand aber unter dem starken Druck der radikaleren Euroskeptiker in seiner Partei. Als Premierminister musste er bemüht sein, alle Meinungen und Interessen zusammenzuhalten. Darüber hinaus wollte er in der EU bleiben, um sie von innen heraus zu reformieren.[3] Seine »weiche« Euroskepsis bedeutete jedoch, dass er keine Antwort auf die »harten« Brexiteers hatte, die die EU hassten und obendrein gegen Camerons Kürzungspolitik sowie gegen die angebliche Unterwanderung der Gesellschaft durch Einwanderer aus der EU sowie Afrika und Asien agitierten. Sie hatten ein besseres Gefühl dafür, was Arbeiter und Rentner bewegte und wie sie gegen Fremde und die Brüsseler Bürokratie zu mobilisieren waren. Camerons Strategie gründete sich auf Illusionen, die dann zu seiner »großen Fehlkalkulation« führten, 2016 ein Referendum abzuhalten.

Bei der Fremdenfeindlichkeit vieler Einheimischer schlug in der Wahlkampagne ein Phänomen durch, das in der Bundesrepublik auch in Sachsen-Anhalt zu beobachten war: Der Ruf nach Einwanderungsbeschränkungen war dort besonders laut, obwohl es dort kaum Fremde gab. In Großbritannien war dies ähnlich. Nicht weniger wirksam war die Propaganda der Brexiteers für die Wiedergewinnung der eigenen Unabhängigkeit von Brüssel. Die Kontrolle über das eigene Land zu haben, war gerade auch für eine ältere Generation so verlockend, die sich noch an den einstigen Freiheitskampf gegen Hitler und nostalgisch zugleich an das Empire erinnerte. Kurzum, bei den Brexiteers entstand aus den Ressentiments gegenüber den gegenwärtigen sozioökonomischen und kulturellen Zuständen ein seltsames Gemisch von Rechtfertigungen, während sie zugleich über den persönlichen und nationalen Abstieg haderten.[4]

Cameron konnte natürlich nicht ahnen, was für ein Chaos der Ausgang des von ihm initiierten Volksentscheids bis 2019 im Land anrichten würde, obwohl er vor der gefährlichen Dynamik eines Volksentscheids gewarnt worden war. Während die Brexiteers am Tag nach dem 23. Juni 2016 jubelten, befanden sich nicht nur die 48 Prozent, die in der EU bleiben wollten, im Schockzustand. Dass auch das Ausland sich große Sorgen machte, zeigte sich sofort daran, dass das Pfund Sterling 10 Prozent gegenüber dem Dollar verlor, sodass der Gouverneur der Bank of England, Mark Carney, die Devisenmärkte umgehend zu beruhigen versuchte.[5] Das war in der Tat sehr nötig. Denn als am 24. Juni der Londoner Aktienmarkt seine Geschäfte aufnahm, waren innerhalb weniger Minuten an die £100 Milliarden futsch. Am Ende des Tages war der FTSE um drei Prozent gefallen. Das Pfund verlor gar fünf Prozent.[6] Kein Wunder, dass Carney sofort zusagte, er werde alles tun, um die Rückwirkungen der Abstimmung auf die britische Wirtschaft zu mildern, was für den Augenblick dann auch gelang. Auch Schatzminister Peter Osborne stand mit seinen Kollegen in der G7-Gruppe in Verbindung, nachdem er vor dem Volksentscheid noch gemeint hatte, dass ein Brexit eine Rezession auslösen könnte.[7] Dass dies nicht übertrieben war, zeigte sich schon weiter oben bei der Analyse der Lage der Industrie und Banken.[8]

Auch die Regierungen der Nachbarländer reagierten, voran die irische in Dublin, die sofort anfragte, was aus der jetzt offenen Grenze zwischen der Republik Irland und Nordirland werden solle, über die seit Jahren ein intensiver zollfreier Handel ablief.[9] Aber auch die Schotten und Nordiren, die sich mehrheitlich für ein Verbleiben ausgesprochen hatten,[10] wollten wissen, ob zukünftige Entscheidungen über das Verhältnis zur EU allein in London gefällt werden würden oder ob man ein Mitspracherecht haben werde. Als es dann im Herbst 2016 so aussah, dass nur im Londoner Parlament über den Austritt abgestimmt und die schottische Regierung auf ein Abstellgleis gestellt werden würde, versuchte Nicola Sturgeon, die energische Erste Ministerin, dies mit einer Klage beim Obersten Gericht zu blockieren.[11] Sie hielt es für undenkbar, dass »die UK Regierung [in London] versuchen würde, die Schottische Regierung zu ignorieren oder deren Zustimmung nicht zu ersuchen«. Sie überging dabei allerdings die Tatsache, dass das britische politische System sehr stark auf London konzentriert war und Schottland bisher die Souveränität verweigert hatte. In der Waliser Abgeordnetenversammlung kam es zu ähnlichen Stellungnahmen, während den Nordiren von Theresa Villiers, der zuständigen Ministerin in London, jegliche Mitsprache verwehrt wurde, nachdem Sinn Féin einen Volksentscheid über die Zukunft der Provinz vorgeschlagen hatte.[12] Villiers erkannte sofort die Gefahr einer erneuten Abstimmung für das bisher (noch) Vereinigte Königreich, nachdem am 23. Juni immerhin 56 Prozent der Nordiren für ein Verbleiben in der EU gestimmt hatten.

In den EU-Ländern reagierte man insgesamt ziemlich verhalten. Zwar drückte Bundeskanzlerin Angela Merkel über den Wahlausgang ihr »tiefes Bedauern« aus und warnte vor »schnellen und simplen Schlüssen«.[13] Doch gab es auch viele, die ganz froh waren, sich in Zukunft nicht mehr mit den ewig fordernden und ewig skeptischen Briten herumschlagen zu müssen. Aber selbst Briten, die der Propaganda der Brexiteers geglaubt und daher mit ihnen gestimmt hatten, sollten schon bald zu spüren bekommen, dass der Austritt ihnen am Ende nicht die versprochene Freiheit bringen würde. Ein frühes warnendes Beispiel dafür waren die Nordseefischer, die sich immer wieder gegen die Fangquoten und die Brüsseler Fischereipolitik gestemmt und sich jetzt für die Wahlparole des »take back control« eingesetzt hatten.[14] Bereits im Herbst 2016 erfuhren sie von einer Kommission des Oberhauses, dass bei den Austrittsverhandlungen auch andere Interessen berücksichtigt werden müssten. Zwar, so hieß es, habe die Brexit-Entscheidung Hoffnungen für die Zukunft der Fischereiindustrie geweckt, diese seien aber nur »schwer zu erfüllen«.

Was immer an Jubel und Enttäuschung über die Entscheidung vom 23. Juni 2016 zu hören war, es war wichtiger, dass das Kabinett wieder handlungsfähig wurde. Denn am Tag nach dem Volksentscheid war Cameron verständlicherweise völlig niedergeschlagen. Es war auch klar, dass er die Konservative Regierung nicht werde weiterführen können. So trat er am 24. Juni um 8.30 Uhr sehr verknittert an das kleine Rednerpult, das vor seiner Haustür in der 10 Downing Street aufgestellt worden war. Er begann mit den Worten, dass er fest davon überzeugt sei, dass Großbritannien in der EU »stärker, sicherer und besser« dastehe.[15] Doch müsse die Entscheidung des britischen Volkes jetzt umgesetzt werden. Zugleich versicherte er den Investoren, dass die Wirtschaft gesund sei. Über seinen Rücktritt sagte er nur so viel, dass dieser auf dem Parteikongress der Konservativen im Oktober stattfinden werde. Dann stellte sich jedoch schnell heraus, dass die Partei nicht so lange warten wollte, zumal ein Kampf um die Nachfolge nicht lange auf sich warten ließ. Obwohl mehrere Kandidaten – darunter auch Boris Johnson – vor und hinter den Kulissen mit harten Bandagen kämpften, um Camerons Nachfolger zu werden, genügt es hier, das Ergebnis festzuhalten. Am 13. Juli 2016 wurde Theresa May, die bisherige Innenministerin, Vorsitzende der Konservativen Partei und Premierministerin. Ihre zwei Hauptaufgaben waren, einmal die Konservative Mehrheit im Unterhaus zu sichern, um daran anschließend Verhandlungen mit Brüssel über die Bedingungen zu beginnen, unter denen das Land nach Vollzug des Austritts seine zukünftigen Handelsbeziehungen mit den Europäern betreiben würde.

4.2 Theresa May und die Brüsseler Austrittsverhandlungen mit der EU

In Brüssel hatten sich die 27 anderen Mitgliedsstaaten relativ schnell auf eine Verhandlungsposition geeinigt und den Franzosen Michel Barnier als erfahrenen Verhandlungsführer nominiert. Auch gab es keine größeren Schwierigkeiten, unter den Mitgliedern und in der Brüsseler Bürokratie Experten zu finden, die mit den Komplexitäten der Handelsbeziehungen und mit den zahllosen Gesetzen und Verordnungen auf so gut wie allen Gebieten der verfassungsrechtlichen, wirtschaftlichen, sozialen und kulturellen Vereinbarungen einer über Jahrzehnte ablaufenden graduellen Integration vertraut waren. Insgesamt standen Barnier an die 450 Beamte zur Verfügung.[16] Im Vergleich zu diesem Expertenwissen hatte England zwar ebenfalls Männer und Frauen, die diplomatische oder Verwaltungsaufgaben in Brüssel wahrgenommen hatten. Aber ihre Zahl war vergleichsweise klein, und so wurden in London als erstes Fachleute aus anderen Ministerien in ein neues Brexit-Ministerium versetzt und aus Instituten und Universitäten weitere Experten angeheuert.

Nicht weniger wichtig war indessen, welche Minister May in ihr Kabinett berief, mit denen sie in die Verhandlungen mit der EU eintreten wollte. Sie hatte selbst zugesagt, dass sie das Land zum Austritt führen werde, obwohl sie zuvor an sich gegen diesen Schritt gewesen war. Nun hatte sie sich anders festgelegt und konnte nur zur Verwirklichung des Brexits schreiten. Boris Johnson, der sich schon seit Jahren offen und häufig sehr negativ über die EU geäußert hatte, übernahm das Außenministerium.[17] Doch war er auch von seiner früheren journalistischen Laufbahn her ein sehr schillernder und erratischer Politiker mit einem turbulenten Privatleben, und so wurden ihm hinfort nur alle anderen internationalen, diplomatischen Aufgaben außerhalb der EU übergeben. Die Brüsseler Verhandlungen legte May in die Hände von David Davis, einem ausgesprochenen Befürworter des Brexits, von dem zu erwarten war, dass er eine harte Linie verfolgen würde.

Liam Fox sollte die Handelsabkommen verhandeln, die beim Austritt nicht nur gegenüber der EU, sondern auch mit zahlreichen anderen Staaten abgeschlossen werden mussten; denn die Verträge, die die EU über viele Jahre hinweg auch für Großbritannien mit der übrigen Welt unterzeichnet hatte, verfielen mit dem Brexit. Fox übernahm gewiss eine Mammutaufgabe, allerdings mit dem in der Austrittspropaganda frohgemut verbreiteten Argument, dass das Land nun wieder die Freiheit haben werde, Handelsverträge ohne Brüssel und im eigenen nationalen Interesse abschließen zu können. Besonders hoffnungsvoll blickte man auf einen blühenden Handel mit den USA. Zwar hatte US-Präsident Donald Trump den Brexit begrüßt und zugleich Erwartungen für eine Wiederbelebung der »special relationship« geschürt; aber inzwischen war Trump dafür bekannt, dass er amerikanische Interessen rücksichtslos verfolgte, woraufhin Lee Hopley, der Chefökonom des britischen Unternehmerverbandes EEF, meinte: »Während viele Industrielle Fortschritte bei einem Handelsabkommen mit den USA begrüßen würden«, sei es »eine offene Frage, wie einfach« ein solcher Abschluss sein werde.[18] Zudem erhob sich die Frage, welche Güter ein Land, das seit Thatcher eine Deindustrialisierung durchgemacht hatte, den USA im Gegenzug an hochwertigen Exportwaren, die dringend benötigte Devisen zur Bezahlung von Importen einbrachten, hätte anbieten können. Und schließlich gingen noch 2015 rund 44 Prozent der Exporte in die EU. Es war mehr als fraglich, ob die USA die durch den Brexit zu erwartende Lücke würden füllen können und wollen. Auch Kanada und Australien als Commonwealth-Länder konnten kaum einen vollwertigen Ersatz bieten.

Hiernach machten sich die Experten in London und der EU an die Produktion von Positionspapieren und von quantitativen sowie qualitativen Studien in Vorbereitung auf die Verhandlungen. Soweit es die EU betraf, wollte man den Austritt so schnell wie möglich über die Bühne ziehen, um sich danach wieder ganz auf die Integrationsprobleme und -aufgaben der EU zu konzentrieren.[19] War die britische Austrittsentscheidung doch eine enorme Irritation. Man hatte sie sich nicht gewünscht, und es war klar, dass der Volksentscheid auch tiefgreifende Folgen für die übrigen Mitglieder haben würde.

Barnier drängte daher schon bald auf eine schnellere britische Behandlung eines geordneten Austritts, auf den sich die EU-27 geeinigt hatten, einschließlich der Bezahlung ausstehender Beitragsschulden und einer Lösung der Grenzfrage zwischen Nordirland und der Irischen Republik. Im Februar 2018 hatte man in der *Financial Times* dann den Eindruck, dass alles auf einen eher ungeordneten Brexit hinauslief.[20] Jedenfalls ging es auf den britischen Inseln nur langsam mit der Zusammenstellung von Kommissionen und Expertengruppen sowie den Verhandlungen mit den besorgten Schotten und Walisern voran. Ärgerlich war für die EU außerdem, dass May und ihre Berater offenbar mit harten Forderungen auftreten wollten, die Davis und sein Ministerium wohl absichtlich dadurch zu stärken suchte, indem sie die Einheitsfront der EU-27 zu untergraben versuchten. Dazu gab es zwei Ansätze, bei denen sich allerdings schnell erwies, dass May die Entschlossenheit der EU-Mitglieder, die Krise gemeinsam zu meistern, deutlich unterschätzt hatte. Zum einen hoffte sie, in Polen einen Hebel zu besitzen, von dem sie zu wissen glaubte, dass dieses große Land mit seiner nationalistischen Regierung in vielem mit Brüssel unzufrieden war.[21] Doch scheiterte diese Spalter-Strategie, weil man in London nicht richtig eingeschätzt hatte, wie verbittert die vielen in England arbeitenden polnischen Handwerker und andere Arbeiter waren, als ihnen nach dem Volksentscheid in diversen Orten, die für den Brexit gestimmt hatten, eine offene Fremdenfeindlichkeit entgegenschlug. So wurde den berühmt-berüchtigten »polnischen Klempnern« bedeutet, sie möchten doch bitte nach Hause gehen. Viele polnische Krankenschwestern kehrten dem obendrein unterfinanzierten National Health Service den Rücken. Erfolglos blieb auch ein anderer Ansatz, den May verfolgte. Sie hoffte, mit ihrer Kollegin, der einflussreichen Angela Merkel, ein stillschweigendes Bündnis zu schließen und damit in Brüssel eine Fürsprecherin zu finden.[22] Und selbst wenn Berlin nicht durchdrang, glaubte man, dass eine solche Kontaktaufnahme mit der Bundeskanzlerin Verdacht und Zwiespalt zum Vorteil der Briten säen würde. Vielleicht hatte May auch gemeint, Solidaritätsgefühle zwischen zwei Frauen zu schaffen, die sich weiterhin mit ihrer Politik in einer Männerwelt bewegen und durchsetzen mussten. Merkel wies allerdings jegliche Fühlungnahme höflich zurück. Der Zusammenhalt zwischen den EU-27, an dem auch sie arbeitete, hatte bei ihr im Interesse der gemeinsamen Zukunft eindeutig Vorrang. Auch Davis kam bei seinen Reisen nach Brüssel dort nicht gut an. Seine Forderungen wurden schnell nicht nur für unannehmbar gehalten. Vielmehr war auch die Arroganz, mit der sie vorgetragen wurden, einer guten Verhandlungsatmosphäre abträglich. Schien der Minister in den Augen Barniers und seiner Kollegen doch nicht zu verstehen, dass die Verhandlungsposition der EU einfach stärker als die Londons war. Über die Einheitsfront der EU erstaunt, entfachte May nun innenpolitische Ängste, dass ein von Brüssel oktroyiertes Abkommen für England lediglich das Risiko von höheren Steuern und von Arbeitsplatzverlusten mit sich bringen würde.

Infolge der Schwierigkeiten, das Vereinigte Königreich mit diversen Schachzügen im Innern auf eine Linie zu bringen, entstand auch die Frage, wann May endlich den Austrittsartikel 50 des Lissaboner EU-Vertrages in Bewegung setzen würde. Es bestand kein Zweifel, dass die EU-27 sich einem solchen Antrag nicht widersetzen würden, nachdem alle Regierungen im April 2017 Michel Barnier als ihrem Verhandlungsleiter das grüne Licht gegeben hatten. Es war wichtig, den Austrittsauslöser vereinbart zu haben, weil nach dem Brexit nur zwei Jahre zur Verfügung standen, um Vereinbarungen zu treffen, die das Verhältnis zwischen Großbritannien und der EU hernach regelten.

Als May daher am 29. März 2017 ihre Austrittserklärung nach Artikel 50 zusammen mit einem sechsseitigen Schreiben an Donald Tusk, den Vorsitzenden des EU-Rates, durch Sir Tim Barrow, den britischen Botschafter bei der EU, übergeben ließ, bedeutete dies, dass der Austritt nun zum 29. März 2019 Tatsache werden würde.[23] In dem Schreiben glaubte die Premierministerin außer der Scheidung zugleich die Tür zu einer umfassenden Vereinbarung der darauffolgenden Beziehungen aufzustoßen. Doch als Tusk zwei Tage später eigene Richtlinien veröffentlichte, musste er May mitteilen, dass solche Beziehungen erst dann verhandelt werden könnten, wenn England de facto kein EU-Mitglied mehr sei. Man könne sich bis dahin allenfalls über einen Gesamtrahmen des zukünftigen Verhältnisses verständigen. Dem würde dann der langwierige Prozess der Ratifizierung der nach dem effektiven Brexit getroffenen Vereinbarungen in allen beteiligten Ländern folgen. Kurzum, es würde noch Jahre dauern, bis die neue Ordnung unter Dach und Fach sein würde.

Inzwischen ging es darum festzulegen, wie sich die beiden Seiten bis zum 29. März 2019 über die unmittelbar zu lösenden Probleme des Brexits einigen würden, und darüber gingen die Meinungen in London den ganzen Winter über scharf auseinander. Diese Konflikte kamen um die Jahreswende 2016/17 durch einen Brief an die Oberfläche, als der britische Botschafter bei der EU, Sir Ivan Rogers, seinen Rücktritt einreichte und die Begründung seines Schritts durch Indiskretion an die Öffentlichkeit gelangte.[24] Der Diplomat hatte darin seiner Regierung »wirres Denken« vorgeworfen und davor gewarnt, die Komplexitäten des Brexits, mit denen er in Brüssel wohl vertraut war, zu unterschätzen. Der Hintergrund war wohl, dass ein hoher Beamter, der traditionsgemäß seiner Regierung ungeschminkten Rat zu geben verpflichtet war, zwischen das Machtgerangel geraten war, das in London unter den Politikern stattfand und nun zu Angriffen auf seine Position geführt hatte. Es nützte daher wenig, dass sich pensionierte Kollegen vor Rogers stellten. Entscheidender war es für Sir Ivans Schicksal, dass er May schon seit längerem mit seinen Depeschen irritiert hatte und sie ihn auch in dieser kritischen Stunde nicht unterstützte, weil sie und ihre Brexit-Minister einen Botschafter in Brüssel haben wollten, der Rat gab, den sie hören wollten. Dementsprechend hatte Lord [Nick] Macpherson den Eindruck, dass der Rücktritt von

Sir Ivan Teil einer absichtlichen, »totalen Zerstörung von EU-Expertenwissen« sei.[25] Es ist daher bezeichnend für die Kämpfe in London, dass eine Unterstützung von Sir Ivan nicht von dort kam, sondern von der EU-Kommission, die den »Verlust eines sehr professionellen und sehr gut informierten – wenn auch nicht immer einfachen – Gesprächspartners und Diplomaten« bedauerte.

Um ihre Machtposition auch nach innen zu stärken, griff May schließlich zu ihrem Privileg als Premierministerin, die Königin zu bitten, das Parlament aufzulösen, obwohl sie mit ihrer Konservativen Mehrheit noch drei Jahre lang hätte weiterregieren können.[26] Als Termin für die Neuwahlen wurde der 8. Juni 2017 festgelegt. Umfragen hatten nämlich ergeben, dass die Labour-Partei Sitze verlieren würde und auch die UK Independence Party (UKIP) unter Nigel Farage schlecht abschneiden würde. Gleiches galt für die Liberaldemokraten, die einen zweiten Volksentscheid befürworteten. Kurzum, May hoffte, die Zahl der Mandate ihrer Partei zu erhöhen und damit auch ihre Hand für Verhandlungen in Brüssel und die Zustimmung des Parlaments zu den schließlich ausgehandelten Austrittsbedingungen zu stärken. Im Wahlmanifest stand daher, dass dieses Programm »uns durch den Brexit und die Zeit danach schleusen« werde.[27] Noch am 5. Juni verkündete May in einer Wahlrede, dass »jede für sie abgebene Stimme eine Stimme zur Stärkung ihrer Hand in den Brexit-Verhandlungen« sei.

Als am 8. und 9. Juni die Stimmzählung abgeschlossen war, hatten die Konservativen 40 Sitze verloren. Labour hatte zehn Sitze gewonnen, und auch die UKIP war stärker geworden. May musste, um mit einer Mehrheit überhaupt weiterregieren zu können, eine Koalition mit der protestantisch-nordirischen »Democratic Union Party« (DUP) und ihren zehn Abgeordneten eingehen. Auch das war ein Zeichen ihrer auf Fehlkalkulationen beruhenden politischen Schwäche. Noch vor den Wahlen hatte May einen Bericht in Auftrag gegeben, wie sie den Austritt bewerkstelligen wollte. Doch nach der verlorenen Wahl musste sie eingestehen, dass sie die darin enthaltenen Empfehlungen nicht werde verwirklichen können. Wie sie nun zugab, hatte sie noch eine klare Mehrheit hinter sich, als sie den Bericht in Auftrag gab. Jetzt konnte sie nur an alle Parteien appellieren, ihr mitzuteilen, wie sie die Herausforderungen, vor denen das Land stand, behandelt sehen wollten.[28] Durch Diskussion – dem »Kernmerkmal unserer parlamentarischen Demokratie« – könnten Vorschläge zum Brexit geklärt, verbessert und dann ein Weg nach vorn gefunden werden. Mit diesem Schachzug konnte May die Gefahr, dass sie infolge des Wahlausgangs zum Rücktritt gezwungen werden könnte, wie einige es verlangten, verhindern und erklären, dass es im kommenden Herbst nur darum gehe, die Verhandlungen mit Michel Barnier abzuschließen.

Zu allem Überfluss hatte sie sich außerdem zur Gefangenen einer sehr gefährlichen Zusage gemacht: Sie verkündete, dass sie lieber ohne irgendeine Vereinbarung aus der EU ausscheiden wolle, als mit einem schlechten Brexit-Vertrag vor das Unterhaus und das ihr noch weniger wohlgesinnte Oberhaus zu treten.[29] Auf die Konsequenzen dieser Stellungnahme werden wir weiter unten zu sprechen kommen, als Boris Johnson ihr Nachfolger wurde. Ein weiterer Entwurf, den May umgehend einbringen musste, war das Gesetz, mit dem alle EU-Gesetze für Großbritannien widerrufen wurden. Experten zufolge ging es dabei um rund 1.000 Einzelbestimmungen.

Inzwischen hatte der liberale *Guardian* drei Themen formuliert, die in Brüssel vorrangig verhandelt werden müssten:[30] die Rechte von Bürgern der EU und Großbritanniens in den zukünftig getrennten Rechtsbereichen; die der Grenze zwischen Nordirland und der Irischen Republik, und drittens die Begleichung bestehender Schulden Englands gegenüber der EU, wozu Außenminister Johnson schnippisch meinte, die EU-Kommission solle sich aufs Pfeifen verlegen, wenn sie aus England Geld herausholen wolle.[31] Er wurde daraufhin von einem Mitglied des Brexit-Ministeriums mit einer herablassenden Bemerkung über Johnsons undiplomatischen Stil zurückgepfiffen: Davis und May, nicht Johnson, leiteten die Verhandlungen mit Brüssel. Es war aber auch bezeichnend, dass Davis den harten Brexiteer Stewart Jackson zu seinem Stabschef ernannte, der in den Wahlen seinen Sitz in Peterborough im eher proeuropäischen Cambridgeshire verloren hatte.[32] Indessen gab es noch viele andere wichtige Themen. Gerade britische Naturwissenschaftler machten sich Sorge, was etwa aus dem Vertrag über EURATOM werden würde.[33] Derweil meldeten sich die Ärzte zur Frage, wie nach dem Brexit die Versorgung mit Medikamenten gesichert werden solle.[34] Um dies alles auszusortieren, hatte das Schatzministerium inzwischen £400 Millionen zur Seite gelegt und mehrere Hundert Experten eingestellt.

Spannungen und Machtkämpfe spielten sich nicht nur zwischen den Ministern und Konservativen Abgeordneten ab, sondern spalteten auch die Labourpartei. Sadiq Khan, der Bürgermeister der Millionenstadt London, die für ein Verbleiben gestimmt hatte, meinte, dass seine Partei einen Brexit verhindern könne, womit er in den eigenen Reihen lediglich die Brexiteers auf den Plan rief.[35] Doch war dies alles weniger schwerwiegend als das, was sich im Kabinett an Konflikten zusammenbraute, als das Problem der irischen Grenze in den Brüsseler Verhandlungen auf die Tagesordnung kam. Schon länger hatte Barnier darauf hingewiesen, dass auf der irischen Insel zwischen dem Norden und der Republik wieder Zollkontrollen und auch Grenzstreifen eingeführt werden müssten. Die Dubliner Regierung gewann im Herbst 2017 den Eindruck, dass May und Davis ein Verständnis für die Bedeutung dieses Problems fehle.[36] Dank der EU war der Grenzverkehr ohne Zollschranken sehr intensiv geworden. So fuhren 2,4 Millionen Fahrzeuge jeden Monat über eine zollfreie Grenze, die an den 200, zum Teil sehr schmalen Übergängen oft kaum noch zu erkennen war. Leo Varadkar, der irische Regierungschef (Taoiseach) in Dublin, bestand daher auf einer Erklärung von May, dass die bisherigen Grenzarrangements aufrechterhalten blieben.[37]

Eine solche Verpflichtung konnte May indessen nicht abgeben, weil die Brexiteers in den eigenen Reihen auf klaren Grenzziehungen bestanden, die ja nicht nur den Warenaustausch sichern sollten, sondern auch den Personenverkehr, den sie gegen die angebliche Überfremdung durch Immigranten verlangten, die infolge der EU-Freizügigkeitsgesetze auch nach Nordirland und somit nach Großbritannien einreisen konnten. Der frühere Premier der Irischen Republik, John Bruton, schaltete sich daher im Oktober ein, indem er auf einen Absatz in Artikel 50 des Lissaboner Vertrages hinwies, demzufolge die jetzt geltende zweijährige Karenzzeit bis zum 29. März 2019 um vier weitere Jahre verlängert werden konnte.[38] Bruton meinte, dass innerhalb dieser zusätzlichen Jahre nicht nur die Austrittvereinbarung, sondern auch die weiteren Verhandlungen über das gegenseitige Verhältnis vor allem im Hinblick auf die irische Grenze nach dem Brexit ausgehandelt werden könnten. Der Vorschlag starb, weil May und die Brexiteers diese Lösung grundsätzlich ablehnten. Sie wollten einen baldigen und klaren Bruch.

Inzwischen waren die Verhandlungen in Brüssel weitergelaufen. Mochte man auch Fortschritte bei den vielen minderwichtigen Problemen des Austritts gemacht haben, die Frage des Grenzverlaufs in Irland blieb weiterhin die härteste Nuss, die es zu knacken galt. Hinzukam, dass nicht nur May und auch Jeremy Corbyn, der euroskeptische

Führer der Labour Party, durch die endlosen Sitzungen, Reisen nach Brüssel und das Hin und Her, völlig erschöpft waren.[39] Obendrein schalteten sich auch diejenigen mit immer neuen Vorschlägen ein, die verbleiben wollten und einen zweiten Volksentscheid anstrebten. Ihr Argument war, dass die Wähler bei der ersten Abstimmung keine Ahnung gehabt hätten, wie kompliziert die Trennung sein würde. Und schließlich verbreitete sich das Gefühl, dass Barnier und seine Kollegen im Gegensatz zu ihren Verhandlungspartnern aus London ein klares Ziel hatten und die Briten dauernd ausmanövrierten. Vor diesem Hintergrund kam die Frage auf, ob man nicht eine norwegische Lösung für Großbritanniens Beziehung zur EU finden könne.[40] Oslo hatte sich nie der EU angeschlossen und seine eigene Währung behalten. Zugleich aber erkannte es die Handels- und Freizügigkeitsregeln der EU an. Aber auch diese Idee blieb in London stecken. So gewann im Sommer 2018 in London der Plan an Boden, dass England ohne ein Abkommen einfach aus der EU austreten sollte.

Inzwischen hatte der Berliner Journalist Stefan Richter im Sommer 2018 das Haupthindernis für eine Vereinbarung noch einmal auf den entscheidenden Punkt gebracht: In London, so schrieb er, bestehe der »fundamentale Irrtum«, dass man glaube, mit den EU-Partner auf gleicher Ebene zu verhandeln.[41] Stattdessen handele es sich um den Austritt eines Mitglieds aus einem Klub, bei dem dieses Mitglied weiterhin die Vorteile der Mitgliedschaft genießen, aber keine Mitgliedsbeiträge zahlen wolle. Und als ob diese Erwartung »nicht atemberaubend genug« sei, das Mitglied wolle auch im Klubvorstand vertreten sein und möglichst noch ein Vetorecht beanspruchen. Richter hielt diese Verhandlungsposition schlicht für tollkühn, wenn nicht gar arrogant. Sie lasse »das übrige Europa sprachlos«. Angesichts solcher Blockaden und des Herannahens des 29. März 2019 wurde im Sommer 2018 die sogenannte »No-Deal«-Lösung ernsthafter diskutiert, mit der May schon im Vorjahr gedroht hatte, die ihre Gegner in der eigenen Partei aber geradezu ansteuerten. Weiterhin lavierend, hatte die Premierministerin inzwischen Davis, der als harter Brexiteer das eigens geschaffene »Department for Exiting the European Union« noch mehr auf diese Linie bringen wollte, durch Dominic Raab ersetzt. Einige ihrer Minister wie Michael Gove drängten May dagegen, die Verhandlungen mit Barnier auf einen »weichen« Austritt auszurichten, zugleich jedoch mit internen Planungen für einen »No Deal« zu beginnen.[42] Waren dafür doch Vorbereitungen zu treffen, indem man für den zu erwartenden Stopp von Importen aus der EU und dem darauffolgenden Chaos Vorratslager mit Lebensmitteln und Medikamenten anlegte.

4.3 Die Suche nach einer Parlamentsmehrheit für Mays Vereinbarungen mit der EU

Auf der Suche nach einer »weichen« Lösung waren Mays Verhandlungen bis zum Herbst 2018 schließlich so weit gediehen, dass sie am 22. November verkünden konnte, mit der EU eine Vereinbarung getroffen zu haben, die sie dem Parlament als dem wichtigsten Entscheidungsgremium vorlegen wolle. Dieses Dokument enthielt auch einen Lösungsvorschlag für die Grenze zwischen Nordirland und der Irischen Republik, die sie als »back-stop« bezeichnete. Gemeint war damit, dass die Irische See zur neuen Visums- und Zollgrenze wurde, sodass die auf der Insel liegende Grenze offenblieb und der dortige Handel wie bisher weiterlaufen konnte. Indessen dauerte es keine zwei Tage, bis sie mit einer weiteren Krise konfrontiert war. Vier ihrer Kabinettskollegen traten zurück und Jacob Rees-Mogg, ein besonders »harter« Brexiteer, bereitete den Sturz von May vor.[43] Einer seiner Verbündeten war der im Juli 2018 ausgeschiedene Außenminister Boris Johnson.

Zwar gelang es dieser Fronde nicht, May zu stürzen; doch als die Premierministerin die Vereinbarung mit Brüssel dem Unterhaus am 5. Dezember 2018 vorlegte, wurde sie mit einer großen Mehrheit von 230 Stimmen abgelehnt.[44] Weiterhin auf der Suche nach einer Lösung reiste May erneut zu Barnier, in der Hoffnung, kleine Verbesserungen zu erreichen. Im Februar 2019, nur wenige Wochen vor dem Schlusstermin, dem 29. März, unterbreitete, sie diesen weiteren Vertragsentwurf erneut dem Parlament. Ein Misstrauensantrag, den die Labour-Partei eingebracht hatte, wurde zwar abgelehnt; doch ihr Entwurf wurde wiederum mit einer großen Mehrheit niedergestimmt. Da die Brexit-Uhr ablief, aber eine Mehrheit weiterhin keinen einfachen »No-Deal«-Austritt wollte, stimmte die EU einer Verlängerung des Schlusstermins bis zum 31. Oktober 2019 zu. Es bestand in Brüssel weiterhin die Hoffnung, dass man einen »Deal« erreichen könne. Freilich war es London auch jetzt nicht möglich, die Einheitsfront der EU-27 aufzubrechen. In Brüssel wurde May erneut gesagt, dass sie alle doch gemeinsam eine gültige Vereinbarung getroffen hätten. Es sei jetzt an

Großbritannien, diese im Parlament zu ratifizieren. Als May nach ihrer Niederlage dies erneut versuchte und wiederum keine Mehrheit fand, warf sie das Handtuch und trat zurück.[45] Damit begann als erstes in der Konservativen Partei der Kampf um ihre Nachfolge. Unter den Kandidaten, die gehandelt wurden, war schon im Mai 2019 in der Presse der Name Boris Johnson aufgetaucht. Am 24. Mai hatte dieser selbstbewusst gegenüber der Presseagentur Reuters erklärt, dass ein neuer Premierminister die Chance habe, die Dinge anders anzupacken und mit der Energie einer frischen Regierung an die Arbeit zu gehen.[46] Er fügte hinzu, dass »wir die EU am 31. Oktober verlassen werden, deal or no-deal«. Das beste Rezept, noch einen für England guten Deal zu bekommen, sei das Drohmittel, aktiv einen »No-Deal« vorzubereiten. Darüber hinaus gab Johnson deutliche Hinweise, dass er meinte, die Handelslücke, die ein vertragsloses Verlassen der EU reißen würde, durch ein Abkommen mit den USA schließen zu können. Zwar hatte er sich früher einmal sehr kritisch über US-Präsident Donald Trump geäußert, den er während seiner Zeit als Außenminister getroffen hatte; doch jetzt hatte er diesen vor kurzem gelobt, woraufhin der für Schmeicheleien immer empfängliche Herr des Weißen Hauses Johnson als seinen »Freund« bezeichnete.[47] Johnson, so setzte er hinzu, gäbe »einen großartigen Premierminister« ab, der seine Aufgaben gut meistern würde. Es ist hiernach nicht verwunderlich, dass Johnson nicht nur auf gute Handelsbeziehungen mit Washington hoffte, sondern dass er sich auch der gegen Iran gerichteten Politik Trumps anschloss und diskret Trumps Animus gegen die EU unterstützte.

Allerdings war beiden Politikern die Neigung gemeinsam, bei ihren öffentlichen Auftritten schlicht Unwahrheiten zu verbreiten oder eine erstaunliche Ignoranz über die jeweilige Lage an den Tag zu legen. Soweit es Johnson betraf, führte er die Wähler in die Irre, als er behauptete, ein Austritt aus der EU würde pro Woche £ 50 Millionen freimachen, die in den National Health Service investiert werden könnten, was ausgerechnet Nigel Farage für einen »Fehler« hielt.[48] Mitte Juli 2019 schwang Johnson auf einer Veranstaltung anlässlich seines Führungswettbewerbs gegen Jeremy Hunt einen geräucherten Hering von der Isle of Man um sich, dessen Vermarktung angeblich durch die Brüsseler Bürokratie erschwert werde.[49] Unter dem Beifall der Menge versprach er, den Fischverkauf von den Fesseln der EU-Regulierung zu befreien. Hernach musste er sich allerdings sagen lassen, dass die Beschränkungen in diesem Fall nicht von der EU auferlegt worden seien, sondern von den britischen Behörden. Was ihm anstelle dieser Unwahrheit bei den Brexiteers eher gutgeschrieben wurde, war, dass Johnson einmal mehr gegen die Brüsseler Bürokratie gewettert hatte.

4.4 Der Aufstieg von Boris Johnson

Als Boris Johnson sich um Mays Nachfolge bewarb, geriet es ihm sicherlich zum Vorteil, dass er mitreißend, wenn auch eher luftig reden konnte. Als er daher mit Jeremy Hunt zu einer Fernsehdebatte antrat, in der sein Rivale schwächer abschnitt, musste Johnson zur Erringung der May-Nachfolge nur noch eine für das ungeschriebene britische Verfassungssystem recht niedrige Hürde überwinden: Während Millionen von Wählern zuschauten, besaßen nur die 160.000 eingeschriebenen Mitglieder der Konservativen Partei das Recht, den neuen Premierminister zu wählen. Gerade einmal 90.000 von ihnen gaben schließlich ihre Stimme ab und entschieden sich gegen Hunt für Johnson.[50] Sein schwerwiegendster Entschluss war längst gefasst: das Land unter allen Umständen aus der EU herauszunehmen, selbst für den Fall, dass neue Verhandlungen mit Brüssel zu keiner verbesserten Vereinbarung führten als jener, die May erreicht hatte. Kaum im Amt, telefonierte er mit Angela Merkel und anderen prominenten Europäern. Er flog nach Brüssel und stieß überall mit seinen ultimativen Forderungen auf Granit. Da er auch den irischen »back-stop« streichen wollte, sagte ihm Varadkar, dass »Begeisterung kein Ersatz für eine Europapolitik« sei. Dann setzte er hinzu, dass die Annahme, die EU würde Dublin im Stich lassen, vollkommen haltlos sei.[51]

Unter diesen Umständen musste es Johnson darauf ankommen, ein Kabinett zusammenzustellen, in dem es keine Zweifler an seinen Zielen gab. Als erstes kam es daher zu einem großen Aufräumen in der von May zusammengestellten Regierung.[52] Nicht weniger als 15 Minister und Prominente der Exekutive wurden kurzerhand entlassen oder gingen zuvor aus eigenen Stücken. An ihre Stelle trat jetzt der einstige Brexit-Minister Raab als Außenminister. Priti Patel wurde Innenministerin und Sajid Javid Schatzkanzler. Michael Gove, der Johnson einst abgetan hatte, wurde als harter Brexiteer als Chancellor of the Duchy of Lancaster ins Cabinet Office geholt. Die für den neuen Geist in der Regierung wohl bezeichnendste Nominierung war jedoch Dominic Cummings, den Johnson direkt zu sich in die Downing Street holte.[53] Cummings hatte sich mit seiner groben Art schon lange viele Feinde gemacht. Er hatte unter Gove als dessen politischer Ziehsohn im Erziehungsministerium gearbeitet, wo Cameron seine Hemdsärmeligkeit aufgefallen war und Gove ihn gelegentlich gar zu einem »Berufspsychopathen« stempelte. Diese alten Zeiten waren jetzt vergessen, sodass mit Gove und Cummings zwei harte Brexiteers in die Downing Street einzogen.

Im Unterhaus konnten sie der Unterstützung von Jacob Rees-Mogg sicher sein, der zum neuen »Leader« des Unterhauses ernannt wurde.[54] Aus einer bekannten Oberklassen-Familie stammend und in Eton erzogen, war er politisch erzkonservativ, hatte aber von Thatchers Neoliberalismus als Mitgründer von »Somerset Capital Management«, einem weltweit operierenden Investmentfonds, so sehr profitiert, dass er Millionär war. Der sichere Wahlbezirk von North East Somerset entsandte ihn 2010 ins Unterhaus, wo er viele Reden zu allen möglichen Themen hielt. Er sprach sich gegen Abtreibung selbst in Fällen von Vergewaltigung sowie gegen die Homosexuellenehe aus. Unter den Brexiteers gehörte er zu denen, die die EU grundsätzlich ablehnten, und als Vorsitzender der European Research Group stand er einem Kreis von Tory-Hinterbänklern vor, die einen harten Brexit propagierten. In Westminster hatte er den Spitznamen »des ehrwürdigen Vertreters für das 18. Jahrhundert«.

Gegen diese Radikalen meldete sich prompt die Industrie zu Wort, die – wie gezeigt – schon auf den Volksentscheid alarmiert reagiert hatte. In der Sorge über die wirtschaftlichen Folgen einer »No deal«-Austrittslösung warnte Carolyn Fairbairn, die Generaldirektorin der Confederation of British Industries (CBI), erneut vor deren katastrophalen Folgen.[55] Zugleich sprach sie Johnson gegenüber schmeichelnd von der Chance, die er habe, die britische Wirtschaft neu zu beleben und der Welt zu zeigen, dass das Land für Investoren weiterhin offen sei. Dagegen musste es für diese Investoren wenig ermutigend sein, in der *Financial Times* vom 11. September 2019 zu lesen, dass BMW die Fließbänder »Mini« in seinen Werken in Cowley bei Oxford am 31. Oktober für mindestens zwei Wochen ohne Bezahlung der Belegschaft von 4.500 stoppen wollte.[56] Den ersten Stopp hatte die Werksleitung im April verfügt, diesmal allerdings noch mit Lohnfortzahlung. Wie Nicolas Peter, der Finanzchef, jetzt erklärte, könne man einen bezahlten Urlaub nicht ein zweites Mal tragen, sodass die »Kollegen« den Einkommensverlust diesmal selbst auf sich nehmen müssten. Auch Ralph Speth, Vorstandsvorsitzender von Jaguar Land Rover, wollte die im April eingelegten bezahlten Feierschichten nicht wiederholen. Stattdessen heuerte er 40 Mitarbeiter an, nicht um mehr Autos zu verkaufen, sondern um Brexit-Probleme lösen zu helfen. Nur auf drei Gebieten zeigten ausländische Investoren Interesse: bei Spielwaren und Unterhaltung (insbesondere Madame Tussauds), bei Brauereien mit deren ausgedehntem Netz an Bierlokalen und drittens bei der Satellitentechnologie.[57] Die Frage war nur, wie mit solchen Übernahmen die Herstellung von lukrativen Industriegütern erhalten und verstärkt werden sollte. Das fragten sich trotz des Optimismus der CBI-Chefin Carolyn Fairbairn offenbar auch die Bankiers in der City.[58]

Auch die Gewerkschaften zeigten sich über Johnsons Aufstieg beunruhigt. Wie Frances O'Grady, die Generalsekretärin des Trade Union Congress (TUC), es formulierte, würde bei einem harten Austritt aus der EU »die arbeitende Bevölkerung am Ende den Preis zahlen«.[59] Noch alarmierender waren Zeitungsberichte, dass es selbst im Falle eines »weichen« Brexit an den Häfen zu starken Verzögerungen und Engpässen bei Lebensmitteln und Medikamenten kommen würde. Bei einem »harten« Brexit, den viele ja wollten, wäre das Chaos bei den Zoll- und Einwanderungsstellen noch größer, da auf beiden Seiten sodann Zollerklärungsformulare ausgefüllt werden und Kontrollen stattfinden mussten, für die kaum Vorbereitungen getroffen waren. Wo sollte da eine neue Wohlstandswelle herkommen? Lebten doch schon jetzt 14 Millionen Briten in Armut, davon sieben Millionen gar in Dauerarmut.[60]

Als Johnson nach seiner Amtsübernahme nach Brüssel fuhr, stieß er dort zunächst auf ein Nein zu jeglichen Abänderungen an dem von May ausgehandelten Entwurf. Vorläufig abgeblitzt, konzentrierte sich der Premierminister hiernach mit seinen Kollegen auf die Vorlage eines innenpolitischen Programms, von dem sie glaubten, dass sie damit Stimmgewinne erzielen würden, wenn Neuwahlen ausgeschrieben wurden. Unter anderem sprach Johnson von Investitionen im Wohnungsbau, einer Erweiterung des Eisenbahnnetzes im Norden und Geld für Wissenschaft und Bildung. Schatzminister Javid redete von £100 Milliarden für Infrastrukturverbesserungen. An die 20.000 Polizisten sollten rekrutiert werden, und alles sollte über eine noch größere Staatsverschuldung finanziert werden.[61] Da Johnson jedoch versprochen hatte, den Austritt so oder so bis zum 31. Oktober 2019 abzuschließen, war nicht viel Zeit zur Programmformulierung, wenn die Wahlen vor diesem Datum stattfinden sollten. Um diesen Schritt ohne Debatten im Parlament tun zu können, kündigte der Premierminister an, das Unterhaus für fünf Wochen nach Hause zu schicken. Nach der auf Gewohnheitsrecht beruhenden ungeschriebenen Verfassung war dies zwar für einige Tage möglich.[62] Die beabsichtigte längere Beurlaubung rief bei vielen Abgeordneten indessen sofort den Verdacht wach, das Kabinett wolle unter Umgehung des Parlaments zum Austritt als einem Fait Accompli schreiten.

Es begannen daraufhin sehr dramatische Tage in der Downing Street, wo die radikalen »No-Deal«-Brexiteers eine solche Lösung vorbereiteten und jegliche Rebellion gegen diese Pläne in der eigenen Partei zu blockieren versuchten. Dies geschah vor dem Hintergrund der Absicht Johnsons, in den fünf Wochen parlamentarischer Stille zum einen erneut mit Brüssel zu verhandeln. Zum zweiten wurden diverse Wahlgeschenke identifiziert, aufgrund derer der Premierminister vor dem 31. Oktober, dem angekündigten »Brexit«-Datum, in einer Blitzwahl eine ihn unterstützende Mehrheit gewinnen wollte, um sich sodann den geplanten Austritt von einer Parlamentsmehrheit bestätigen zu lassen. Umfragen hatten nämlich ergeben, dass 54 Prozent der Wahlberechtigten weiterhin für einen Brexit waren, unter ihnen auch einige, die von den Kämpfen im Unterhaus arg frustriert waren und in erster Linie endlich eine klare Lösung zu sehen wünschten. Doch stand dieser Lösung ein 2010 verabschiedetes Gesetz entgegen; es besagte, dass eine Neuwahl nur dann ausgerufen werden könne, wenn zwei Drittel der Abgeordneten dafür stimmten, was 2019 ganz unwahrscheinlich war.[63] Bei den Konservativen begann nun ein großes Wehklagen darüber, dass dieses unter Camerons Koalition mit den Liberaldemokraten vereinbarte Gesetz keine vorzeitige Untergangsklausel enthielt und somit weiterhin gültig war.

Als das Unterhaus nach der Sommerpause am 3. September 2019 zusammentrat, wusste Johnson aber auch, dass dort jetzt eine Revolte gegen einen radikalen »No-Deal«-Brexit am 31. Oktober bevorstand, nachdem er verkündet hatte, dass er für die Einhaltung dieses Termins »im Graben sterben« wolle.[64] Er drohte daher, dass er in diesem Fall seine eigenen Tory-Kollegen aus der Partei werfen und Wahlen ausrufen würde, wenn sie für eine weitere Verschiebung des Austrittstermins bis Ende Dezember stimmten. Diese Drohungen verprellten sogar einige Konservative, die an sich für den Austritt waren, dermaßen, dass sie sich entschlossen, mit der Opposition zu gehen. Bei seiner Stellungnahme am 4. September merkte Johnson daher, dass seine Mehrheit auf eine Stimme schrumpfen würde und seine Kritiker zusammen mit den anderen Parteien eine Terminverschiebung durchsetzen konnten. Nicht weniger als 21 Tories schlossen sich der Blockade von Johnsons Austrittstermin an, darunter auch Sir Christopher Soames, der Enkel von Winston Churchill.[65] Er fand einige sehr kritische Worte über Rees-Mogg, den »Speaker«, der sich in dem Aufruhr während der sehr lauten Debatte mit einer für ihn typischen Arroganz auf der Regierungsbank lang ausgestreckt hatte.[66] Angesichts der Verschiebung des Austrittstermins glaubte Johnson, nun keine andere Wahl zu haben, als die 21 Abtrünnigen aus der Partei auszuschließen, woraufhin er seine Mehrheit im Parlament gänzlich verlor. Bei der von ihm abgelehnten Verlängerung des Austritts bis zum Jahresende erlitt er auch in der zweiten und dritten Lesung eine peinliche Niederlage, und sein Versuch, eine Blitzwahl zu erzwingen, scheiterte ebenfalls.

4.5 Der verzweifelte Kampf um einen weichen Brexit

An sich hätte der Premierminister jetzt zurücktreten müssen. Allerdings gab es dafür keine verfassungsrechtliche Vorschrift, sondern nur eine gewohnheitsrechtliche Tradition, die der Premierminister ignorieren konnte. Ähnlich stand es mit seinem Plan, das Parlament für fünf Wochen nach Hause zu schicken. Der Königin blieb nach der ungeschriebenen Verfassung zuerst keine andere Wahl, als Johnsons Antrag auf eine Schließung des Parlaments zu unterzeichnen. In diesen fünf Wochen einer Zeit ohne tägliche Sitzungen, Fragestunden und Debatten hoffte er in Brüssel doch noch eine Verbesserung des Austrittsabkommens auszuhandeln, die er dann als Rechtfertigung für einen »weichen« Brexit präsentieren konnte. In Vorbereitung auf einen solchen »Deal« fuhr Johnson Mitte September zu Juncker nach Luxemburg, drohte im Voraus aber wieder mit einem harten Austritt, wenn die EU-27 lediglich bei dem alten, von May ausgehandelten Entwurf blieben. Was ihn offenbar ermunterte, zu einem solchen Kraftakt anzutreten, waren die neuesten Umfrageergebnisse. Danach lagen die Tories weiterhin vor Labour, den Liberaldemokraten und der Brexit-Partei. Dank des Wahlrechts konnte Johnson daher mit einer Mehrheit rechnen, zumal sich auch viele Anhänger der Labour-Partei für einen Austritt aussprachen.[67] Kurzum, es ging weiterhin um eine endgültige Brexit-Entscheidung, bei der deren Gegner wie zuvor in der Minderheit waren.

Gleichwohl war der Premierminister als Politiker umsichtig genug, um sich Sorgen zu machen, dass er schon nach zwei Monaten seine Stellung wieder verlieren könnte, nachdem es im Parlament am 10. September 2019 zu »beschämenden« Szenen gekommen war. Schlimmer noch: Nicht weniger als 21 prominente Abgeordnete seiner Partei rebellierten gegen eine von Johnson angepeilte Blitzwahl vor dem Oktober-Austrittstermin, egal ob bis dahin eine Vereinbarung zustande gekommen war.[68] Johnson machte daraufhin von seiner Machtposition in der Konservativen Partei Gebrauch. Er verstieß die Neinsager kurzerhand und verweigerte ihnen auch eine Wiederaufstellung bei den Tories in den nächsten Wahlen. Ohne jegliche Parlamentsmehrheit weiter im Amt suchte er nun nach Themen, die sich für eine Wiederaufnahme von Verhandlungen mit Brüssel eigneten. Er wusste, dass in der EU weiterhin die Hoffnung bestand, dass doch noch ein Kompromiss zustande kommen und ein vertragsloser harter Brexit zum 31. Oktober vermieden werden könnte. Da die Frage der Grenze zwischen Irland und Nordirland weiterhin die brennendste war, stand der Premierminister unter Druck, die zehn obstinaten Abgeordneten der DUP fallen zu lassen. Schließlich hatte er ohnehin keine Mehrheit mehr und hoffte, diese nun durch eine Blitzwahl wiederzugewinnen. Sofern er zugleich eine bessere Vereinbarung mit der EU erreichte, glaubte er, mit seiner neuen Mehrheit den »Deal« noch Ende Oktober unter Dach und Fach bringen zu können. Schlugen die Verhandlungen in Brüssel fehl, wollte er das Land ohne eine Vereinbarung und ein Übergangsabkommen aus der EU einfach herausreißen.

Angesichts dieser Entwicklungen gewann man in der EU den Eindruck, als ließe sich vor allem eine Vereinbarung hinsichtlich der irischen Grenze finden.[69] Barnier war in seiner Position als Verhandlungsführer verblieben und hatte schon seit langem den Plan entwickelt, auf jeden Fall eine harte Grenze zwischen Dublin und Belfast zu verhindern. Aus Brüssel kamen auch andere Hinweise, dass man darüber reden wolle. Durch das Nach-Hause-Schicken des Parlaments in Westminster meinte Johnson jetzt fünf Wochen zu derartigen Vertragsverhandlungen mit der EU zur Verfügung zu haben. Derweil hatte das Parlament vor seiner Prorogation noch Zeit gehabt, ein Gesetz zu verabschieden, das Johnsons Austrittstermin vom 31. Oktober um zwei Monate auf den 31. Dezember verschob.

Doch dann kam nach seinen Abstimmungsniederlagen im Parlament aus Schottland ein großer Schock: Die schottische Regierung, die ja gegen den Austritt war, zog vor den dortigen Gerichtshof, der die erzwungene Pause des Parlaments für illegal erklärte.[70] Johnson rief daraufhin den Obersten Gerichtshof in London an, in der Hoffnung, dass dieser die Entscheidung seiner Regierung aufrechterhalten würde. Und solange dessen Beschluss offen war, konnte Johnson seine Suche nach einem »weichen« Brexit fortsetzen. Doch nur wenige Tage nach der schottischen Entscheidung erklärten die elf Richter des Obersten Gerichtshofs die Prorogation einstimmig für illegal.[71] Johnson habe die Königin mit falschen Angaben zu ihrer Unterschrift gebracht. Obwohl er in den täglichen Debatten im sofort wieder einberufenen Parlament vor seinen scharfen Kritikern Rede und Antwort zu stehen hatte, war bis zum endgültigen Austrittstermin gleichwohl noch Zeit.[72]

May hatte dereinst mit Barnier eine Lösung ausgehandelt, die das gesamte Großbritannien für weitere Jahre in der EU-Zollunion beließ. Für diese Lösung hatte sie jedoch trotz mehrerer Anläufe in Westminster keine Mehrheit gefunden. Auch die Alternative, die Grenze inmitten der Irischen See zu ziehen und den Verkehr zwischen der Republik und Nordirland ungehindert fortzusetzen, erwies sich vor allem für die protestantische DUP als unakzeptabel, von deren zehn Sitzen May nach der verlorenen Wahl von 2018 abhängig war. Johnsons Lage war indessen jetzt eine andere, und so erschien ein »backstop«, der die Irische See zur Grenze machte, erneut auf der Brüsseler Tagesordnung, auch wenn Johnson nicht offen darüber sprach. Denn nicht nur für Dublin war dies ein Ausweg, der die engen Handelsbeziehungen zwischen der Republik und Nordirland sicherte; auch viele Nordiren hatten angesichts des intensiven Güteraustauschs über die Grenze hinweg gemerkt, wie schädlich ein harter Brexit sein würde, der erneut eine deutlich markierte Grenze mit strikten Zollkontrollen durch die Insel zog.

In der Hoffnung, bis zum 17. Oktober 2019, wenn sich die EU-Präsidenten und Kanzler erneut zum Bilanzziehen treffen wollten, mit Barnier und Juncker als dem Kommissionspräsidenten eine Lösung auszuhandeln, flog Johnson Mitte September zu Juncker nach Luxemburg. Im Voraus drohte er wie vor ihm schon May mit einem harten Brexit, wobei er annahm, dass diese Drohung in Brüssel diesmal ernster genommen würde als das Bluffen seiner Vorgängerin. Schließlich waren harte Brexiteers wie Cummings jetzt seine engsten Berater, während er seine Kritiker im Parlament brutal ausgeschlossen hatte. Zudem hatte er sehr selbstbewusst verkündet, dass er sich in Brüssel auf seine angeblich enormen Überredungskünste verlassen wolle.[73] Doch fehlte ihm immer noch das nötige Feingefühl für die tatsächlichen Machtbalancen. Denn wie Patrick Cockburn mit Recht schon am 27. Juli erneut festgestellt hatte, favorisierten diese weiterhin die EU und nicht das politisch und wirtschaftlich geschwächte Vereinigte Königreich.[74] Als er Juncker daher nur mündliche Versprechungen mitbrachte, stieß er auf Granit. Barnier und Juncker wollten von ihm ein bindendes Memorandum mit seinen Vorschlägen schwarz auf weiß haben. Erniedrigt und verärgert reiste Johnson wieder ab und weigerte sich gegen alle Gepflogenheiten sogar, eine Pressekonferenz mit dem Gastgeber, dem luxemburgischen Premierminister, abzuhalten.[75] Dieser trat dann trotzdem vor die versammelten Journalisten und machte einige sarkastische Bemerkungen zu dem Besuch des Briten, der in der EU seit seiner Zeit als Journalist in Brüssel und dann als Außenminister in London ein ziemlich geringes Ansehen genoss.

4.6 Johnsons Brexit zum 31. Oktober und dessen weiteres Hinausschieben

Spätestens auf seiner Reise zu Juncker war Johnson klar geworden, dass er schriftliche Vorschläge machen musste, wenn er den beiden Häusern in Westminster bis zum 31. Oktober, den er als seinen unverrückbaren Termin für den Brexit deklariert hatte, noch einen Entwurf zur Ratifizierung vorlegen wollte. Da die EU-27 auf jeden Fall vermeiden wollten, dass Johnson ihnen bei einem harten Brexit den Schwarzen Peter zuschob, traf sich Barnier mit 18 britischen Experten unter Führung von David Frost erneut zu Verhandlungen, die sich angesichts der komplexen Probleme bis in den Oktober hinzogen.[76] Jedoch gelang es noch einen Tag vor dem Spitzentreffen der EU-27 eine Vereinbarung zu erreichen, die die leidige Frage der Grenze zur Irischen Republik regelte: Die Zollgrenze sollte in Zukunft in der Irischen See und nicht auf der Insel selbst liegen. Es war wohl Merkel zuzuschreiben, dass die EU-27 dieser Vereinbarung am 17. Oktober zustimmten, zugleich aber meinten, es seien noch so viele Feinabstimmungen zu paraphieren, dass sie auf einer Verlängerung über den 31. Oktober hinaus bestanden.[77] Johnson versuchte daraufhin, seine Vereinbarung mit der EU-27 in Westminster mit dem Argument durchzubringen, dass jetzt wirklich keine weitere Verbesserung mehr zu erreichen sei. Er berief die beiden Häuser zu einer außerordentlichen Sitzung am Samstag, den 19. Oktober, zusammen. Anstatt allerdings an diesem Tag über Johnsons Vereinbarung abzustimmen, war das Misstrauen gegen den Premierminister so groß, doch noch auf einen harten Brexit hinauszuwollen, dass sich eine Mehrheit gegen eine sofortige Abstimmung fand. Ihr Argument war dasselbe, das die EU vorgebracht hatte: Es seien noch so viele Einzelheiten zu regeln, dass dies nicht bis zu Johnsons Termin zu schaffen sei, und eben dafür fand sich jetzt eine Mehrheit.[78] Johnson protestierte und wollte seinen Entwurf am Montag erneut vorlegen. Das verhinderte jedoch ein Entscheid von John Bercow, dem Sprecher des Unterhauses, der auch in den vorherigen Wochen des Tumults die Abgeordneten immer wieder mit durchdringender Stimme zur Ordnung gerufen hatte. Johnsons Termin des 31. Oktober war damit hinfällig geworden. Er hatte jetzt die unangenehme Aufgabe, dies der EU mitzuteilen und zugleich deren Zustimmung zu einem späteren Austrittstermin zu ersuchen, wobei der 31. Dezember genannt wurde. Er war über diese Niederlage so verärgert, dass er der EU dieser Beschluss in einem Schreiben mitgeteilt wurde, das von der Parlamentsmehrheit aufgesetzt war und das er eigentlich unterschreiben musste, was er jedoch verweigerte.

Durch solche Usancen nicht aus der Ruhe zu bringen, schlug Brüssel daraufhin selbst die Aufhebung des Termins vom 31. Oktober begrüßend – als neuen äußersten Termin den 31. Januar 2020 vor.[79] Dies wiederum gab dem Premierminister, der ja weiterhin auf ein Ausscheiden Großbritanniens festgelegt war, drei Monate Zeit, sich eine parlamentarische Mehrheit bis zu diesem neuen Termin zu sichern. Der beste Weg dahin schien ihm jetzt, für den 12. Dezember eine Neuwahl auszurufen. Dafür benötigte er allerdings eine Zweidrittelmehrheit. Diese konnte er erreichen, da sich auch die anderen Parteien Gewinne versprachen. Vor allem die Labour Party glaubte sogar, den Konservativen die Mehrheit im Parlament abjagen zu können, wenn sie dem Land zugleich einen zweiten Volksentscheid versprachen.[80] Dies – so die Kalkulation – würde die Wahlen auch für die attraktiv machen, die von vornherein für ein Verbleiben gestimmt hatten. Die Liberaldemokraten hofften, ebenfalls Sitze zu gewinnen. Zwar rechneten sie nicht mit einer Mehrheit, aber doch mit einer Stärkung, die sie zu einem potenziellen Koalitionspartner machen würden für den Fall, dass die Labour Party keine klare Mehrheit errang. Hingegen rechnete sich Johnson Vorteile aus, weil der Labour-Vorsitzende Jeremy Corbyn sehr unpopulär war, und er in einigen marginalen Wahlbezirken vor allem im Norden genügend Brexiteers ausgemacht hatte, um sie gegen Labour mobilisieren zu können. Die inzwischen vor allem von Cummings entwickelte Strategie war, gerade auch in den bisherigen Hochburgen der Labour Party Mehrheiten erzielen zu können, indem man den frustrierten Wählern der Arbeiterschaft versprach, den Brexit endlich zu verwirklichen. Auch die harte Brexit-Partei unter Nigel Farage hoffte mit eben diesem Versprechen auf eine noch stärkere Unterstützung. Schließlich spekulierte auch die Scottish National Party (SNP), die für ein Verbleiben in der EU eingetreten war, auf einen so großen Zuwachs, dass sie seitens der Regionalregierung Verhandlungen mit Brüssel beginnen könnte. Ihr Ziel war, ein separates Arrangement mit der EU zu finden.[81]

4.7 Die Wahlen vom Dezember 2019, Johnsons Sieg und die Folgen

Nachdem Corbyn den Neuwahlen zugestimmt hatte, legte Johnson diese auf den 12. Dezember 2019 fest.[82] In den Wochen darauf formulierten alle Parteien ihre Wahlprogramme, die sie sodann in zahllosen Versammlungen, Plakaten, Radio- und Fernsehspots erklärten und mit ihnen warben. Anstatt auf einzelne Programmpunkte einzugehen, mag es hier genügen, lediglich auf ihre jeweiligen Grundpositionen zur Frage eines Brexits hinzuweisen, die sie im Prinzip seit 2016 vertreten hatten. Die Liberaldemokraten versuchten wie zuvor alle für sich zu gewinnen, die in der EU verbleiben wollten. Die Scottish National Party (SNP) agitierte ebenfalls für einen Verbleib, zusammen mit der Forderung gegenüber Westminster und der Londoner Regierung, einen zweiten Volksentscheid der Schotten zuzulassen. Der radikalste Gegenposition vertrat Nigel Farage mit seiner UKIP, der wie zuvor einen harten Brexit propagierte.

Nur die Labour Party nahm weiterhin eine unklare Haltung zum Austritt ein. Corbyns Ziel war es, mit Hilfe eines umfassenden Manifests eine Parlamentsmehrheit zu gewinnen und erst nach seinem Sieg über die Frage zu entscheiden, ein weiteres Referendum abzuhalten. Dementsprechend enthielt dieses Manifest einen ganzen Katalog von Forderungen, die die seit Thatcher verfolgte Wirtschafts- und Sozialpolitik praktisch umkehren sollten.[83] Darunter befand sich der Plan, privatisierte Unternehmen wie die Bahn und die Post sowie die Energie- und Wasserversorgung zumindest teilweise wieder in staatlichen Besitz zurückzuführen. Nicht nur der stark vernachlässigte National Health Service, sondern auch die Sozial- und Rentenversorgung sollten mit kräftigen Finanzspritzen verbessert werden. Die Labour Party versprach auch eine Anhebung des Mindeststundenlohns auf £10 und Investitionen im sozialen Wohnungsbau. Mit Hilfe eines Fonds von £250 Milliarden wollte Corbyn den CO_2-Ausstoß bis in die 2030er auf den Nullpunkt zurückschrauben. Die Mittel dazu wollte er durch eine verstärkte Kreditaufnahme sowie durch Steuererhöhungen für die Wohlhabenden, die ein Jahreseinkommen von mehr als £80.000 hatten, aufbringen. Industrie und Banken sollten ebenfalls höher belastet werden.

Boris Johnson machte hinsichtlich des populären, aber unterfinanzierten NHS Versprechungen, so auch die Einstellung von mehr Ärzten und Pflegepersonal. Ebenso sollten die Sozialleistungen erhöht werden. Die Finanzierung sollte nicht durch Steuererhöhungen gesichert werden, sondern durch die endgültige Abkehr von der Kürzungspolitik der Ära Cameron, einschließlich einer staatlichen Neuverschuldung. Doch wie schon erwähnt, hatte sich Dominic Cummings in Johnsons engstem Beraterkreis eine sehr einfache Erfolgsstrategie ausgedacht: »Get Brexit done!« In der Vermutung, dass gerade traditionelle Wähler von Labour in den heruntergekommenen Industrieregionen der Midlands und des Nordens aus Überzeugung oder Erschöpfung nach dreijähriger ergebnisloser und polarisierender Debatte über den Brexit vor allem diese Frage endlich gelöst sehen wollten, versprach Johnson diese Hürde zu nehmen, sofern eine Mehrheit den Konservativen ihm dazu ihre Stimme gab. Außer den traditionellen Wahlbezirken der Partei konzentrierte sich die Johnson-Regierung vorwiegend auf die Hochburgen der Labour Party. Die Kalkulation war, dass selbst klassenbewusste Arbeiter, die bisher nur die Arbeiterpartei gewählt hatten, durch die simple Wahlparole »Get Brexit done« den Konservativen den Vorzug geben würden. Im Gegensatz zu Corbyn versprach Johnson einen klaren Bruch, aber zugleich nachfolgende Verhandlungen mit der EU, anstatt ohne jegliche Handelsvereinbarungen einfach auszuscheren. Seit der Auszählung der Stimmen nach der Wahl vom 12. Dezember wissen wir, dass sich diese Strategie gegenüber der von Corbyn verfolgten als richtig erwies.

Einen guten Einblick in die Einstellungen vieler bisheriger Labour-Wähler bietet ein Artikel in der *Financial Times* vom 15. Dezember 2019 über die rostenden Stahlwerke in Redcar an der Teesside im Nordosten.[84] Dort erklärte der 47-jährige Dean Simms, der 2015 zusammen mit 3.000 anderen Stahlarbeitern seinen Job verloren hatte, er habe ebenso wie sein Vater für die Konservativen gestimmt. Dann fügte er hinzu: »Ich hoffe nur, dass sie tun werden, was sie tun sollten.« Bezeichnend ist auch ein Artikel des bekannten Wirtschaftsjournalisten Patrick Cockburn im *Independent* vom 14. Dezember 2019. Er war im Land herumgereist, um herauszufinden, warum so viele Arbeiter ihre Stimme gegen ihre Eigeninteressen abgegeben hatten.[85] Besonders frappierte ihn, warum in der deindustrialisierten Region von Südwales aber auch in anderen einstigen Manufakturregionen Englands viele Arbeiter die EU verlassen wollten, obwohl Brüsseler Subventionen viele infrastrukturelle Projekte finanziert hatten. Cockburn kam zu dem Schluss, dass die Brexiteers mit ihrer Propaganda über Jahre hinweg die EU erfolgreich zum Sündenbock für den Niedergang des Landes gestempelt hatten. Ähnliche Ablenkungsargumente waren auch zur Entwicklung von Wales zu hören, wo die dortige wirtschaftliche Misere trotz aller Subventionen aus Brüssel der EU in die Schuhe geschoben wurde, obwohl London und auch die Waliser Regionalregierung eigentlich dafür verantwortlich waren.[86] Allerdings gehörte auch Farage zu den Wahlverlierern. Seine Partei hatte lediglich einen harten Brexit angeboten und nicht einen einzigen Sitz errungen. Johnson hatte dagegen die Tür für Verhandlungen mit der EU und damit für eine weiche Lösung nicht zugeschlagen. Wie die *New York Times* am 13. September berichtete, hatten Johnson und Cummings damit alles auf ein derartiges Brexit-Versprechen gesetzt und nun gewonnen.[87]

Gleichwohl lohnt es sich, über diese Feststellung hinaus sich die Stimmverteilung in allen Teilen des Landes gerade auch im Vergleich zu 2016 anzusehen.[88] Insgesamt konnten die Konservativen bei einer Wahlbeteiligung von 67,3 Prozent 47 Sitze hinzugewinnen und hatten nun mit 365 Abgeordneten im Parlament für die nächsten fünf Jahre eine klare Mehrheit. Hingegen verlor die Labour Party 59 Sitze und war nur noch mit 202 Sitzen vertreten. Die SNP gewann 13 Sitze hinzu. Die

Liberaldemokraten verloren von den bisherigen zwölf einen Sitz und gewannen in Schottland im Norden East Renfrewshire sowie einen weiteren auf den Orkney- und Shetland-Inseln und auf dem Festland weiter südlich in North East Fife und Edinburgh West. Edinburgh South war der einzige Sitz, der dort noch der einst durchaus starken schottischen Labour Party verblieb. Die schottischen Konservativen konnten sich nur noch im Nordosten Schottlands behaupten. Schwer waren auch die Verluste von Labour an die Konservativen im englischen Nordosten, in Yorkshire & Humber, im mittleren Industriegürtel sowie in den Midlands um Birmingham und Coventry. Ansonsten war der Südosten mit wenigen Ausnahmen an der Südküste und in London, wo nur die südlichen und nordwestlichen Vororte konservativ wählten, in den Händen der Labour Party. In Wales blieben der Plaid-Cymru-Partei ihre vier Sitze erhalten, der Rest wählte konservativ, mit Ausnahme der nordwalisischen Industrieregion um Cardiff, die weiterhin Labour treu blieb. Interessant war der Ausgang schließlich in Nordirland, wo die protestantische DUP zwei Sitze verlor, die SDLP zwei gewann und Sinn Féin seine vor allem in Westen und Süden der Provinz starke Position hielt. Wie schon 2016 neigten jüngere Wähler insgesamt mehr einem Verbleiben zu, während Senioren für einen Austritt stimmten.

Bevor ich mich der Frage zuwende, wie Johnson die ihm zugefallene Macht politisch und wirtschaftlich einsetzen und welche Programme er verfolgen würde, sollen zuerst einige andere Stimmen zu Wort kommen. Soweit es die Industrie und den Finanzsektor betraf, waren sie erleichtert.[89] Die Jahre der Unsicherheit, in denen man nicht wusste, wie und ob man in Großbritannien investieren solle, wichen einem verhaltenen Optimismus. Außer diversen Konzernherren wandelte sich auch Carolyn Fairbairn, die CBI-Generaldirektorin und einstige Warnerin. Sie bot jetzt in einem Schreiben an Johnson die Unterstützung des Industrieverbandes an. Nachdem es zuvor erhebliche Spannungen mit der Regierung gegeben hatte, schlug sie jetzt einen Neuanfang vor.[90] Das Pfund stieg im Vergleich zum Dollar von rund 1,20 auf 1,35 an. Der Financial-Times-Aktienindex (FTSE 250), der 2018 zeitweilig auf 17.000 Punkte gefallen war, stieg auf über 21.000 Punkte.

Derweil musste sich Farages Partei, die anfangs die Chancen der Konservativen zu gefährden schien, mit zwei Sitzen begnügen, obwohl auch sie wie die Konservativen Stimmen der Labour Party auf sich zog. Bei den Liberaldemokraten war deren Vorsitzende Jo Swinson, die ihren gerade erst in Schottland erworbenen Sitz wieder verlor, besonders deprimiert.[91] Sie hatte dem Land ein zweites Referendum versprochen, von dem sie hoffte, dass sich eine Mehrheit diesmal für ein Verbleiben in der EU entscheiden würde. Nach der Wahl gab sie zu, dass man dieses Ziel verfehlt habe, auch wenn sie es nicht bedauerte, versucht zu haben, es zu erreichen. Noch schlimmer war indessen Corbyns Niederlage, und so begannen in der Labour Party sofort die Frage nach seinem Rücktritt und Spekulationen über seine Nachfolge.[92] Doch weigerte er sich abzutreten, wohl in der richtigen Annahme, dass es falsch war, die Partei in ihrer Krisenlage ohne Führung zu lassen. Freilich war auch ihm klar, dass bald im neuen Jahr ein Nachfolger und ein neues Programm gefunden werden mussten.

Bei den Konservativen herrschte inzwischen Jubel. Allerdings sollte man angesichts dieser Siegesstimmung nicht unterschätzen, dass auch sie jetzt mit großen Problemen konfrontiert sein würden, die zu lösen sie nunmehr in der Verantwortung standen. Von daher ist die Grundposition von Johnson zu erklären, dass er in seiner ersten Rede zu einer Überwindung der bisherigen scharfen politischen Gegensätze aufrief und an die weiterhin bestehende Union eines Vereinigten Königreichs erinnerte.[93] Diese Union habe in der Vergangenheit schließlich auch andere große Krisen bewältigt.

Da der Premierminister jetzt über die Staatsfinanzen verfügte, war es für ihn relativ einfach zu erklären, dass seine Regierung die versprochenen Investitionen in die Zukunft des Landes machen würde. An erster Stelle stand dabei die Verbesserung des NHS. Über dieses Ziel sowie die Aufzählung der anderen Maßnahmen kann man sich in der Rede informieren, die Königin Elizabeth II. bereits am 19. Dezember vor den beiden Häusern in Westminster verlas und deren Text traditionsgemäß in der Downing Street formuliert worden war.[94] Danach sollten bis 2023/24 an die £33,9 Milliarden in den NHS fließen. Auch sonst sollten die Sparprogramme des letzten Jahrzehnts durch Investitionen in Erziehung und im Wohnungsbau ersetzt werden, jedoch auch durch die Einstellung von mehreren Zehntausend Polizisten. Der Konsum sollte angekurbelt werden, nachdem die Kauflust in den vier vorangegangenen Monaten bis zum November 2019 weiter abgesunken war. Den Arbeitern wurden Mitbestimmungsrechte in Unternehmen sowie Konsumentenschutz versprochen, die anstelle von EU-Vorschriften auf britischer Gesetzgebung beruhen würden. Die bisherige Einwanderungsgesetzgebung sollte restriktiver gehandhabt werden, wobei man an eine Anlehnung an das in Australien eingeführte Punktsystem dachte, das Bewerber nach ihren beruflichen Qualifikationen klassifizierte und auch für ausländische Studenten gelten sollte. Die bisherige Freizügigkeit für EU-Bürger würde nicht mehr gelten. Sie brauchten hinfort Wohnsitzberechtigungen.

Schnell handelte Johnson auch, um sein Wahlversprechen zu erfüllen, dass das Land zum jetzt vorgesehenen Termin am 31. Januar 2020 aus der EU ausscheiden würde. Eine entsprechende Gesetzesvorlage erhielt bereits in der zweiten Lesung eine Mehrheit von 358 Stimmen bei 234 Gegenstimmen, und auch bei der endgültigen Verabschiedung gab es nicht nur im Unterhaus, sondern auch im Oberhaus klare Mehrheiten.[95] Der belgische Präsident des Europarats, Charles Michel, bezeichnete diese Entwicklung umgehend als einen »wichtigen Schritt im Prozess der [Austritts-]Ratifizierung nach Artikel 50«, bestand zugleich aber darauf, dass jede zukünftige Lösung des britisch-europäischen Verhältnisses auf gleicher Ebene ausgehandelt werden müsse.[96] Johnson meinte daraufhin reichlich blumig, dass der Brexit es erlaubte, dass »die warmen und natürlichen Gefühle der Zuneigung, die wir alle mit unseren europäischen Nachbarn empfinden, erneut in einem großen [und] neuen Nationalvorhaben« zum Ausdruck kommen würden. Es gehe darum, »eine tiefe, besondere und demokratisch legitimierte Partnerschaft mit jenen Nationen« herzustellen, »die wir mit Stolz als unsere engsten Freunde bezeichnen«. Er ignorierte dabei selbstverständlich die harsche Kritik von Sir Ivan Rogers, der schon mit Theresa May verquer gelegen hatte, dass die harten Brexiteers Verhandlungen mit der EU weiterhin als »Zeitverschwendung« ansahen und das Land im Grunde zum 51. Bundesstaat der USA machen wollten.[97]

Sehr diplomatisch verhielten sich hingegen die Regierungschefs der EU-Mitgliedsstaaten, als sie Johnson zu seinem Wahlsieg gratulierten.[98] Nur Ursula von der Leyen, die neue Präsidentin der EU-Kommission in Brüssel, war etwas konkreter, als sie meinte, die EU werde bei den ab Februar folgenden Verhandlungen mit London drei Ziele vertreten: »Null-Zölle, Null-Quoten und Null-Dumping.« Johnson war sich seit seinem Wahlsieg gewiss noch klarer als zuvor, wie wichtig es war, innerhalb der zur Verfügung stehenden Karenzzeit von zwei Jahren ein wirklich produktives Verhältnis mit der EU auszuhandeln, sobald der formelle Austritt am 31. Januar 2020 besiegelt sein würde. Zwar hatte Trump nach dem ihm sehr genehmen Wahlergebnis erneut von einem »massiven« angloamerikanischen Deal gesprochen, der größer und lukrativer sein werde als der mit der EU.[99] Dass Sir Ivan mit seinem Verdacht, hier werde mit Großbritannien ein 51. US-Bundesstaat entstehen, nicht ganz fehlgegangen war, zeigte sich auch daran, dass die Amerikaner bereits ein Interesse an einer durch die profitablen amerikanischen Krankenversicherungen vorangetriebenen Privatisierung des NHS geäußert hatten.

Doch konnte man der auch von Trump in Aussicht gestellten Welle von Investitionen in der britischen Industrie vertrauen? War der Produktionsrückgang und das Nachlassen der Investitionsfreudigkeit tatsächlich nur auf die verschleppte Brexit-Entscheidung zurückzuführen? Wie der *Guardian* erneut schrieb, hatte das Land seit Thatcher eine langfristige Deindustrialisierung erlebt, die weder die Konservativen noch die New Labour unter Blair gestoppt hatten.[100] Dagegen waren auch die einst mächtigen Gewerkschaften machtlos geblieben. Insofern hatte der glücklose Corbyn mit seinem radikalen Wahlmanifest durchaus recht, wenn er die gesamte neoliberale Wirtschaftspolitik seit den achtziger Jahren umkehren wollte. Als Alternative dazu hatte Johnson mit seinem Kabinett bisher lediglich staatliche Investitionen versprochen, die in erster Linie durch eine erhöhte Schuldenaufnahme finanziert werden sollten. Die notwendigen Konservativen Mehrheiten dafür hatte er immerhin.

Weniger günstig stand es indessen mit der immer wieder hochgehaltenen Demokratie gegenüber Schottland, Nordirland und Wales. Am einfachsten stellte sich die Waliser Frage, nachdem die Tories der Labour-Partei sechs Sitze abgejagt hatten.[101] Zwar gab es eine Unabhängigkeitsbewegung; doch konnte die Mehrheit der Waliser wohl mit dem Zugeständnis weiterer Autonomierechte befriedigt werden. Auch mit Investitionen konnte man in London hoffen, die Arbeitslosigkeit zu mindern und Brexit-Wähler zu gewinnen, obwohl die erheblichen Infrastruktursubventionen, die die EU bisher vergeben hatte, fortfallen würden. Schwieriger waren die erneuten Forderungen der schottischen SNP nach ihren Wahlerfolgen am 12. Dezember abzuwehren. Zwar hatte Johnson sich sofort geweigert, ein zweites Referendum zuzulassen, zu dem das Parlament in Westminster seine Zustimmung geben musste.[102] Er wollte die Union erhalten und verteidigen. Aber es stand auch fest, dass First Minister Nicola Sturgeon keine Ruhe geben würde, nachdem ihre SNP-Wähler mit überwältigender Mehrheit in der EU bleiben wollten. Auf jeden Fall kündigte sie umgehend an, die Vorbereitungen für einen weiteren Transfer von demokratischen Rechten nach Schottland zu treffen, mit dem man ein weiteres Referendum einleiten wollte.

Die potenziell explosivste Herausforderung stellte sich für Johnsons Innen- wie Außenpolitik mit der Irischen Frage. Wir sahen bereits, dass sowohl für die Regierung in Dublin als auch für die EU die Wiedereinführung von scharf gezogenen Grenzen zwischen der Republik und Nordirland mit Stacheldraht und Zollposten nicht in Frage kam. May hatte dieses Problem nicht lösen können, weil sie angesichts der Mehrheitsverhältnisse in Westminster von der Unterstützung durch die protestantische DUP völlig abhängig war. Johnson konnte diese ohnehin geschrumpfte Partei bei der Gestaltung seiner irischen Politik mit seinen Konservativen bis auf Weiteres ignorieren. Hatte die DUP doch nach dem Verlust von zwei Sitzen in Westminster dort nur noch acht Abgeordnete.[103] Allerdings musste auch Sinn Féin Rückschläge hinnehmen und war nur noch mit sieben Abgeordneten in London vertreten. Dagegen gab es den Katholiken Auftrieb, dass in North Belfast ihr Kandidat John Finucane den einflussreichen DUP-Führer Nigel Dodds verdrängt hatte. Zu den eigentlichen Gewinnern gehörten indessen die Alliance Party, die nicht festgelegt war, sowie die SDLP, die in der Nationalfrage weniger fundamentalistisch dachte als die DUP.

Unter diesen Umständen konnte Johnson gegenüber Brüssel nunmehr als Verhandlungsposition eine Lösung entwickeln, die wenigstens für die kommenden Jahre den zollfreien Austausch zwischen den beiden Teilen der irischen Insel aufrechterhielt und die Irische See zur Grenze machte.[104] Das heißt, aus der Irischen Republik kommende Güter und auch nichtbritische Reisende würden erst auf den Fähren zoll- und einwanderungsmäßig überprüft. Umgekehrt mussten sich von England nach Nordirland verschiffte Waren zuvor einer Zollinspektion unterziehen. Leo Varadcar, der Premierminister in Dublin sprach daraufhin von einer tektonischen Verschiebung des Gleichgewichts in Nordirland, scheute sich aber, von einer Dynamik zu reden, die auf eine Vereinigung der beiden Regionen hinauslief, wie einige Katholiken es sich erhofften.[105] Im Norden solle man vielmehr eine Neugründung des Stormont ansteuern, auf die auch London drängte. Für Varadkar lag die Zukunft in Versöhnung und engerer Zusammenarbeit zwischen Nord und Süd.

Mochten die nordirischen Katholiken mit Johnsons Lösung als Übergang auch zufrieden sein, deren protestantische Nachbarn waren gegen eine Politik eingestellt, die sie gegenüber dem Rest des Vereinigten Königsreichs ins Abseits stellte. Schon ging das Wort von einem »Verrat« um.[106] Selbst wenn der Stormont wiedereinberufen wurde, unter den Protestanten regten sich sofort auch die alten Milizen, deren Opposition gegen Johnsons Programm einen erneuten Umschlag zur Gewaltanwendung erahnen ließen.

5. 2020: Das lange Jahr der Verhandlungen mit der EU

Nach seinem Wahlsieg bemühte sich Johnson, wieder eine klarere Linie in seine Regierungspolitik zu bringen, um für die nach dem Austritt am 31. Januar 2020 einzuleitenden Übergangsverhandlungen mit der EU gerüstet zu sein. Zuvor ist jedoch noch ein Blick auf die britische innenpolitische Lage und Stimmung der Bevölkerung zu werfen, die mit dem Austritt zu beobachten war.

5.1 Großbritannien am 31. Januar 2020

Es war zu erwarten, dass Johnson den Vollzug des Austritts benutzen würde, um optimistisch in Großbritanniens Zukunft zu schauen. Noch am Abend des 31. Januar, als auf dem Empfang für das Kabinett und hohe Beamte in der Downing Street betont angelsächsische Erfrischungen serviert wurden, erklärte er, dass man jetzt aus dem Brexit eine »frappierende Erfolgsgeschichte (stunning success)« machen werde.[1] Es bestehe die Chance, »das volle Potenzial dieses brillanten Landes« zu mobilisieren. Zwar lobte er, dass viele Wähler in dem Austritt einen erstaunlichen Augenblick der Hoffnung« erblickten. Zugleich gab er aber zu, dass andere sorgenvolle Gefühle des Verlustes mit sich herumschleppten. Eine dritte Gruppe habe befürchtet, dass das »ganze politische Gerangel nie ein Ende nehmen« würde. Gerade weil Johnson diese Gefühle verstehe, habe die Regierung jetzt die Aufgabe, »das Land zusammen- und voranzubringen«. Großbritannien, so fügte er hinzu, trete nunmehr in eine »neue Ära« ein, in der es eine »nationale Erneuerung« geben werde. Er werde den technischen Fortschritt einsetzen, um die Kriminalität zu bekämpfen, das Gesundheitswesen zu transformieren und das Bildungsniveau zu verbessern. Ja, »mit Hilfe der größten Wiederbelebung unserer Infrastruktur« seit der Viktorianischen Zeit werde man »Hoffnung und Chancen für alle Teile des UK« schaffen. Sofern man diese Ziele erreiche, werde »das Vertrauen nicht nur im Land, sondern auch im Ausland« steigen. Mochte es auf diesem Weg auch Schwierigkeiten geben, Johnson war sich sicher, dass man Erfolg haben werde. Man habe doch nicht nur das Urteil der Bevölkerung gehört, sondern sich auch »das Werkzeug für die politische Selbständigkeit« aus Brüssel zurückgeholt. Jetzt würde dieses Werkzeug eingesetzt werden, um das Potenzial dieser Freiheit in jeden Winkel des Landes zu bringen.

Unter der Überschrift »Der Tag, an dem wir Goodbye sagten«, berichtete auch der *Guardian* über die in der Bevölkerung vorherrschenden Gefühle.[2] Viele hätten diesen Winterabend mit Jubel begrüßt, wobei Nigel Farage und seine Anhänger – sich überschwänglich über ihren Erfolg freuend – im Parliament Square versammelt hätten. Die Begeisterten traten überall, von der Nationalflagge, dem »Union Jack«, eingehüllt, auf, und The Mall, die breite Straße zwischen Buckingham Palace und Trafalgar Square, war beiderseits an Hunderten von Masten mit dem Union Jack beflaggt. Dennoch – so der *Guardian* – seien sich nicht nur die Befürworter, sondern auch die Gegner des Brexits einig gewesen, dass zur vereinbarten 23. Stunde dieses Tages eine »seismische Verschiebung in der Geschichte des UK« stattfand. Doch dann zitierte das Blatt noch einige Statistiken einer YouGov-Umfrage, wonach sich nur 30 Prozent ganz mit dem Austritt abgefunden hätten. Dagegen verschlossen sich 19 Prozent der neuen Lage, 16 Prozent seien verbittert und 25 Prozent seien deprimiert. Eine Seite weiter zitierte der *Guardian* einige Stimmen aus Birkenhead, wo sich 2016 eine knappe Mehrheit von 52 Prozent für den Austritt ausgesprochen hatte.

Dementsprechend äußerten einige der von den Journalisten Befragten die Hoffnung, »dass wir jetzt wieder auf eigenen Füßen stehen« könnten.[3] Andere zeigten sich erleichtert, weil viele von den Vorschriften genug hätten und in der EU von Leuten regiert worden seien, die sie nicht kannten. In Vale of Glamorgan glaubte ein 35-Jähriger, der im Flughafen von Cardiff arbeitete, dass man wieder mehr Einfluss auf die Einwanderung sowie auf die Gesetzgebung haben werde. Er fügte dann aber resigniert hinzu, dass sich trotz des vorherrschenden Schönredens nicht viel ändern werde. Freilich gab es auch Stimmen, die den Austritt bedauerten und Gefühle der Trauer zeigten. In County Down in Nordirland fand sich schließlich einer, der mit seinem Leben zufrieden war und sich durch den Brexit nicht aus der Ruhe bringen lassen wollte. Auch zwei Frauen waren gutgläubig-gleichmütig, nachdem man ihnen versichert hatte, dass es keine Beschränkungen an der Grenze zur Irischen Republik geben werde. Und dann war da noch Caroline Silvers, die den Brexit in Morley in West Yorkshire mitfeierte und rückblickend erklärte, »wie viel besser es war« zu Zeiten »vor der britischen Mitgliedschaft in der EU«. Denn damals »hatten wir noch Industrie«. Ihr war offenbar nicht bewusst, dass die Deindustrialisierung des Nordostens nicht von Brüssel zu verantworten, sondern der seit Margaret Thatcher durchgesetzten, neoliberalen Wirtschaftspolitik und der damaligen Verschiebung von der Güterproduktion auf die Finanzindustrie der Londoner City und deren Zirkulation globalen Reichtums zu verdanken war.[4] Auch dies ist wohl ein Beispiel dafür, wie sehr die Brexit-Abstimmung von Verwirrung, Ignoranz und politischer Naivität sowie durch platte Lügen von Politikern wie Nigel Farage geleitet war.

Ich werde weiter unten darauf eingehen, warum Caroline Silvers und viele andere Mitbürger sich so ungenau erinnerten und wie sich die wirtschaftliche Lage Großbritanniens 2020 und darüber hinaus entwickelte.[5] Zuvor muss ich allerdings jenseits der öffentlichen Reaktionen auf den 31. Januar 2020 auf die Politik des Johnson-Kabinetts zu sprechen kommen. Bedeutete der Austritt doch, dass bei Jahresende Tausende von Vereinbarungen, die das Land seit den siebziger Jahren mit seinen europäischen Nachbarn zur Integration in die Europäische Gemeinschaft abgeschlossen hatte, fallen würden und durch neue Abkommen ersetzt werden mussten, wenn nicht ein vertragsloses Vakuum entstehen sollte. Da es für die britische Wirtschaft untragbar war, ohne Verträge der EU gegenüberzustehen und auch die Bevölkerung mehrheitlich keinen harten Brexit wollte,[6] mussten die Details in langwierigen Verhandlungen ausgehandelt werden. Mochte eine Vertragslosigkeit für die harten Brexiteers auch genau das sein, was sie von jeher ansteuerten, Johnson war im Februar 2020 zu einer solchen Politik unkalkulierbaren Risikos nicht bereit. Selbst im Land nicht besonders populär, hatte er wenigstens eine starke konservative Parlamentsmehrheit und gleichgesinnte Minister hinter sich, die den Faden mit der EU nach dem 31. Januar sofort wiederaufnehmen konnten. Dabei dachte der Premierminister offenbar an Handelsbeziehungen, die denen ähnlich waren, welche die EU mit Kanada abgeschlossen hatte.[7] In Brüssel war die Bereitschaft zu einer Wiederaufnahme ebenfalls vorhanden. Jedenfalls meinte Ursula von der Leyen, die Kommissions-

Präsidentin, zum Austritt, dass die EU die »bestmöglichen« Beziehungen zu Großbritannien anstrebe, setzte dann allerdings kritisch hinzu, dass das neue Verhältnis nie so eng sein könne wie die bisherige britische EU-Mitgliedschaft.[8] Aus eigener Erfahrung wisse man in dieser Gemeinschaft, dass deren Stärke nicht in einer »splendid isolation« liege, sondern in der Kooperation untereinander. Schon deshalb werde »Europa seine Interessen entschieden verteidigen«. Nachdem sich die Mitgliedsstaaten auf eine gemeinsame Strategie geeinigt hatten, fügte David Sassoli, der Präsident des Europaparlaments, hinzu, dass die EU nach diesem 31. Januar noch entschlossener zusammenstehen und die Region verteidigen werde als zuvor. Michel Barnier wurde mit der erneuten Verhandlungsführung beauftragt. Auf britischer Seite sollte David Frost, Johnsons Sonderberater, Großbritannien bei den für den März angesetzten Gesprächen vertreten.

5.2 Machtkämpfe in der Johnson-Regierung und die Wiederaufnahme von EU-Verhandlungen

Bevor ich mich der Frage zuwende, warum diese Verhandlungen nur sehr langsam vorankamen, muss ich zum Verständnis der Lage in London einen Blick hinter die dortigen Kulissen werfen. Fanden innerhalb des Kabinetts doch weitere Machtkämpfe statt, deren Ausmaß wohl erst dann erkennbar sein wird, wenn die Akten der Forschung zugänglich sind. Inzwischen sind wir auf wenige Schlaglichter angewiesen, die die Spannungen zwischen einzelnen Ministern und – vielleicht noch wichtiger – zwischen diesen und ihren Spitzenbeamten in der Bürokratie beleuchten, die traditionsgemäß den Regierungsmitgliedern nach bestem Wissen und Gewissen unpolitischen »objektiven« Rat erteilen sollen. Für die Zeit, in der Theresa May Premierministerin war, wurde bereits der Fall von Sir Ivan Rogers, des Botschafters bei der EU, genannt, der die offizielle Politik, als es noch um die Bedingungen des Austritts ging, schlicht als wirr kritisiert hatte und dann ausschied.[9]

In Frühjahr 2020 kam es zu einem ähnlichen Zusammenstoß zwischen Johnsons Innenministerin Priti Patel und Sir Philip Rutnam, der auf eine 33-jährige Beamtenlaufbahn zurückblicken konnte und jetzt mit Patels Vorstellungen zur Handhabung der Einwanderungspolitik mit ihren Implikationen für EU-Verhandlungen verquer lag.[10] Der Disput hatte Rutnam so erregt, dass er dazu eine Stellungnahme in einem Fernsehinterview verlas, obwohl ihm ein günstiges Pensionierungsangebot gemacht worden war, wenn er lautlos gehen würde. Doch Rutnam ging es nicht nur um sachliche Meinungsverschiedenheiten, sondern er klagte Patel an, Untergebene angeschrien und zudem geflucht zu haben. Ihr Verhalten habe angesichts ihrer unangemessenen Forderungen bei ihren Beamten Furcht verbreitet. Es erfordere daher, so fügte er hinzu, einigen Mut, auf dieses Verhalten aufmerksam zu machen. Er ging sogar so weit zu behaupten, dass es in der Regierung allgemein sehr grob zugehe, was sich seit der Erringung der Konservativen Parlamentsmehrheit in permanenten Personalveränderungen auswirke.

In diesem Zusammenhang wurde auch der Fall von Finanzminister Sajid Javid genannt, den Johnson unter Druck gesetzt hatte, sich von zwei Beratern zu trennen.[11] Da er dazu nicht bereit war, reichte er seinen Rücktritt ein. Auch diese Affäre war ein Indiz dafür, dass das rücksichtslose »Aufräumen« unter Ministern und hohen Beamten, das schon unter May begonnen und das Johnson bei seiner Amtsübernahme zu einer regelrechten »Säuberung« ausgeweitet hatte,[12] keineswegs beendet war. Vielmehr ging es angesichts der bevorstehenden Verhandlungen mit Barnier jetzt noch mehr darum, jeglichen Dissens zu unterdrücken. Auch aus diesem Grunde hatte der Premierminister sich den überzeugten Brexiteer Michael Gove als Chancellor of the Duchy of Lancaster in die Downing Street geholt. Noch brutaler ging der nicht nur für seine Brexithärte schon bekannte Dominic Cummings vor, der dafür sorgte, dass alle, die in seinem Umfeld mit der EU befasst waren, nach seiner Pfeife tanzten.[13]

Johnson war es nicht unrecht, dass in der Downing Street andere diese unerfreuliche Arbeit besorgten. Zudem war er wohl nie für einen harten Brexit gewesen, allerdings gemeinhin als politischer Wendehals bekannt, bei dem es nie ganz klar gewesen war, wo er eigentlich stand.[14] Auf jeden Fall ist anzunehmen, dass der Premierminister zumindest sehen wollte, wohin die EU-Verhandlungen bis zum Herbst führten. Wenn diese daher mit Barnier nicht besonders energisch in Angriff genommen wurden, so lag dies nicht nur an der bekannten Lethargie des Premierministers. Vielmehr fuhr er mit einer neuen Partnerin gleich im neuen Jahr sorglos in die Ferien, wodurch er mehrere wichtige Sitzungen des mit streng geheimen Fragen befassten Cobra-Komités versäumte, als dort die ersten Warnungen vor einer Corona-Pandemie diskutiert wurden. So machte er auch denselben schweren Fehler wie sein »Freund«, der US-Präsident Donald Trump, der die Virus-Gefahr ebenfalls in unverantwortlicher Weise unterschätzte. Johnson spielte diese Gefahr sogar dermaßen herunter, dass er alle persönlichen Schutzmaßnahmen in den Wind schlug, um sich bald darauf prompt selbst zu infizieren. Im April landete er im Krankenhaus auf der Isolationsabteilung und musste mit Sauerstoff beatmet werden.[15] Da alle Hebel in Bewegung gesetzt wurden, gelang es seinen Ärzten, ihm wieder auf die Beine zu helfen, wohingegen ihre Kollegen bei zahllosen anderen, weniger exklusiv betreuten Mitbürgern aufgeben mussten. Während sie starben, wurde Johnson nach einigen Wochen entlassen. Er konnte seine Pflichten wieder aufnehmen, war aber durch seine Krankheit weiterhin geschwächt.

Derweil traten seine Minister nicht nur ziemlich forsch mit ihren Forderungen in Brüssel auf, wobei sie weiterhin vor Drohungen nicht zurückscheuten. Schon gleich Anfang März traf Frost mit 100 Beratern in Brüssel ein, um sich über zehn Arbeitsgruppen verteilt mit Barniers Experten zu treffen.[16] Obwohl ein Abkommen bis zum Ende des Jahres verabschiedet sein musste, wurden sofort große Unterschiede in den Zielvorstellungen deutlich. Barnier strebte eine übergreifende Vereinbarung an, die nicht nur die Fischereirechte und den Handel betraf, sondern auch Kooperation in Sicherheitsfragen, Forschung und Bildung sowie Abstimmung in der Außenpolitik. Ernste Meinungsverschiedenheiten sollten einem Vermittlungsausschuss vorgelegt werden. Der Europäische Gerichtshof sollte bei Fragen des EU-Rechts das letzte Wort haben. Die britische Seite wandte sich gegen alle *linkages*, mit denen Konzessionen beim Handel etwa gegen Zugang zu den britischen Fischfanggebieten aufgewogen werden konnten. Vor allem bestand Brüssel darauf, dass Großbritannien die gleichen Standards beachten sollte, die auch in der EU galten, soweit es Umwelt- und Arbeitsvorschriften und staatliche Subventionen betraf. Vor allem die europäische Industrie befürchtete, dass London anderenfalls die EU-Praxis unterlaufen könne.

Als diese Vorschläge bei Frost auf taube Ohren stießen, meinte dieser etwas herablassend, dass Brüssel Schwierigkeiten habe, die britische Position zu begreifen. In dem Bewusstsein, die stärkeren Hebel zu besitzen, glaubte Barnier, dass die Briten lediglich blufften. Zudem hatte man in der EU-Kommission und auch bei den Mitgliedern eine lange Erfahrung, Lösungen in letzter Minute doch noch zu finden. Ein Krisenpunkt war denn auch gleich zu Anfang aufgetaucht, als das Gerücht aufkam, dass London seine Verpflichtungen brechen wolle, die es feierlich mit dem nach internationalen Recht bindenden Austrittsvertrag eingegangen war, um die nordirischen Protestanten zu schützen.[17] Indessen blieben die diversen Arbeitsgruppen vorerst noch stillschweigend mit der irischen und auch mit der Gibraltar-Frage beschäftigt sowie mit dem Problem der gegenseitigen Arbeits- und Wohnrechte von Briten in der EU und von EU-Bürgern in Großbritannien. Ein Brechen des Austrittsvertrages vom Januar 2020 sollte, wie die *Sunday Times* berichtete, dazu dienen, um mit Barnier wegen des Gesamthandelsabkommens besser »hard ball« spielen zu können.[18] Dass dieses Prinzip in der Johnson-Regierung auch nach innen hin galt, erwies sich daran, dass Generalstaatsanwalt Geoffrey Cox, der die angedrohten Vertragsbrüche nicht mitmachen wollte, umgehend durch Suella Braverman ersetzt wurde.

Wie sehr Barnier daran gelegen war, die Gespräche voranzutreiben, zeigte sich daran, dass die EU am 13. März einen 441-seitigen umfassenden Entwurf vorlegte, während Frost bisher nur vier Dokumente verfasst hatte, die sich auf den Lastwagen- und Flugverkehr, Handel und die Zusammenarbeit auf dem Gebiet der friedlichen Atomnutzung bezogen.[19] Über den Fischereikonflikt und zu Sicherheitsfragen lagen keine britischen Stellungnahmen vor. Im Prozeß einer Lösungsfindung bezüglich der vertrackten irischen Grenzfrage hatte Helga Schmid, die in Brüssel mit Außenbeziehungen befasste Generalsekretärin, schon im Februar darum gebeten, in Belfast ein Verbindungsbüro eröffnen zu können, was ihr verwehrt wurde.[20] Im folgenden Monat schrieb sie erneut nach London, woraufhin Sir Simon McDonald, der Unterstaatssekretär im Foreign and Commonwealth Office, ihr wiederum ablehnend schrieb: Es gebe keinen Grund, »weshalb es nötig sei, dass die [EU]-Kommission auf Dauer in Belfast vertreten sei, um die Durchführung des [im Austrittsabkommen enthaltenen Irland-Grenz-] Protokolls zu verfolgen«.

Inzwischen war es April geworden. Das Corona-Virus verbreitete sich rapide auf dem europäischen Kontinent, und so war schon bei den ersten Anzeichen einer schweren Krise die Frage aufgetaucht, ob der endgültige Austritt über den 31. Dezember hinausgeschoben werden sollte, um mehr Zeit für die komplizierten Verhandlungen zu gewinnen.[21] Von der Leyen wandte sich an Johnson, dies ernsthaft zu erwägen. Aber die Idee wurde von London sofort verworfen. Man habe – so hieß es – keine Verlängerungspläne. Dann erkrankte der Premierminister, und Barnier musste in Quarantäne gehen. Als Mitte April die Frage eines Hinausschiebens erneut in der Presse gestellt wurde, antwortete Frost tags darauf, nachdem Barnier sich über die zögerliche Behandlung durch die Briten beklagt hatte:»Wir werden keine Verlängerung vorschlagen. Sollte die EU dies tun, werden wir nein sagen.«[22] Es machte für ihn keinen Unterschied, dass eine Mehrheit der Bevölkerung ein Verschieben befürwortete. David Henig, der Direktor des UK Trade Policy Project beim European Center for International Economy, einem Think Tank, kommentierte das Thema folgendermaßen:»Ich meine, dass sie [die Johnson-Regierung] die Herausforderung unterschätzen; glauben sie doch, dass ein Deal abgeschlossen werden kann.« Dann warnte er vor den Risiken, die man damit sowohl gegenüber Brüssel als auch innenpolitisch eingehe. Zwar war Frost für ein umfassendes Handelsabkommen, wie die EU solche auch mit anderen Ländern abgeschlossen hatte, aber neue Regeln für ein»level playing field«, das Großbritannien keine Vorteile brachte, lehnte er ab. Barniers antwortete, dass die eine Seite nicht einfach als Forderer auftreten könne. Allerdings – so fuhr er fort – sei es zu früh, um zu einer genaueren Lagebeurteilung zu gelangen. Die EU-Kommission werde die Situation Anfang Juni abschätzen, wie es am 30. Juni mit den Ergebnissen der ersten Etappe aussähe. Sofern sich beide Seiten einig seien, könne man dann auch an eine Verlängerung um ein oder zwei Jahre denken.

Mit der schleppenden Behandlung der Probleme konfrontiert, ließ sich Barnier auch jetzt nicht aus der Ruhe bringen. Erneut wies er stattdessen auf die wirtschaftlichen und demografischen Disparitäten zwischen der EU und Großbritannien hin, nachdem Johnson fast gleichzeitig mit dem Beginn seiner Verhandlungen mit der EU Anfang März die Ziele für Gespräche über ein Handelsabkommen mit den USA ausgebreitet hatte. Schon im vergangenen Herbst hatte er die Aussicht darauf für»phantastisch«gehalten, nachdem Trump mit für ihn typischen Übertreibungen die angloamerikanische»special relationship« in den grünen Klee gelobt hatte.[23] Wie stark diese Initiative offenbar als Druckmittel auf die EU gemeint war, zeigte sich dann Anfang Mai, als Handelsministerin Liz Truss verkündete, sie werde ein einleitendes Videogespräch mit Robert Lighthizer, dem amerikanischen Handelsbeauftragten, abhalten, in das an die 100 Beamte der beiden Seiten zugeschaltet werden sollten.[24] Sie erklärte weiter, dass ein Handelsabkommen mit Washington gerade auch im Hinblick auf die wegen der Corona-Krise auf das Land zukommenden Belastungen »essenziell« sei. Dann verfiel auch sie in die für London nun schon seit langem bezeichnende Selbstüberschätzung. Man werde, so fügte sie hinzu, Washington gegenüber hart verhandeln. Eine solche Taktik werde schließlich allen Teilen des Vereinigten Königreichs zugutekommen und vor allem kleineren Unternehmen nützen.

Nicht bereit, sich unter Rückgriff auf die USA unter Druck setzen zu lassen, reagierte die EU im Mai ihrerseits störrisch, indem die mit der Regelung der Wohn- und Arbeitsrechte befassten Behörden die Absicherung der Rechte für die in der EU lebenden 1,3 Millionen Briten nicht mit der gleichen Energie in Angriff nahmen, wie London sie für die in Großbritannien wohnenden und arbeitenden 3,5 Millionen EU-Bürger bereits an den Tag gelegt hatte. So beklagte sich jetzt ausgerechnet Gove über diese Verzögerung, die aber nicht nur mit Barnier, sondern wohl auch mit der Pandemie und dem Problem zusammenhing, dass die Wohn- und Arbeitsregelung nicht in Brüssel, sondern in den Händen der 27 EU-Mitgliedsregierungen lag.[25] Gleichwohl warnte Gove, dass es ein »ernstes Risiko« für das Gesamtunternehmen darstelle, wenn die EU ihren diesbezüglichen Verpflichtungen unter dem Austrittsgesetz nicht bis zum Ende der Übergangsperiode am 31. Dezember 2020 nachkomme.

Inzwischen verliefen die Kontakte auch auf allen anderen Gebieten langsam. Erschwerend war auch, dass die Machtkämpfe in der britischen Regierung weitergingen. Schon seit längerem gab es einflussreiche Politiker, die sich nicht nur der ruppigen Personalpolitik von Cummings, sondern auch seiner rigiden Austrittsstrategie widersetzten. Für sie schien eine Gelegenheit gekommen, als die »graue Eminenz« der Downing Street das strikte Pandemie-Reiseverbot ignorierte und zu ihrer Familie nach Yorkshire fuhr.[26] Während diese Reise viel Aufsehen erregte, gab es in Brüssel kaum Fortschritte. Zwar hatte die britische Delegation inzwischen aus London immerhin einen 250-seitigen Entwurf erhalten, der den weiterhin bestehenden Abgrund zu Barniers Entwurf allerdings nur noch deutlicher machte.[27] Ein Vergleich ließ ohne Umschweife erkennen, dass monatelange, wenn nicht gar jahrelange Verhandlungen erforderlich sein würden, um den Austritt ohne einen abrupten harten Brexit zum Abschluss zu bringen. Angesichts dieser Zustände ist es kein Wunder, dass Anand Menon, Europaexperte und Professor an der Londoner Universität, zu dem paradoxen Schluss kam, seit dem Referendum habe sich alles und nichts verändert.[28] Obwohl laut einer groben Zählung des National Audit Office seit dem März 2020 über 27.000 Beamte und andere Experten mit dem Brexit beschäftigt seien, sei nun ganz sicher, dass der Austritt für das Land schwerere Folgen haben würde als je vorausgesehen.

5.3 Die Irische Frage

Das waren altbekannte Warnungen, die Johnson eigentlich hätten veranlassen sollen, die Verhandlungen mit Brüssel zu beschleunigen. Obwohl er selbst wiederholt hatte, dass Großbritannien zum 31. Dezember 2020 so oder so die EU endgültig verlassen werde, verstrichen der Juli und August ohne greifbare Fortschritte auf dem Wege zu einem Gesamtabkommen. Der Premierminister nannte Anfang September den 15. Oktober als den Termin, an dem das Abkommen vorliegen müsse. Noch nachteiliger war, dass man in der Downing Street wohl unter der Führung von Cummings einen sehr radikalen Plan entwickelt hatte, der Johnsons Terminsetzung praktisch zunichtemachte: Nachdem die irische Grenzfrage in den Monaten nach dem 31. Januar 2020 in Brüssel kaum zur Sprache gekommen war, ging Barnier offenbar von der Annahme aus, dass die Verständigung, die Johnson auf einem Spaziergang im Garten der Thornton Manor in Thornton Houg, einem Dorf auf der Wirral Halbinsel westlich von Liverpool, mit dem irischen Premier Leo Varadkar über die Beibehaltung einer weichen Grenze zwischen Nordirland und der Republik erzielt hatte, auch über den 31. Dezember hinaus halten würde. Der Nachteil dieser Lösung, die auch Theresa May im Auge gehabt hatte, war indessen, dass Nordirland außerhalb der britischen Souveränitätssphäre lag, weil die Irische See zur vorläufigen Grenze geworden war. Jetzt war es die britische Westküste, an der in den Fährenhäfen die Einwanderungs- und Zollabfertigung stattfand. Dies bedeutete, dass London in Belfast keine volle Souveränität besaß, und das war sowohl für die nordirischen Protestanten als auch für die Brexiteers in der Konservativen Partei unakzeptabel.

Um diese vollen Rechte zu sichern, kam in der Downing Street Ende August die Idee auf, die Passagen zur irischen Grenzfrage einfach aus dem Austrittsabkommen vom 31. Januar herauszunehmen und mit diesem Schachzug die britische Souveränität über Nordirland wiederherzustellen.[29] Gegenüber einem so eklatanten Bruch eines internationalen Vertrages kamen aus Brüssel sofort Proteste. Aber auch in der Konservativen Partei regten sich Bedenken, nachdem Brandon Lewis, der Minister für Nordirland, bei seiner Erklärung des Plans im Parlament zugegeben hatte, dass der Entwurf den Austrittsvertrag vom Januar in »spezifischer und begrenzter Weise« breche. Das Gesamtabkommen sei durch die Maßnahme, die Johnson sich von seiner sicheren parlamentarischen Mehrheit gesetzlich bestätigen lassen wollte, angeblich nicht tangiert. Der Entwurf zu diesem merkwürdigen Gesetz sei in Vorbereitung.

Doch was konnte die EU gegen einen solchen illegalen Bruch und Souveränitätsanspruch tun, der besonders Dublin traf und auch die übrigen rechtlichen Fundamente der Gemeinschaft gefährdete?[30] Von sich aus den britischen Zugang zum gemeinsamen Markt einfach zu verweigern, war keine Lösung, weil Barnier noch auf einen positiven Ausgang der Verhandlungen und einen weichen Brexit hoffte. Zudem hatte sich London in dem Austrittsvertrag zu einer Abgleichung seiner Brüsseler Schulden von 35 Milliarden Euro verpflichtet. Das war eine erkleckliche Summe, auf die man in der EU nicht verzichten wollte. Auch stand das Land weiterhin unter dem Dach des Europäischen Gerichtshofs, der den Irland-Schritt für ungültig erklären und ein Bußgeld verhängen konnte. Ein weiteres Druckmittel gegen eine Vertragsverletzung kam schließlich aus den USA, wo die Sprecherin des Abgeordnetenhauses, Nancy Pelosi, durch die Amerikaner irischer Abstammung mobilisiert, warnte, nichts zu tun, was das Good Friday Agreement vom April 1998 unterminiere.[31] Verfolge die Downing Street ihren Nordirland-Plan weiter, wäre an ein Handelsabkommen mit Washington nicht mehr zu denken.

Es ist allerdings typisch für Barniers geduldige Verhandlungsführung, dass er abwartete, in der Hoffnung, dass Johnsons Manöver, dessen innenpolitische Durchsetzung Wochen erfordern würde, eine Chance bot, das Gesamtabkommen mit der EU voranzutreiben. Wie ein Mitarbeiter Barniers betonte, wollte man sich in Brüssel keinesfalls von Johnson den Schwarzen Peter für einen harten Brexit zuschieben lassen.[32] Zudem entstand in Brüssel erneut der Verdacht, dass es sich um einen britischen Verhandlungstrick handele. So gingen die Gespräche in Brüssel weiter. Bei einem Treffen mit dem EU-Vizepräsidenten Marcoš Šefčovič Mitte September verkündete Gove, dass London den Entwurf nicht zurückziehen werde. Zugleich verpflichtete

Die Irische Frage 161

er sich, in gegenseitigem Vertrauen weiter miteinander zu reden. Frost bezeichnete diese Treffen als »nützlich«, bevor er versicherte, dass die britische Seite hart arbeiten werde, um bis zu dem von Johnson gesetzten Termin, den 15. Oktober, ein Abkommen zu erreichen.[33] Auf jeden Fall wollte Brüssel auf solches Reden mit zwei Zungen nur dann scharf reagieren, wenn der in Arbeit befindliche britische Gesetzentwurf tatsächlich ratifiziert wurde. Das aber war angesichts der inneren Kritik allenfalls im Oktober zu erwarten.

Anfang Oktober waren die Gespräche immerhin so weit gediehen, dass beide Seiten glaubten, eine hinreichende Gemeinsamkeit für eine abschließende Vereinbarung gewonnen zu haben. Wie die *New York Times* es am 3. Oktober formulierte, könne man zwar nicht von einem Durchbruch sprechen, aber auch nicht von einem Zusammenbruch.[34] In dieser Situation entstand der Gedanke, die Verhandlungen jetzt auf die höchste Ebene zu heben und nicht nur von der Leyen und Johnson zu mobilisieren, sondern auch Bundekanzlerin Angela Merkel und den französischen Präsidenten Emmanuel Macron. Deutschland hatte den Vorsitz im Ministerrat der EU und Merkel daher ein besonderes Interesse, einen Bruch zu verhindern, den Johnson gleichwohl vorantrieb, indem er das rechtsbrecherische Gesetz in Westminster kalt auf EU-Konzessionen kalkulierend vorantrieb. Merkel hielt sich nach dieser Hiobsbotschaft sehr zurück und meinte lediglich, dass man im Hinblick auf das vorherige Abkommen über Nordirland einen Rückschlag erlitten habe. Dann fügte sie schlicht hinzu: »Das ist bitter.«

Bevor ich mich der Schlussphase und dem endgültigen Brexit zum 31. Dezember zuwende, sollen zuvor noch einmal die sozioökonomische Lage und die voraussichtlichen Folgen des Austritts für Großbritannien untersucht werden. Es ist weiter oben schon mehrmals erwähnt worden, wie Wirtschaftsexperten und die Unternehmerschaft die sozioökonomischen Folgen des Referendums von 2016 einschätzten. Dabei war es von vornherein klar, dass sich die britische Konjunktur erheblich abschwächen würde, wenn ihr der große Markt der EU nicht mehr frei und ohne langwierige Zollabfertigungen zugänglich war.[35] Davor hatten die Industrieverbände und einzelne Unternehmen mehrfach gewarnt, obwohl man dies ziemlich leisetreterisch getan hatte. Doch nach dem 31. Januar 2020 war endgültig der Punkt erreicht, wo es für viele Unternehmen ums Überleben ging. Dennoch ist es erstaunlich, dass eine für die Gesamtwirtschaft relativ unbedeutende Frage sowohl im Frühjahr 2020 und dann bis zum Dezember eine so große Rolle spielte: die Nordseefischereirechte. Die britischen Fischer hatten, wie erwähnt, 2016 stramm für den Austritt gestimmt, weil sie erwarteten, dass die Konkurrenz der Holländer, Belgier und Franzosen verschwinden würde. Mochten die Brexiteers vor der Wahl diese Hoffnungen in Lowestoft und Hull auch geschürt haben, nach dem Referendum wurde den Fischern ziemlich deutlich gesagt, dass ihre Rechtsansprüche möglicherweise ein Handelsobjekt für Kompromisse auf anderen, wichtigeren Gebieten werden könnten.[36] Indessen waren die Fischer gut organisiert und konnten ihren Forderungen dadurch Nachdruck verleihen, dass sie ihre Ansprüche durch ein vom Parlament zu verabschiedendes Gesetz sicherten.

5.4 Zur Lage der britischen Wirtschaft nach dem 31. Januar 2020

Kaum war der Austritt am 31. Januar festgeschrieben, als Fiona Harvey im *Guardian* berichtete, dass der Entwurf zu einem Fischfanggesetz vorbereitet werde.[37] Dieses Gesetz sollte nachhaltige Regeln für die Fischerei enthalten. Auch die britischen Hoheitsansprüche und -grenzen waren bereits abgesteckt worden, die recht weit in die nördliche Nordsee hineinragten und den Holländern, Belgiern und Franzosen nur schmale Küstenstreifen beließen. Offenbar wurde aber gleich dazugesagt, dass der Zugang der anderen Anrainer zu den britischen Fischfanggebieten bei den Verhandlungen mit Brüssel eingesetzt werden solle. Umgekehrt betrachtete auch die EU die Fischereifrage, über die man sich idealerweise bis zum 1. Juli einigen wollte, als eine Voraussetzung für ein umfassenderes Handelsabkommen. Doch wie der *Daily Telegraph* schrieb, war die Fischerei zwar wirtschaftlich unbedeutend, enthielt indessen viel innenpolitisches Dynamit. Jedenfalls sah die britische Umweltministerin Theresa Villiers, dass die Abkoppelung von der EU dem Land einen »der wichtigsten Vorteile des Brexits« bringen werde, indem die Fangquoten mit Brüssel jährlich festgelegt werden sollten. Hingegen wollte die französische Regierung diese Rechte auf 25 Jahre fixieren. Brüssel glaubte, für eine langfristige Lösung auch deswegen einen starken Hebel in der Hand zu haben, weil 75 Prozent des britischen Fangs in die EU geliefert wurden. Obwohl man sich früh auf einen Kompromiss hätte einigen können, verstrich der Juli-Termin, und die Auseinandersetzung lief bis in den

Herbst und damit bis in die kritischen Wochen hinein weiter. Ob dies eine weitere absichtliche Taktik Londons war, ist ohne Zugang zu den einschlägigen Dokumenten nicht eindeutig festzustellen.

Schon am 8. Februar hatte Holger Schmieding, der Chefökonom der Londoner Berenberg Bank, gezeigt, dass es größere wirtschaftliche Probleme zu lösen galt als die Nordseefischerei. Unter Hinweis auf die Finanzspritze, die Johnson dem Land unter Aufgabe der einstigen Austerity-Politik der Konservativen 2019 gegeben hatte, meinte der Bankier, dass die Kosten des Brexits bisher noch verdeckt geblieben seien.[38] So hatte der Mini-Boom 2019 zum Beispiel die Hauspreise um 4,1 Prozent ansteigen lassen. Infolgedessen – so Schmieding – werde es einige Zeit dauern, bis die britische Regierung die Frage ihrer Handelsbeziehungen mit der EU ernsthaft anpacken würde. »Wir alle«, schrieb er, »müssen uns an ein Vereinigtes Königreich gewöhnen, das wirtschaftlich noch mehr dahintreibt als in der Politik«. Die Wirklichkeit ließ sich dadurch freilich nicht anhalten. Am gleichen Tag, an dem er den Post-Brexit-Kater kommentierte, kündigte Jaguar Land Rover an, dass die Firma im letzten Quartal 2019 2,3 Prozent weniger Autos abgesetzt habe.[39] Man hätte daher auf Reserven zurückgreifen müssen, um den Rückgang in der EU und in China vor allem bei den Dieselmodellen auszugleichen. Der Sportwagenhersteller Aston Martin, dessen schwache Zukunftsaussichten weiter oben erwähnt wurden, hatte diesmal insofern Glück, als der kanadische Milliardär Laurence Stroll mit einer Beteiligung von £ 500 Millionen und der Hoffnung einstieg, das Unternehmen wieder flottzumachen. Die Aktien stiegen daraufhin um 25 Prozent, obwohl sich die Schulden trotz der Einlage immer noch auf fast £ 400 Millionen beliefen. Das bedeutete, dass das Unternehmen zur Wahrung der Liquidität teure Investitionen in Elektro-Fahrzeuge bis 2025 zurückstellen musste, während Tesla und auch die deutschen und japanischen Hersteller ihren Vorsprung erweiterten.

Die Verhandlungen mit Brüssel machten auch in den folgenden Wochen und Monaten nur sehr langsame Fortschritte. Die Geschäftswelt, die dauernd an den 31. Dezember 2020 denken musste, wollte daher immer dringender wissen, ob sie sich auf einen weichen oder harten Brexit vorbereiten sollte. Bis zum Juli waren diese Sorgen so ernst geworden, dass Johnson erneut gewarnt wurde. Diesmal wies man ihn daraufhin, dass die Folgen eines harten Brexits besonders die Regionen mit einem starken Anteil an Fabrikarbeitern treffen würden.

Das waren die Wähler traditioneller Hochburgen der Labour-Partei, die im Herbst 2019 jedoch Johnsons »Get Brexit Done«-Propaganda mit ihren Verheißungen für eine industrielle Wiedergeburt ohne den angeblichen Zwang durch die Brüsseler Bürokratie vertraut hatten. Schlimmer noch war, dass zwei Drittel der Exporte aus Wales, den Midlands um Birmingham und Coventry und dem britischen Nordosten in die EU gingen, die bei einem harten Brexit durch den Wegfall der Zollfreiheit mit schweren Einbußen rechnen mussten. Die Confederation of British Industry warnte, dass die Unternehmen sich einmaligen Herausforderungen nicht nur wegen der Corona-Krise gegenübersähen, sondern auch wegen der immer noch unsicheren Brexit-Lösung.[40] In Hull im Osten und in Blackpool im Westen stand die Arbeitslosigkeit derweil fast bei 10 Prozent, und soweit es den Einzelhandel betraf, hatten Tausende von Läden bereits schließen müssen, und dies nicht nur wegen der Einbrüche, die mit der Corona-Krise zusammenhingen, sondern auch aufgrund der sich schon vor dem 31. Dezember auswirkenden generellen Konjunkturschwäche.[41] Freilich machte sich weiterhin das traditionelle Zögern bemerkbar, soziale Ungleichheiten, die durch die neoliberale Wirtschaftspolitik seit Thatcher entstanden waren, zu mildern. Zwar sprachen die Konservativen von der Notwendigkeit, die Wirtschaft neu auszubalancieren. Aus der shareholder society sollte wieder eine stakeholder society gemacht werden. Allerdings bestanden Zweifel, dass die notwendigen Strukturveränderungen und Investitionen von Staat und Wirtschaft gemeinsam in Angriff genommen werden würden. Bedurfte doch nicht nur der in der Krise steckende britische National Health Service radikaler Reformen und einer Finanzspritze, sondern auch die britische Wirtschaft insgesamt.[42]

Im Sommer waren sich auch die die National Farmers' Union und die Ferntransportfirmen mehr denn je bewusst geworden, wie viel an neuer Bürokratie ein harter Brexit allein mit dem Ausfüllen von Einfuhr- und Ausfuhrformularen mit sich bringen würde.[43] Da das irische Grenzproblem in den Wochen davor öffentlich kaum berührt worden war, erinnerte Denis MacShane daran, dass für Nordirland Regeln bestanden, die wie bisher einen ungehinderten Handel mit der Irischen Republik ermöglichten. Doch dann erreichte die Dörfer westlich des riesigen Umschlaghafens von Dover eine Hiobsbotschaft, die eher auf einen harten Brexit hinwies und infolgedessen auch Irland betraf: Nahe dem friedlichen Flecken von Mersham in der Grafschaft von Kent hatte die Regierung in Erwartung kilometerlanger Lkw-Schlangen bei Dover insgeheim eine Ackerfläche von 27 Morgen gekauft, auf der die Schlepper einen asphaltierten Platz bis zu ihrem Aufruf zur Abfertigung finden konnten.[44] Allzu lange durfte dieses Parken allerdings nicht dauern, zumal wenn die Lkw schnell verderbliche Lebensmittel und Medikamente an Bord hatten. Die Ironie an dieser Nachricht für die Anwohner war, dass auch sie 2016 mehrheitlich für den Austritt gestimmt hatten. Nicht bereit, sich mit den zusätzlichen Dieselschwaden abzufinden, gründeten sie jetzt eine Protestbewegung gegen die Willkürmaßnahmen nicht der Brüsseler Bürokratie, sondern der eigenen Regierung.

5.5 Mangelnde Vorbereitungen auf den herannahenden Brexit

Inzwischen liefen die Verhandlungen mit der EU weiter, ohne dass deutliche Fortschritte erzielt wurden, und bis zum Durchbruch am 31. Dezember standen nur noch wenige Wochen zur Verfügung. Vor allem ausländische Firmen waren jetzt nicht mehr bereit, lediglich zu warnen, sondern ergriffen konkrete Schritte zum Schutz ihrer Interessen. Am 4. Oktober berichtete das *Wall Street Journal*, dass amerikanische Banken ihre Geschäfte und Angestellten vor dem Brexit-Termin weiterhin aus London abziehen würden.[45] Tags darauf meldeten sich Toyota und Nissan in London. Sie wollten von der Regierung für Zollabgaben kompensiert werden, die sie im Falle eines harten Brexits würden zahlen müssen.[46]

Einige Tage zuvor hatte die amerikanische Webseite *Politico* eine Zusammenstellung aller Probleme veröffentlicht, die sich auswirken würden, wenn bis zum 31. Dezember kein Abkommen zustande kam.[47] An erster Stelle nannte der Artikel das Chaos bei der Zollabfertigung in Dover und anderen britischen Nordseehäfen. Da die Fernlastfirmen die entsprechenden Dokumente vorher ausfüllen müssten, erwarteten Pessimisten Schlangen von 7.000 Lkw auf der britischen Seite, die die durch die Zoll-Inspektionen zu erwartenden Zeitverluste nur noch verschärfen würden. Und wenn das Zollinspektionspersonal überfordert sei und nur kursorisch inspizierte, würde dem Schmuggel Tür und Tor geöffnet. Auch die Flüge britischer Gesellschaften waren durch den Brexit gefährdet. In der EU unterstanden sie der Aufsicht der europäischen Flugsicherungsbehörde. Doch die bestehenden Lizenzen wurden im Augenblick des 31. Dezember ungültig, sodass britische Gesellschaften nicht mehr nach Europa würden fliegen dürfen, bis die Ausgabe neuer Lizenzen vereinbart war. Während British Airways schon aus Gründen des nationalen Prestiges darauf rechnen konnte, mit staatlichen Subventionen vor einer Bankrotterklärung gerettet zu werden, starrten Billigflieger wie easyjet, die obendrein noch auf britische Touristen angewiesen waren, bei einem harten Brexit in den Abgrund.

Ich kann nicht auf die weiteren Folgen des Brexits der transnationalen Zusammenarbeit zwischen den Polizei-, Sicherheitsbehörden und den Gerichten, in der Energie- und Umweltpolitik und andere Engpässe eingehen, sondern weise lediglich auf die hohen zusätzlichen Kosten unter neuen rechtlichen Voraussetzungen hin. Sehr schwer würden auch Wissenschaft und Bildung betroffen sein, da die Förderungsprogramme der EU den britischen Universitäten und Forschungsinstituten nicht mehr zugänglich sein würden. An die 10.000 Wissenschaftler hatten das Land bereits verlassen, darunter kürzlich auch der Physiker Ulf Schmidt, der eine Professur an der Hamburger Universität annahm und seinen Forschungsetat von zehn Millionen Euros mitnahm. Zum Abschied äußerte er sich sehr desillusioniert über die Erfahrungen, die er in letzter Zeit mit der britischen Wissenschaftspolitik gemacht hatte.[48]

Auch ein detaillierter Bericht, den *Der Spiegel* am 10. Oktober veröffentlichte, sprach von den schlimmen Folgen einer chaotischen Scheidung, die in Großbritannien nicht nur zu Lkw-Kolonnen, sondern auch zu Arbeitsplatzverlusten und Preiserhöhungen führen würden. Zwei Tage nach dem Bericht im *Spiegel*, kam das britische Institute for Fiscal Studies mit einer Berechnung der Kosten heraus, die neben dem Brexit infolge der späten Reaktion auf die Corona-Krise und der langsameren Erholung der britischen Wirtschaft nach 2008 zusätzlich entstehen würden. Die Statistiker kamen auf einen Anleihebedarf von £100 Milliarden. Wie der Wirtschaftskorrespondent des *Guardian* schrieb, werde das Loch in den öffentlichen Finanzen 2024 dreimal tiefer sein als 2019.[49] Die Staatsverschuldung werde sich dann auf zwei Billionen Pfund belaufen.[50]

5.6 Wachsende politische Kritik an Johnson und das Drängen der EU auf einen Vertrag

Freilich stand für Johnson noch mehr auf dem Spiel als die Unwägbarkeiten des Brexits für die britische Wirtschaft. Angesichts der vielen Gerüchte über die Pläne von 10 Downing Street, meldete sich auch die schottische Unabhängigkeitsbewegung wieder lautstärker. So waren Anfang September 2020 Berichte erschienen, dass Nicola Sturgeon, die Vorsitzende der Scottish National Party (SNP), vor den für Mai 2021 angekündigten Wahl zum Schottischen Parlament ein zweites Referendum einleiten wolle.[51] Ihre Hoffnung war, dass sich diesmal eine Mehrheit der Schotten, die 2014 noch mit 55,3 Prozent für ein Verbleiben im Vereinigten Königreich gestimmt hatten, für den Austritt aus Großbritannien entscheiden würden. Was Sturgeon zu ihren Kalkulationen ermutigte, war auch, dass die Schotten sich 2016 mit 62 Prozent der Stimmen für ein Verbleiben in der EU ausgesprochen hatten. Gelang daher die Trennung von England, war der Weg zu Beitrittsverhandlungen Schottlands mit Brüssel frei. Der SNP war aber auch bekannt, dass ein Austritt vom Parlament in Westminster gebilligt werden musste, und dort besaß Johnson jetzt eine Konservative Mehrheit, die diesem Schritt nie zustimmen würde. Würde dies doch auch die Waliser Unabhängigkeitsbestrebungen ermutigen und letztlich den Zerfall des Vereinigten Königreichs heraufbeschwören.

Was dann mit Nordirland geschehen würde, wo die Katholiken, aber auch einige Protestanten die offene Grenze einem Brexit mit einer neuen Absperrung zur Irischen Republik vorzogen, stand in den Sternen. Auch drohte der Kollaps der Good-Friday-Vereinbarungen und ein erneuter Ausbruch des Bürgerkriegs als Schreckensbild im Hintergrund. Kein Wunder, dass das Londoner Kabinett solchen Entwicklungen wiederholt einen Riegel vorgeschoben hatte.[52] So schwelte die irische Grenzfrage bei den Verhandlungen mit der EU weiter. Stattdessen konzentrierte man sich in den Brüsseler Verhandlungen auf die Nordseefischereifrage und die Herstellung eines Gleichgewichts in den Handelsbeziehungen und der Zulässigkeit staatlicher Förderungsmaßnahmen, durch die ein souveränes Großbritannien nach dem Brexit der eigenen Industrie Wettbewerbsvorteile hätte zuschanzen können.

Nachdem weiterhin in Brüssel kaum irgendwelche Fortschritte erzielt worden waren, verengte sich Mitte Oktober der Handlungsspielraum, den Johnson zu haben glaubte, durch zwei innenpolitische Entwicklungen. Zum einen benutzte Lord Kerr, Richter am Obersten Gerichtshof, der in den Ruhestand trat, diese Gelegenheit, um Johnson den rücksichtslosen Einsatz seiner Macht als Premierminister vorzuhalten.[53] Großbritannien befinde sich auf einer schiefen Bahn und dem Weg in eine Diktatur. Kurz zuvor hatten auch die Bischöfe der Anglikanischen Kirche kritisiert, dass Johnson mit seiner Absicht, den Austrittsvertrag mit der EU vom Januar 2020 zu brechen, völkerrechtliche Regeln verletze, durch die ein »desaströser Präzedenzfall« geschaffen werde.[54] Zwar war Johnson schon früher gewarnt worden, einen solchen Bruch zum Nachteil des internationalen Ansehens des Landes zu vollziehen. Doch jetzt kam noch ein einstimmiger Beschluß des Oberhauses hinzu, die eine derartige Völkerrechtsverletzung verdammte. Zwar hatten die Lords ihr legislatives Vetorecht gegenüber dem Unterhaus bereits 1911 verloren,[55] und Johnson verfügte dort über genügend Stimmen, die kritische Entschließung zu stoppen. Gleichwohl trieben diese juristischen Schachzüge und Abstimmungen den Premier noch weiter in die Enge.

Indessen führte dies nicht dazu, dass London sich wenigstens jetzt in Brüssel verständigungsbereiter zu verhalten begann. Stattdessen kamen aus London erneut verwirrende Stellungnahmen. Am Freitag, den 16. Oktober verkündete Johnson – wie angedroht – abrupt, dass die Verhandlungen nicht fortgesetzt werden würden, es sei denn die EU würde endlich auf eine Lösung der anstehenden »grundsätzlichen Herausforderungen« eingehen.[56] Was immer er damit meinte, die EU verhielt sich weiterhin geschmeidig, denn am gleichen Tag signalisierten sowohl Bundeskanzlerin Merkel als auch der französische Staatspräsident Macron, dass sie weiterhin einen Kompromiss in der Fischerei- und Subventionenfrage anstrebten.[57] Auch Ursula von der Leyen bestätigte, dass man keinen Abbruch, sondern eine Intensivierung der Verhandlungen wünsche. Übers Wochenende kam es daher zu einem weiteren Austausch zwischen Frost und Barnier. Letzterer bestätigte, dass er bereit sei, »über alle Themen« zu sprechen, und er jetzt lediglich auf Londons Reaktion darauf warte. Eine Antwort Johnsons war unausweichlich geworden, als Barnier obendrein ankündigte, höchstpersönlich in London vor Johnsons Haustür zu erscheinen in der Absicht, »auf beiden Seiten die notwendigen Kompromisse zu suchen«. Die Verhandlungen sollten am Donnerstag der Woche beginnen.

Nach so vielen, sich kreuzenden Depeschen und Tweets kam es am Montag in London zuerst zu einer Stellungnahme von Gove, der der EU im Unterhaus vorwarf, bisher nicht ehrlich mit London verhandelt zu haben.[58] Gove war noch dabei, die EU gerade für Johnsons Abbruch-Drohung verantwortlich machen, als ihm Barniers Angebot vorgelegt wurde, woraufhin er sich sofort korrigierte. So schwierig es ist, die Schachzüge der Downing Street zu durchschauen, und man wohl erst warten muss, bis in 30 Jahren die Archive der Forschung zugänglich werden, es ist dennoch möglich, dass Goves Stellungnahme mit einem erneuten, angeblich »konstruktiven« Treffen zusammenhing, das er kurz zuvor mit dem Kommissionsvizepräsidenten Macoš Šefčovič gehabt hatte. Im Anschluss daran hatte letzterer eine Presserklärung herausgegeben, in der er zwar der Hoffnung Ausdruck gab, dass man beiderseits Fortschritte machen wolle; doch er hatte hinzugefügt, dass im Zusammenhang mit dem Nordirland-Protokoll »seitens des UK noch viel Arbeit zu erledigen« sei. Mit anderen Worten, er hatte den neuralgischen Punkt angesprochen, der in den kürzlich veröffentlichten Presseerklärungen immer verschwiegen worden war.

Die Schwierigkeiten mit dem Nordirland-Protokoll gehen auch aus einer Rede hervor, die der gut informierte John Bruton, ehemals Premierminister der Republik Irland, hielt. Er gab zu Beginn von Barniers Gesprächen eine Stellungnahme ab, die angesichts seines Rückzugs aus der aktiven Politik zwar weniger Gewicht hatte, aber dennoch für ein Verständnis des allseitigen Taktierens relevant ist.[59] Unter der Überschrift, dass weiterhin mit einem »No-Deal-Brexit« zu rechnen sei und daher viel von der Politik der Konservativen Partei abhänge, wies Bruton einmal mehr und ziemlich ausführlich auf die Differenzen bezüglich der Fischfangrechte und einer Vereinbarung über die Subventionspolitik hin, ehe er auf das Nordirland-Protokoll zu sprechen kam. Die dafür zuständige EU/UK-Kommission hätte ihre Arbeit zu spät aufgenommen, »hauptsächlich, weil die britische Seite ihre Beratungen noch nicht abgeschlossen« hätte. Dann fragte Bruton ganz direkt: »Und wie erklären wir Johnsons dramatische Handbewegung«, mit der er Mitte Oktober das Ende der Verhandlungen verkündet hatte? Handelt es sich um eine »Verhandlungstaktik«, die durch die britische Innenpolitik bedingt sei?

5.7 Die harten Brexiteers in der Downing Street und deren Entlassung

Worauf Bruton damit offenbar anspielte, war seine Vermutung, dass sich mittlerweile unter den Beratern und auch in der Partei der alte schwelende Machtkampf zwischen den harten und den weichen Brexiteers sehr verschärft hatte. An vorderster Stelle unter denen, die einen »No-Deal«-Brexit anvisierten, stand seit langem Dominic Cummings, dessen Schlüsselrolle in der Downing Street weiter oben schon behandelt wurde.[60] Er hatte aus seiner Meinung auch öffentlich nie ein Hehl gemacht, seine Stellung aber auch für persönliche Vorteile ausgenutzt. Zuerst hatte er sich die Freiheit genommen, die offizielle strikte Isolierungsdirektive Johnsons zu ignorieren, indem er mit seinem Auto mehrere hundert Kilometer zurücklegte, um seine Eltern in der Nähe von Durham zu besuchen.[61] Für seine Gegner war dies der Anlass, Johnson aufzufordern, Cummings zu entlassen. Der Premier tat dies nicht, vor allem weil er einen so vertrauten Berater nicht entbehren wollte, woraufhin ihm einer seiner Minister sein Amt vor die Füße warf. An Johnsons Weigerung änderte sich auch nichts, nachdem eine Untersuchung der Polizei und des Crown Prosecution Service ergeben hatte, dass Cummings sich in der Tat über eine offizielle Regel hinweggesetzt hatte, für deren Missachtung andere Bürger belangt worden waren. Ja, er hatte sogar versucht, die Rechtsfindung gegen ihn zu untergraben. Ärger gab es auch, weil Cummings einen Steuernachlass für ein Haus beansprucht hatte, das er sich in Durham ohne die erforderlichen Genehmigungen 2002 als zweiten Wohnsitz gebaut hatte.[62] Nach einer weiteren Untersuchung erhielt er Mitte Oktober den Bescheid, dass er die örtliche Steuer von Tausenden von Pfunden nachzahlen müsse. Auch diese Sünde kreideten ihm seine Gegner an, von denen es inzwischen sehr viele gab.

Was indessen hinter diesen Spannungen stand, waren die viel größeren Konflikte, die jetzt im Kampf um einen harten oder weichen Brexit ihren Höhepunkt erreichten. Cummings hatte dabei einen Verbündeten, Lee Cain, der sich stark im Hintergrund gehalten hatte, aber schon viel länger ein einflussreicher Berater Johnsons gewesen war.[63] Er fungierte als Direktor der Medienabteilung in der Downing Street. Im November wurde bekannt, dass der Premierminister Cain zu seinem Stabschef machen wolle. Gegen diesen Plan erhoben sich

Proteste, die so stark wurden, dass Cain seinen Rücktritt von seiner gegenwärtigen Stellung verkündete. Als Cummings dies erfuhr, teilte er Johnson mit, dass er ebenfalls gehen werde. Cain verlautbarte, dass er ohnehin nur noch habe bleiben wollen, bis die Regierung die Corona-Krise in den Griff bekäme. Doch war dies wohl mehr ein Ablenkungsmanöver von den eigentlichen Gründen hinter der Krise. In Wirklichkeit ging es um den von Cain und Cummings verfolgten harten Brexit und den Ausgang der Verhandlungen mit Barnier. Auch Cain hatte mit seiner hemdsärmeligen Art die Kritik diverser Konservativer Abgeordneter an der »Schuljungen-Mafiosa« nur verstärkt.[64] Wie einer der Abgeordneten es ausdrückte, boten die angestrebten Entlassungen »eine Chance, um den alten Boris [...] aus dem Griff dieser Leute« zu befreien. Ein anderer meinte: »Boris muss diese Gelegenheit ergreifen, sich zu einem liberalen Vereiniger zurückverwandeln, einen Block von Hoffnungslosen im Kabinett loswerden und mit einer neuen Mannschaft starten.« Allerdings, so fügte er hinzu, sehe es im Moment nicht so aus, dass sich Carrie Symonds, Johnsons Verlobte, und die anderen, die ihn drängten, »inklusiver« zu sein, die Oberhand gewinnen würden.

Das war zu pessimistisch formuliert. Denn am 12. November entschloss sich Johnson, Cain und Cummings nach einer 45-minütigen letzten Auseinandersetzung gehen zu lassen.[65] Dabei, so schrieb der *Guardian*, habe der Premier Cummings und Cain beschuldigt, seine Regierung in einem Moment inmitten der Verhandlungen mit der EU zu destabilisieren, die der *Financial Times* zufolge in der kommenden Woche einen entscheidenden Punkt erreichen würden.[66] So brachte die *London Times* am 14. November die Schlagzeile, Cummings sei »in einer Säuberungsaktion gegen die Brexiteers« zum Rücktritt gezwungen worden.[67] Tatsächlich war der Geschasste noch am Nachmittag des 13. November fotografiert worden, als er mit beiden Händen einen Pappkarton mit seinen Habseligkeiten aus dem berühmten Vordereingang der 10 Downing Street trug. Er hätte wohl auch unauffällig durch den Hintereingang gehen können. Doch wie ein Kollege es ausdrückte, dies sei nicht Cummings Stil.[68]

5.8 Rettungsversuche vor Toresschluss und britisch-amerikanische Beziehungen

In der Tat: Barnier war inzwischen nach London gekommen. Zwar wurde auch diesmal kein Durchbruch erzielt, aber immerhin einigte man sich, die Verhandlungen in der Woche darauf in Brüssel fortzuführen. Es ist kaum anzunehmen, dass die Machtkämpfe in der Downing Street nicht schon vor dem Abgang von Cummings und Cain in Brüssel bekannt waren und mit großem Interesse verfolgt wurden. War es ein Versuch, Johnson zu unterstützen, der hinter einer Pressemitteilung vom 6. November stand, dass tags darauf Ursula von der Leyen mit Johnson ein längeres Telefongespräch führen werde?[69] Dies, so hieß es weiter, »könnte für den P[remier]M[inister] die letzte Chance sein, einen No-Deal-Brexit zu verhindern«. Als Ergebnis des Gesprächs verlautete es anschließend, dass zwar weiterhin signifikante Unterschiede bestünden, aber dass beide Seiten am Montag ihre Anstrengungen »verdoppeln« wollten, zu einem »Deal« zu kommen.

So ernsthaft Barnier, der im Januar 2021 in den Ruhestand treten würde, sich auch um ein positives Ergebnis bemüht haben dürfte, das er als seine Errungenschaft betrachten konnte, Johnson stand unter einem viel stärkeren Druck, einen Erfolg für sich verbuchen zu können. Zwar verhielt er sich nach außen hin, als ob nicht nur Cummings und Cain von jeher die harten Brexiteers gewesen seien, sondern auch der Premier höchstpersönlich.[70] Doch kursierte zugleichdas Gerücht, dass er in Wirklichkeit einen positiven Ausgang wünsche. Der Druck auf ihn kam erneut von den Sicherheitsbehörden und aus der britischen Wirtschaft. Als die Verhandlungen der Woche auch am fünften Tag keinen Erfolg zu bringen schienen, sagten mehrere Polizeiexperten erneut voraus, dass ein Ende ohne eine Vereinbarung mit der EU den Kampf gegen die grenzüberschreitende Kriminalität sehr erschweren würde.[71] Sie widersprachen Gove, der im Parlament behauptet hatte, ein »No-Deal«-Brexit würde die Sicherung der Grenzen erleichtern.

Und selbst wenn ein Vertrag noch in letzter Minute zustande käme, erwartete man bei der Zollabfertigung der Lkw jetzt mehr denn je ganz erhebliche Verzögerungen. Wie der National Audit Office (NAO) Anfang November erklärte, seien die Computersysteme überhaupt noch nicht getestet, die für die Grenzkontrollen erforderlich seien.[72] Zudem fehlte es an einer hinreichenden Anzahl von Zollbeamten und anderem Personal. Ebenso wenig waren die Unternehmen über die Planungen informiert worden.[73] Am 1. November meldete sich Carolyn Fairbairn, die Generaldirektorin des CBI, kurz vor ihrem Rückzug aus der Wirtschaftspolitik erneut zu Wort.[74] Für sie war ein Abkommen mit der EU nur ein »Startpunkt« für vertiefte Handelsbeziehungen, und im Prinzip war die Position der CBI weiterhin die, die Fairbairn schon seit Jahren eingenommen hatte. Wenig willkommen war für Johnson auch eine Berechnung, die die internationale Steuerberatungsfirma KPMG zum Wachstum der britischen Wirtschaft angestellt hatte.[75] Nachdem das Bruttoinlandsprodukt 2020 um 19,8 Prozent gefallen war, rechneten die KPMG-Experten wohl etwas überoptimistisch 2021 mit einem Wachstum des Bruttoinlandprodukts von 4,4 Prozent, wenn kein Vertrag mit der EU geschlossen werde, gegenüber 10,1 Prozent, wenn es gelang, die Handelsbeziehungen mit Europa günstig zu gestalten.

Am 3. November stellte sich Johnson noch ein weiteres Problem im Hinblick auf Amerika. Er hatte sich, wie bereits angesprochen, von einer »special relationship« mit den USA, die Trump ihm vorgaukelte, große Hoffnungen gemacht.[76] Nachdem Nancy Pelosi, die demokratische Vorsitzende des Abgeordnetenhauses, bereits früher vor Veränderungen in der Irland-Frage gewarnt hatte stand nun der Einzug des Demokraten Joe Bidens ins Weiße Haus bevor. Er war irischer Abstammung und wollte das Good-Friday-Abkommen vom April 1998 auf keinen Fall angetastet sehen. Von ihm wurde auch angenommen, dass er mit der EU, die Trump sehr schlecht behandelt hatte, das bewährte Verhältnis wiederherstellen würde und Großbritannien für ihn erst an zweiter Stelle stand.[77] Schließlich schwelte schon seit längerem der Disput über die mit Chlorin behandelten amerikanischen Hähnchen, deren Import nach Großbritannien auf Drängen der National Farmers Union verboten worden war. Das hatte in Washington weitere Irritationen ausgelöst und Johnson auch in dieser Frage zum Lavieren gezwungen.

Doch während Barnier unermüdlich mit Frost weiterverhandelte, kamen am 19. November ganz neue schlechte Nachrichten aus dem EU-Regierungslager. Einige EU-Mitlieder sorgten sich angesichts der endlosen Verhandlungen, dass eine Vereinbarung mit Großbritannien schlimmere Folgen haben könnte, als wenn man die Briten am 1. Januar 2021 einfach ohne einen Vertrag gehen ließe.[78] Zu diesen Zweiflern gehörten Frankreich, die Niederlande und Spanien. Wie ein EU-Diplomat es formulierte: »Wir ziehen eine Vereinbarung vor, aber [wollen] keinen schlechten Deal.« In Brüssel herrschte zudem der Eindruck, dass David Frost als Barniers Gegenüber selbst nach dem Abgang von Cummings keine größere Flexibilität gezeigt habe. Kurzum, die Ungeduld war nun auf Seiten der EU-Regierungen gestiegen, die ein Austrittsabkommen unterschreiben mussten. Zwar wurde darauf hingewiesen, dass Barnier in dauerndem Kontakt mit dem EU-Ministerrat und dem EU-Parlament stehe und auch große Verhandlungserfahrung besitze, doch schien man sich auf der anderen Seite des Ärmelkanals jetzt auch auf einen völligen Fehlschlag vorzubereiten. Unter diesen Umständen war es einen weichen Brexit kaum förderlich, dass Johnson am 21. November die Hände mit seinem kanadischen Kollegen Justin Trudeau schüttelte. Mit dieser Geste vereinbarten sie »im Prinzip« Verhandlungen zu einem umfassenden Handelsvertrag zwischen London und Ottawa.[79]

Nur zwei Tage später erinnerte Andrew Bailey, der Governeur der Bank of England, daran, dass ein Abkommen zwischen Großbritannien und der EU »im besten Interesse beider Seiten« sei.[80] Auch die Kalkulationen der Londoner Börse ergaben, dass sich im Vergleich zu einer fortdauernden Beziehung zur EU bei einem Brexit das Bruttosozialprodukt des Landes um acht Prozent verringern würde. Bailey widersprach Kanzler Rishi Sunak, der einem Deal mit Brüssel zwar den Vorzug gab, aber gleichwohl meinte, das Vereinigte Königreich werde »unter jedem möglichen Ausgang prosperieren«. So kamen aus London also weiterhin widersprüchliche Nachrichten. Ein Bericht des Brüsseler Korrespondenten des *Guardian* vom 25. November zählte obendrein erneut die ungelösten Diskrepanzen in der Fischfangfrage und der gleichen Standards in der Subventionspolitik auf und zeigte, wie gering die Fortschritte waren, die man inzwischen gemacht hatte,[81] als Barnier am gleichen Tag in London auftauchte. Doch diesmal war er weniger diplomatisch und warnte er Frost, dass er sich aus den Verhandlungen zurückziehen werde, wenn die Downing Street innerhalb der nächsten 48 Stunden ihre Positionen nicht endlich klärte.[82] Auch Ursula von der Leyen schaltete sich mit einer Rede vor dem Europaparlament erneut ein. Die EU, so sagte sie, sei bereit, »schöpferisch« zu sein, um eine Vereinbarung noch unter Dach und Fach zu bringen. Allerdings sei die Zeit dafür »sehr gering«. Dies seien die »entscheidenden Verhandlungstage mit dem Vereinigten Königreich«. Man werde alles in der Macht der EU Stehende tun, um eine Vereinbarung zu erreichen. Doch »kann ich, ehrlich gesagt, Ihnen heute nicht sagen, ob es am Ende zu einem Deal kommen wird«.

6. Die Einigung vom 24. Dezember 2020 und deren öffentliche Rezeption

6.1 Die Finten des Boris Johnson

Als sich in den letzten beiden Monaten des Jahres 2020 die Verhandlungen zwischen der EU und dem Vereinigten Königreich mehr denn je auf die Frage zuspitzten, ob alles in einem harten oder weichen Brexit enden würde, wurde die Berichterstattung in den Zeitungen immer dichter. Es ist schon erstaunlich, wie beide Seiten, aber vor allem Boris Johnson, wiederholt einen kurz bevorstehenden Abbruch ohne eine Vereinbarung ankündigten, dessen Terminsetzung dann jedoch ignoriert wurde.

Angesichts dieser Entwicklungen erhebt sich als die grundsätzliche Frage dieses Abschnitts, ob Johnson Barnier und der EU-Präsidentin Ursula von der Leyen gegenüber ultimativ auftrat, um doch noch Konzessionen zu erreichen, oder ob es ihm darum ging, am Ende der EU die Verantwortung für einen harten Brexit zuzuschieben und damit den Sündenbock identifiziert zu haben, um ein negatives Ergebnis vor der eigenen Öffentlichkeit zu rechtfertigen, das in Wirklichkeit seit langem geplant war.

Bevor ich auf die vermutlich letzten Ziele Johnsons eingehe, müssen die Schach- und Winkelzüge, zu denen der Premierminister und sein Kabinett griffen, Zug um Zug analysiert werden. Denn nach der stillschweigenden Einigung zum Umgang mit Nordirland und der Grenze zur Irischen Republik ging das Ringen um zwei große Probleme weiter, die schon seit Monaten bestanden und weiterhin Gegenstand der Verhandlungen waren, nämlich die Fischfangrechte und die Herstellung weitgehend gleicher Wettbewerbsbedingungen im Handel und dessen staatlicher Förderung. Wie zuvor kam es der EU darauf an, dass auf diesen Gebieten Prinzipien der Fairness herrschten und von den Briten beachtet wurden.[1]

Beginnt man mit dem ersten Schachzug Johnsons und der Frage, ob die EU damit konzessionsbereiter gemacht werden sollte, so war dies seine Ankündigung vom 21. November eines Handelsabkommens mit Kanada.[2] Boris Johnson und Justin Trudeau, sein kanadischer Kollege, wurden händeschüttelnd fotografiert, als sie dieses Abkommen vereinbarten. Dementsprechend wurde berichtet, dass an die £ 42 Millionen eingespart werden würden, die die britischen Exporte nach Kanada sonst belasteten. Auf britische Automobilexporte nach Kanada sollten keine Zölle erhoben werden. Auch Lebensmittel, Fisch und Getränke sollten zu 98 Prozent zollfrei nach Kanada eingeführt werden. Was freilich nicht herausgestellt wurde, war, dass Kanada insgesamt als Exportmarkt nur an zwölfter Stelle stand. Denn an erster Stelle stand der zollfreie Handel mit der EU, der selbst mit einem weichen Brexit erheblich schrumpfen und mit Zöllen belegt werden würde. Zugleich erinnerte London daran, dass im Oktober ein Abkommen mit Japan ausgehandelt worden sei, während Verhandlungen mit Australien, Neuseeland und den USA liefen. Wie es mit den letzteren aussah, ist bereits erwähnt worden.[3]

Zwei Tage nach der Vereinbarung mit Trudeau spielte Schatzkanzler Rishi Sunak die Nachteile eines harten Brexit deutlich herunter.[4] Im Gegensatz zu den Experten stellte für ihn die Corona-Krise eine größere Gefahr für die britische Wirtschaft dar als der Austritt aus der EU. Großbritannien, so fügte er hinzu, werde prosperieren, egal wie die Verhandlungen mit Brüssel ausgingen. Und Johnson wiederholte am 28. November, dass bei einer Vereinbarung die britische Souveränität beachtet werden müsse. Er bediente sich damit eines abgegriffenen Arguments, das die Krise 2016 ausgelöst hatte.[5] Nachdem ein großer Teil der Verhandlungen bisher digital über den Ärmelkanal hinweg stattgefunden hatte, ist nicht klar, ob solche erneuten Drohungen Barnier veranlassten, sich am 27./28. November zu unverblümten Gesprächen mit Frost nach London zu begeben. Wusste er bis dahin doch auch von den Ergebnissen eines »Stress-Tests«, den französische Zollbeamte drei Tage vorher vor Dover durchgeführt hatten.[6]

Nach üblicher Praxis für die Abfertigung von Lkw verantwortlich, bevor diese per Fähre oder durch den Tunnel auf den Kontinent übersetzten, hatten diese Beamten eine viel peniblere Zollkontrolle vorgenommen. Bisher mussten die Fahrer nicht nur weniger Formulare ausfüllen, sondern es wurden viele Lkw nach kurzer Überprüfung einfach durchgewinkt. Infolge des französischen »Stress-Tests« stauten sich am 25. November die Lkw vor Dover auf gut neun Kilometer. In den umliegenden Gemeinden musste man sich prompt wegen des sich häufenden Abfalls und auch der überlasteten sanitären Anlagen Sorgen machen. Zwar hatte London £700 Millionen für Infrastrukturverbesserungen um die Hafenanlagen versprochen. Doch der schon erwähnte Landerwerb hatte noch nicht zum Bau zusätzlicher Parkflächen für die wartenden Lkw geführt. Da die Information der Transportunternehmen durch die britische Bürokratie weiterhin unvollkommen war, waren die wartenden Fahrer, ihre Bosse und Gewerkschaften inzwischen sehr verärgert, während Gove wie zuvor lediglich beruhigende Worte fand, die den Realitäten an der Grenze widersprachen. Derweil zeigte sich Innenministerin Priti Patel bezeichnenderweise einmal mehr ganz erfreut, dass am 31. Dezember auch der freie Personenreiseverkehr mit der EU endete.[7] Doch auch das Problem der Passkontrollen für Reisende sowie der Bürgerschafts- und Wohnrechte war weiterhin ungelöst.[8] Es gab nur die Aussicht, dass diese Rechte bis 2022 geregelt sein würden.

Vor diesem verwirrenden Hintergrund ist eine Meinungsäußerung zu sehen, die die einflussreiche Kommentatorin Polly Toynbee am 30. November im *Guardian* veröffentlichte.[9] Darin bat sie ihre Leser, Johnsons Worte als reines Brinkmanship zu ignorieren. Seine Regierung verbreite zwar Unwahrheiten, aber sein Kabinett sei nicht geistesgestört. Man werde die Autoindustrie, die Landwirtschaft, das Finanzsystem und die Nordseefischer nicht einfach fallen lassen. Auch wolle man keine harte Grenze zwischen Nordirland und der Irischen Republik errichten und die Good-Friday-Vereinbarung von 1998 aufgeben, was die Beziehungen zu dem kürzlich gewählten US-Präsidenten aufs Spiel setzte, der sich zum Grenzthema warnend geäußert hatte. Anhand der Fischfangdebatte illustrierte Toynbee, warum circa 12.000 Nordseefischer einem »Deal« geopfert werden würden. Denn traditionell lieferten die Händler 70 Prozent ihres Fangs an die EU, und die gesamte Industrie machte nur 0,2 Prozent der Gesamtwirtschaft aus. Auch die Drohung, das Austrittsabkommen vom 31. Januar 2020 durch ein britisches Ausnahmegesetz zu durchlöchern, werde Johnson zurückziehen. Und er werde auch vermeiden wollen, dass infolge eines harten Brexits 270 Millionen Zollerklärungen fällig würden und 50.000 neue Zollbeamte eingestellt werden müssten.

Allerdings war Johnsons weiche Brexit-Strategie weiterhin durch die Parlamentsabgeordneten der European Research Group seiner

Partei gefährdet, die sich unnachgiebig für einen harten Austritt stark machten. Darunter waren auch jene Konservativen, die in den Wahlen Ende 2019 der Labour-Partei an der Ostküste mit dem Schlagwort »Let's get Brexit done« ihre Sitze abgejagt hatten und jetzt kaum Kompromissbereitschaft zeigten. Indessen glaubte Johnson, diese Fraktion kontrollieren zu können. Wie Allegra Stratton, seine Pressesprecherin, es formulierte, war der Premierminister hinsichtlich eines Deals optimistisch.[10] Allerdings habe er auch immer gesagt, dass das Land auch »ohne einen Deal OK[ay]« sein werde.

6.2 Stockende Verhandlungen und die wachsende Ungeduld der EU

Schließlich muss noch ein Blick auf die Entwicklungen innerhalb der EU geworfen werden. Durch Johnsons Verzögerungspolitik schon seit längerem irritiert, verhärteten sich jetzt – so auch der Eindruck der britischen Seite – die Einstellungen der EU-Regierungen gegenüber den britischen Verhandlungsführern.[11] Clement Beaume, der französische Europaminister und ein Vertrauter von Macron, drohte gar mit einem Veto.[12] Barnier wurde daher angewiesen, an den EU-Positionen auf jeden Fall festzuhalten. Bundeskanzlerin Angela Merkel betonte, dass man nicht unbedingt auf ein Abkommen angewiesen sei, ein erfolgreicher Abschluss dennoch in aller Interesse wäre.[13] Derweil nahm Macron in der Fischfangfrage eine strengere Haltung ein, nachdem sich auf britischer Seite seit Wochen keine Anzeichen für einen Kompromiss abzeichneten. Denn durch die weitgesteckten britischen Ansprüche in der Nordsee waren die Fanggründe der Franzosen und Holländer ziemlich drastisch begrenzt worden. Jean Castex, der französische Premier, besuchte sogar die Hafenstadt Boulogne-sur-Mer, um die eigenen Fischer zu beruhigen.[14] Die Ironie dabei war, dass in England der Schellfisch stark gefragt war, während Makrelen und Heringe auf dem Kontinent bevorzugt wurden und man sich eigentlich auf eine entsprechende Aufteilung hätte einigen können. Die rechtliche Lage war insofern noch vertrackter, als viele kleinere EU-Investoren sich in die britische Fischfangflotte eingekauft hatten. Wie sollte das alles auseinanderdividiert werden, wenn man die Traditionen und Emotionen der Eigner noch hinzurechnete?

Wenn auch nicht direkt betroffen, machten sich schließlich die

Banken und großen Investmentfirmen über ihre Lage nach dem Brexit Gedanken.[15] Zwar versicherte Goldman Sachs, dass für sie London weiterhin die Hauptdrehscheibe sein werde. Dann aber veröffentlichte das *Wall Street Journal* einige Statistiken, die zeigten, dass New York und nicht London der grosse Gewinner eines harten Brexits sein werde.

Nachdem Barniers Verhandlungen in London bis zum 4. Dezember weiterhin keine Fortschritte erzielt hatten, schien der Zeitpunkt gekommen, an dem Johnson sich direkt mit von der Leyen in der Hoffnung verständigte, um den Weg zum großen Durchbruch zu ebnen. Die beiden hatten daraufhin am Sonntag, den 6. Dezember ein einstündiges Telefongespräch.[16] Nach dessen Ende betonten beide zwar, dass weiterhin ernste Differenzen bestünden, dass es aber dennoch Verhandlungsspielräume gebe, die tags darauf ausgelotet werden sollten. Der irische Premierminister Martin tat in einem Tweet sofort seine Erleichterung über die Wiederaufnahme kund.[17] In einem sonntäglichen BBC-Frühstücksinterview äußerte sich auch der Konservative Lord Gavin Barwell hoffnungsvoll. Die Labour-Abgeordnete Rachel Reeves meinte ebenfalls, dass beide Seiten endlich die versprochene Vereinbarung liefern sollten. Barnier blieb nichts anderes übrig, als für den Montag eine Fortsetzung seiner Gespräche mit Frost zu bestätigen. Frost erklärte sodann auf seiner Reise nach Brüssel, dass man »sehr hart arbeiten« werde, »um einen Deal zu erreichen«.[18] Man werde sehen, so fügte er hinzu, »ob es einen Weg nach vorn« gebe.

Offenbar kam man jetzt wenigstens in der Fischfangfrage einem Kompromiss näher. Bei dem anderen alten Thema, ob Großbritannien beim Umwelt- sowie Arbeits- und Sozialrecht den strikteren Regeln der EU folgen solle, kam man allerdings nicht weiter. Barnier hatte die klare Instruktion erhalten zu betonen, die Mitgliedsstaaten seien sich unvermindert einig, dass Großbritannien bei einem Abweichen von den Standards der EU die Folgen zu tragen haben würde. Brüssel werde britische Exporte mit Zöllen belegen, sollte sich das Land nicht etwaigen weiteren Verbesserungen der EU-Regeln anschließen. Aus London verlautete es daraufhin, dass die Gespräche sofort zu Ende seien, sofern man diese Forderung nicht innerhalb von 48 Stunden zurückziehe.[19] Ein Regierungssprecher setzte hinzu, dass es keine Vereinbarung geben werde, sofern die EU diese Gegebenheiten nicht anerkenne. Man werde nur weiterreden, wenn man sich vorwärtsbewege. Unter diesen Umständen wurde am Montag, den 7. Dezember, abends ein weiteres Telefongespräch zwischen von der Leyen und Johnson erforderlich.[20] Die Undurchsichtigkeiten auf britischer Seite hatte *The Economist* an eben diesem Montag kommentiert: Während die Regierung auf einen harten Brexit zugehe, hätten sich laut Umfragen die Meinungen in der Bevölkerung erneut verschoben. Die Zahl der Befragten, die bleiben wollten, verzeichnete einen deutlichen Anstieg, während die Zahl der Brexiteers absank.[21] Vor diesem Hintergrund verabredeten Johnson und von der Leyen, dass der Premierminister in den nächsten Tagen höchstselbst nach Brüssel fliegen werde, obwohl beide Seiten in der Öffentlichkeit keinen Zentimeter von ihren jeweiligen Positionen abgerückt waren. Aus London verlautete nur, dass man den Prozess zwar nicht als abgeschlossen betrachte; allerdings sehe es »very tricky« aus und es bestehe durchaus die Gefahr, dass man das Ziel nicht erreichen werde.[22] Ein hoher EU-Diplomat fügte dem hinzu, dass man für eine Wende zum Guten »eine Kerze anzünden« werde.[23] Derweil sagte Barnier den Abgeordneten des Europaparlaments, dass man von der Endrunde nicht weit entfernt sei und man nicht über den Mittwoch hinaus verhandeln werde.[24] Inzwischen hatte die Brüsseler Kommission ein Planungsdokument entwickelt, in dem für den Fall eines harten Brexits die zu treffenden Maßnahmen im Detail vorgestellt wurden und das am 10. Dezember für alle abrufbar auf der Webseite der Kommission erschien.[25] Auch ein Reservefond von 6,1 Milliarden Euro war eingerichtet worden, aus dem den schwächeren Mitgliedern geholfen werden sollte, den möglichen Schock zu verkraften.

Die Präsidenten und Ministerpräsidenten der 27 Mitgliedsstaaten wollten sich am Donnerstag, den 9. Dezember, treffen, um so oder so ihre Entscheidung zu fällen. Doch dann sagte ein hoher EU-Beamter, dass der Ausgang zwar weiterhin »ungewiss« sei; die EU aber dennoch bereit sei, »die zusätzliche Meile« zu gehen, um zu einem »fairen und ausbalancierten Deal für die Bürger der EU und des UK« zu gelangen.[26] Während Irlands Außenminister Simon Coveney vor einem Fehlschlag warnte, gab sich Barnier wieder optimistischer. Es scheint, dass man im Voraus zu Johnsons Besuch den Nervenkrieg erneut eskalieren ließ und sich beide Optionen offenhielt.

Inzwischen hielten sich in London die Brexiteers mit ihren dunklen Andeutungen nicht zurück. Duncan Smith, der einst den Konservativen vorgestanden hatte, erinnerte seine Kollegen im Parlament daran, dass »die britische Öffentlichkeit für einen Austritt in Souveränität« gestimmt habe, und Brexiteer Peter Bone sprach erneut davon, dass Johnson mit einem Deal nach Hause kommen werde, der »die Kontrolle über unsere Gesetze, unsere Grenzen und unseren Handel« zurückgewinnt.[27] Er wollte sogar sein Haus verwetten, dass der Premierminister diese Prinzipien nicht verraten werde.

Kurzum, Johnson wurde von allen Seiten bedrängt und teilte noch kurz vor seinem Abflug nach Brüssel dem Unterhaus erneut mit, dass wenn die EU darauf bestehe, bei der Ratifizierung von Gesetzen, mit denen Großbritannien nicht übereinstimme, automatisch das Recht zu haben, die Abtrünnigen mit Zollerhöhungen zu strafen, er sich weigern werde. So sicherte er sich zu Hause ab, bevor er nicht gerade gut gelaunt nach Brüssel flog.[28] Als er gegen 20 Uhr in der Kommission eintraf, fand zuerst ein Fototermin ohne Mund-Nasen-Schutz statt, wobei ein geradezu klassisches Bild von Körpersprache entstand:[29] Johnson und Frost standen auf der Rechten, ihre Hände hinter ihrem leicht rundlichen Bauch gefaltet. Von der Leyen und Barnier hielten nach vorn gewendet ihre Corona-Masken in den Händen. Hiernach bat die Gastgeberin Johnson, seinen Schutz aufzusetzen, woraufhin der Premierminister lächelnd meinte: »You run a tight ship here, Ursula, and quite right, too.« Das Quartett zog sich dann zu einem dreistündigen Abendessen im kleinen Kreis zurück. Es kam – wie die Präsidentin es hinterher ausdrückte – zu einer »lebhaften und freimütigen« Diskussion über die schwierigen Probleme, die drei Wochen vor dem offiziellen Austrittstermin immer noch gelöst, vereinbart und in der EU und im Londoner Parlament ratifiziert werden mussten.

Dieser Nervenkrieg ging unverändert weiter. Von der Leyen betonte erneut die weiterhin bestehenden großen Meinungsverschiedenheiten. Aus Brüssel zurückgekehrt, meinte Johnson, dass ein harter Brexit eine ernste Möglichkeit darstelle.[30] Auch die Downing Street hatte ähnlich wie die EU die eigene Bürokratie beauftragt, Kontingenzpläne für einen harten Brexit vorzulegen.[31] Das Verteidigungsministerium bereitete gar Operationspläne vor, mit denen die britischen Fischfanggründe mit Fregatten der Royal Navy gegen die europäischen Kutter geschützt werden sollten.[32] Man dachte auch daran, die Fischkutter in öffentlichen Besitz zu nehmen. Doch die Realitäten, vor allem in Dover und anderen Häfen, hatten sich nicht geändert, und die Lkw-Schlangen waren nicht kürzer geworden.[33] Am Aktienmarkt erwartete man einen großen Rückschlag und ein Absinken des Pfundes auf ein

1:1 zum Dollar.[34] Als Johnson anfragte, ob er direkt mit Merkel und Macron sprechen könne, wurde er nach Brüssel verwiesen. Die solidarische Front der EU-27 ließ sich auch jetzt nicht aufweichen.

6.3 Johnsons innenpolitische Machtstellung und die Expertise der EU-Bürokratie

Weiter oben wurde bereits darauf hingewiesen, dass Johnson als Premierminister nicht nur im Kabinett, sondern auch innerhalb der Konservativen Mehrheit im Parlament prinzipiell eine starke Stellung besaß. Seine Minister waren von ihm ausgewählt worden und hatten den Ruf, ihm loyal zuzustimmen und seinen Anweisungen zu folgen. Dank seines Wahlerfolgs vom Dezember 2019 waren ihm im Parlament vor allem die 80 Abgeordneten verpflichtet, die aufgrund der populären Wahlparole des »Get Brexit Done« ihren Sitz insbesondere in den traditionellen Hochburgen der Labour-Partei gewonnen hatten.[35] Sein Sieg hatte Johnson zweifellos den Kamm schwellen lassen. Doch hat sich schon in den vorherigen Kapiteln gezeigt, dass er generell dazu neigte, seine Gegner und Verhandlungsgegenüber zu unterschätzen und seine eigenen Fähigkeiten und sein Verhandlungsgeschick zu überschätzen.[36] Er konnte sehr überheblich sein, obwohl – aber vielleicht auch gerade weil – er zwar reden konnte, aber als Student in Eton und Oxford intellektuell keineswegs brilliert hatte. Jedenfalls schloss er am Balliol College nur mit einem durchschnittlichen Examen ab.

Der EU gegenüber zeigte er die vielleicht kompensatorisch zu verstehende Arroganz, indem er sich über die Kompetenz der Brüsseler Bürokratie sehr abfällig äußerte, als er als Journalist eine Zeitlang von dort berichtete.[37] In einem seiner Bücher ließ er sich gar dazu hinreißen, von einer »gestapokontrollierten Nazi-EU« zu schreiben. Das hatten ihm manche der höheren Beamten nicht vergessen, wenn sie sich daran erinnerten, wie oberflächlich und amateurhaft er einst als Journalist in Brüssel aufgetreten war. Auch erinnerte man sich, dass Johnson vor der Verbreitung von Unwahrheiten nicht zurückscheute. Schon aus diesen Gründen mochten diese hochqualifizierten und erfahrenen Beamten, die Barnier um sich gesammelt hatte, Johnson nur sehr ungern entgegenkommen. Zudem hatten sie die Interessen der EU zu vertreten.

Doch bei allem selbstbewusst vorangetragenen Machtgefühl kam noch ein Charakterzug Johnsons hinzu, der erklären mag, warum es unter seiner Dienstzeit als Premierminister auch Mitte November 2020 immer noch nicht zu einer harten oder weichen Brexit-Entscheidung gekommen war: Er neigte dazu, Probleme lange vor sich herzuschieben und erst kurz vor Toresschluss seine Zustimmung zu geben. Schon im März 2020 hatte Sam Lowe, ein Fachmann für Handelsfragen am Center for European Reform, gemeint, es gehöre zu Johnsons Arbeitsstil, »schwierige Entscheidungen bis zur letzten Minute liegen zu lassen, in der Hoffnung, dass noch eine bessere Lösung daherkommen« werde.[38] Tim Bale, Professor für Politik an der Londoner Queen Mary University, fügte dem hinzu: »Der Preis dieses psychischen Makels und dessen politische Folgen« seien im Falle der Corona-Krise daran zu erkennen, dass sie Menschenleben kosteten. Ob im Frühjahr oder im Herbst 2020, Johnson habe einfach zu lange gewartet, bis eine Entscheidung fiel, die dann – wie bei Corona im Dezember 2020 – noch drakonischer war. Soweit es den Brexit betraf, meinte Bale, bedeutete Johnsons Zögern, dass Menschen »in ihrer Existenz bedroht wurden, wenn Firmen geschlossen werden mussten angesichts der Unsicherheit«, die durch Johnsons Unentschlossenheit entstanden war. Es half auch nicht, dass er ein ziemlich unordentlicher Mann war, der im Privaten in oft chaotischen Umständen lebte.

So ist wohl auch zu erklären, dass er immer wieder schwammige Worte fand, wenn seine Gesprächspartner Klarheit erwarteten. Mehrmals sagte er seinen EU-Gesprächspartnern, Londons »Tür sei offen«, um eine umfassende Lösung zu erreichen. Angebote, Kompromisse zu schließen, folgten dem jedoch nicht. Als die Zeit im Dezember 2020 immer knapper wurde, rechtfertigte er weitere Verhandlungen damit, dass auch er bereit sei, die »zusätzliche Meile« zurückzulegen.[39] War dies wirklich ernst gemeint oder war es eine Finte, mit der er seine Verhandlungspartner zu weiteren Konzessionen zu bringen hoffte? Während es kaum möglich ist, hierauf vor der Öffnung der einschlägigen Archive eine klare Antwort zu finden, gibt es mancherlei Anzeichen dafür, dass er weiterhin keinen harten Brexit wollte und daher selbst fünf Minuten vor zwölf auf eine Einigung mit der EU hoffte. Ein Indiz dafür ist, dass er noch besser als die britische und internationale Presse wusste, welche schwerwiegenden Folgen ein vertragsloser Austritt zum 31. Dezember 2020 für die britische Wirtschaft, Politik und Gesellschaft haben würde. Lagen ihm doch noch mehr Zahlen und

Warnungen vor als den Journalisten, die laufend über seine Schachzüge berichteten.

Ihm war auch bekannt, dass seine Beamten durchgespielt hatten, was geschehen würde, wenn man zum 31. Dezember die EU einfach verließ. Sie nahmen dabei ganz pessimistisch an, dass Fischkutter den Verkehr auf den Kontinent blockieren würden, in Gibraltar Bomben gelegt würden und es in Seniorenheimen an Pflegepersonal fehlen würde. Es war offenbar aufgrund solcher Szenarien, dass das Brexit Select Committee des Unterhauses unter dem Vorsitz von Hilary Benn zu dem Schluss kam, dass das Land auf die zahllosen Folgen eines »No-Deal«-Brexits nicht vorbereitet sei.[40] Michael Heseltine, Elder Statesman in der Konservativen Partei, Ex-Minister aus besseren Zeiten und Mitglied des Oberhauses, veröffentlichte im *Guardian* am 13. Dezember 2020 eine scharfe Kritik, in der er den Brexit als eine der schlimmsten Entscheidungen der neueren britischen Geschichte bezeichnete. Johnson hatte hinfort nicht nur Heseltines Worte in den Ohren sowie die kilometerlangen Lkw-Staus in Dover vor Augen, sondern erhielt erneut auch die Warnungen aus Industrie und Handel. So drohte die Lagerung und Versorgung mit Lebensmitteln, Gemüse und Früchten ins Stocken zu geraten, weil die Großhändler immer noch ohne klare behördliche Direktiven disponieren mussten. Dementsprechend zitierte der *Guardian* am 16. Dezember mehrere Stellungnahmen des British Chamber of Commerce, der Confederation of British Industries und auch der Society of Motor Manufacturers and Traders, die alle erneut auf einen positiven Abschluss der Verhandlungen drängten.[41]

Diese Hiobsbotschaften mögen erklären, warum der Premierminister und von der Leyen die Verhandlungen fortsetzten. Barnier und Frost trafen sich weiter, bis spät am Abend des 17. Dezember – so Barnier – »der Augenblick der Wahrheit« kam.[42] Dass er seinen Ansatz mit einem neuen Vorschlag zur Fischfangfrage machte, mochte mit seiner verständlichen Erschöpfung zusammenhängen, aber auch damit, dass ihm als ehemaliger Minister für diese Industrie in der französischen Regierung dieses Thema besonders vertraut war. Sein Vorschlag, dass die britische Flotte statt der bisher angebotenen 15 Prozent hinfort 18 Prozent in ihren Seegebieten fangen konnte, war im Vergleich zu den von Frost verlangten 60 Prozent eine bescheidene Erhöhung, die dann sogar auf 25 Prozent wuchs.[43] Weitere Verhandlungen ergaben, dass Frost von 60 Prozent auf 35 Prozent herunterging. Johnson akzeptierte zudem, dass die Übergangsphase auf fünf Jahre festgelegt wurde. Dadurch wurde die Hoffnung wiederbelebt, dass man bei den Übergangsregelungen für Zölle ebenfalls zu solchen Kompromissen kommen könne. Inzwischen schrieb man den 20. Dezember, wodurch sich die Frage erhob, ob eine umfassende Vereinbarung, die die beiden Delegationen anstrebten, noch erreicht werden konnte, sodass die Parlamente auf beiden Seiten, den Vertragsentwurf noch vorschriftsgemäß bis zum 31. Dezember diskutieren und gutheißen konnten. Auf britischer Seite machte dies weniger Sorgen, da nur die beiden Häuser in Westminster abzustimmen brauchten, die selbst über die Feiertage zusammengerufen werden konnten. Bei der EU mussten 27 Mitgliedsregierungen und das Europaparlament grünes Licht geben, und das war angesichts des kurzen Zeitraums so gut wie undenkbar. Dies verhinderte indessen nicht, dass die Verhandlungen weiterliefen.

Am 21. und 22. Dezember setzten zwei Entwicklungen Johnson noch stärker unter Druck, mit der EU doch noch zu einem weichen Brexit zu kommen. Zum einen veröffentlichte das auf Konkurse spezialisierte Unternehmen Begbies Traynor das Ergebnis seiner Erhebungen, wonach bei mehreren Zehntausend Unternehmen in den drei Monaten bis zum 9. Dezember sehr ernste Finanzprobleme entstanden waren, im Vergleich zum Vorjahr eine Steigerung um 24 Prozent.[44] Zum anderen verbreitete sich im Land eine Mutation des Corona-Virus, die noch ansteckender war, sodass Johnson einen erneuten Lockdown verordnen musste. Diese Maßnahme veranlasste Frankreich, über Nacht seine Grenzen für Reisende und Güter aus Großbritannien zu schließen.[45] In einigen EU-Ländern konnte man die Schadenfreude über diese Lektion aus dem britischen Bestehen auf Souveränität kaum verbergen. Tags darauf berichtete Mark Landler in der *New York Times*, dass Johnson in Brüssel weiterhin auf eine solidarische Front stieß.[46] Während man hinter verschlossenen Türen weiter über eine Lösung der bekannten Differenzen sprach und von der Leyen und Barnier die Mitgliedstaaten in zahllosen Telefongesprächen auf dem Laufenden hielten, machte Macron eine Konzession: Er hob die Virus-Blockade am Ärmelkanal wieder auf, sodass die langen Lkw-Schlangen in Dover wieder abgefertigt werden konnten.[47]

6.4 Die Einigung vom 24. Dezember 2020

Am Heiligabend erzielten beide Seiten dann endlich den Durchbruch und legten einen 2.000 Seiten umfassenden Vertragsentwurf vor, der an sich noch vor Jahresende sowohl in Westminster als auch im Europaparlament verabschiedet werden sollte. Jetzt stellte sich heraus, dass die Öffentlichkeit mit Nachrichten über Fischfangrechte in Spannung gehalten worden war, während hinter den Kulissen zahllose andere offene Fragen Punkt für Punkt bereits abgehakt worden waren. Diese handelten auch von einer zukünftigen Zusammenarbeit in der Sicherheits-, Kriminal-, Verkehrs- und Atompolitik.[48] Doch das Kernstück des Vertragsdokuments betraf die Vereinbarung, den bisherigen zollfreien Warenaustausch fortzusetzen. Zwar waren weiterhin Zollerklärungen auszufüllen, diese würden sich jedoch wie in der Vergangenheit in Grenzen halten. Im Personenverkehr galten hinfort Passkontrollen sowie Meldepflichten für Personen, die nicht nur als Touristen oder Verwandten-Besucher reisten.

Die in der EU verbreiteten Gefühle fasste von der Leyen wohl am besten zusammen, als sie meinte, dass der Weg lang und kurvenreich war, aber man am Ende zu einem fairen und ausgewogenen Deal gekommen sei.[49] Sie setzte hinzu, dass sie normalerweise am Ende von erfolgreichen Vertragsverhandlungen Freude empfinde. Am heutigen Tag hege sie aber eher das Gefühl einer »stillen Befriedigung« and »ehrlich gesagt [auch] Erleichterung«. Der Abschied erfolge in »süßem Bedauern«, und an alle Europäer gewandt schloss die Präsidentin mit den Worten, dass es jetzt an der Zeit sei, den Brexit hinter sich zu lassen. Barnier bemerkte, dass dieser Tag auch für ihn eine Erleichterung bedeute, dass aber auch ein Anflug von Traurigkeit mitschwinge.[50] Die Anspannung der vorangegangenen langen Monate war endlich auch für die völlig erschöpften Mitarbeiter vorbei.

Ein Sprecher der Downing Street schlug einen etwas anderen Ton an, indem er behauptete, dass mit diesem Deal alles geliefert werde, was der britischen Öffentlichkeit im Referendum von 2016 und in den Wahlen von 2019 versprochen worden sei:[51] »Wir haben die Kontrolle über unser Geld, unsere Grenzen, Gesetze, Handel und Fischereigewässer zurückgenommen.« Der Deal sei »für Familien und Unternehmen in allen Teilen des Vereinigten Königreichs eine phantastische Nachricht«. Man habe die erste Freihandelsvereinbarung auf der

Grundlage von Null-Zöllen und Null-Quoten erreicht. Von 1. Januar 2021 werde das Land wieder die »volle politische und wirtschaftliche Kontrolle« besitzen. Auch die in der EU bestehende grenzfreie Mobilität sei im Vereinigten Königreich abgeschafft und die zukünftige Einwanderung werde durch ein Punktesystem geregelt. Man habe den Brexit, wie versprochen, durchgeführt, sodass man jetzt unbeschränkt die »uns zur Verfügung stehenden phantastischen Chancen als einer unabhängigen Handelsnation« in Angriff nehmen und »mit anderen Partnern in der Welt Deals abschließen« könne.

Gegen dieses Pochen auf Souveränität hatte von der Leyen allerdings einige wohl wahre Worte gesetzt. Gewiss, so erklärte sie am 24. Dezember, sei »die ganze Debatte immer über Souveränität gewesen«.[52] Indessen müsse man fragen, was dies »im 21. Jahrhundert wirklich« bedeute. Für sie hiesse dies, ohne Einschränkungen arbeiten, reisen, studieren und Handel treiben zu können. Souveränität markiere für sie ein »Zusammenfassen unserer Stärke« und »in einer Welt voller Großmächte« mit einer Stimme sprechen zu können. In dieser Krisenzeit bedeute Souveränität, das Gemeinsame zu praktizieren und sich nicht allein wieder aufrichten zu wollen. Die EU zeige, wie dies in der Praxis erreicht werden könne, und so sind wir »in der Welt von heute einer der Giganten«. Zu ähnlichen Schlüssen kamen auch die 27 EU-Mitgliedsregierungen, einschließlich Angela Merkel. Wie Steven Erlanger es in der *New York Times* formulierte:[53] »Für die Europäische Union ist's ein recht guter Deal.« Die Brexit-Vereinbarung sichere entscheidende Prinzipien der EU wie den gemeinsamen Markt und – so zitierte er von der Leyen – erlaube es »dem Block, ohne Großbritannien in die Zukunft zu schauen.«

Die frohe Botschaft der Einigung teilte Johnson noch am selbigen Mittwochabend dem Kabinett mit, ehe er seine Minister bat, ihm beim Verkaufen der Vereinbarung zu helfen. In der Tat ging es nicht ohne eine derartige nachdrückliche Werbung. Da war als erstes die European Research Group der harten Brexiteers, die noch am gleichen Tag ankündigte, dass der Kreis juristischer Experten, die schon früher wie die Luchse aufgepasst hatten, darauf bestehen würde, den Vertragstext genauestens zu inspizieren.[54] Des Weiteren musste das Unterhaus das Dokument gutheißen. Vor allem von den neu gewählten Konservativen Abgeordneten der Ostküste mit ihren Fischereihäfen waren kritische Fragen zu erwarten. Allerdings hatte Johnson seit den Wahlen vom Dezember 2019 genügend Stimmen, selbst wenn die

Abgeordneten der Labour-Partei sich gegen den Vertrag stellten. Denn deren prominente Abgeordnete wie Clive Lewis und John McDonnell hatten Keir Starmer, ihrem neuen Vorsitzenden, bereits vorgeworfen, dass er in die Falle eines »verrotteten Deals« trete, wenn er die Partei auf eine Annahme der Vereinbarung verpflichtete.[55] Auch unter den übrigen Abgeordneten und unter den Mitgliedern seines Schattenkabinetts rumorte es. Einer der Kritiker meinte, man solle Johnsons Machwerk unterstützen, auch wenn es hinsichtlich der Fischereirechte, der Sicherheitskooperation und des gleichberechtigten Handels »voller Löcher« sei.[56] Starmer stand in der Tat vor einem Dilemma: Wenn Labour dem Premierminister die Unterstützung versagte, war er allein verantwortlich, sofern sich seine Verheißungen als falsch erwiesen. Sollte Großbritannien doch einen erneuten Aufstieg erleben, würde die Labour-Partei noch weiter ins Abseits geraten. Starmers Reaktion darauf war, dass er sich als der entschlossene Parteiführer inszenierte.[57] Zwar sei Johnsons Deal »dünn«, aber Labour werde den Premierminister unterstützen. Denn Führung bedeute, »im nationalen Interesse schwierige Entscheidungen zu treffen«. Die Opposition müsse »ernsthaft und verantwortungsvoll« auftreten. Lediglich beiseitezustehen, mache die Partei unglaubwürdig. Das mochte stimmen, hinderte jedoch auch einen Mann wie Tom Kibasi, den einstigen Direktor des Institute for Public Policy Research, daran, unter Bezugnahme auf das Brexit-Abkommen direkt zu sagen, dass dieses »so schlecht sei, wie man angenommen hatte«.[58]

Während das Parlament aus den Weihnachtsferien zurückgerufen wurde, um bis zum 30. Dezember den Vertrag zu befürworten, gab es in der EU unvermeidlich Verzögerungen, die allein schon wegen der Übersetzungen des umfangreichen Vertragsdokuments eine Abstimmung im EU-Parlament erst im neuen Jahr möglich machten. Indessen sollte nicht vergessen werden, dass der Entwurf – so sehr die Politik gerade in der Endrunde auch im Vordergrund stand – in erster Linie die Wirtschaftsbeziehungen zwischen der EU und Großbritannien betraf. Dementsprechend unterzogen die Interessenverbände den Text sofort einer kritischen Analyse. Schon am 27. Dezember beschuldigten die Vertreter der Fischfangflotten den Premierminister, er habe am 23./24. Dezember klein beigegeben und die Industrie »betrogen«.[59] Denn an jenem entscheidenden Tag hatte er verkündet, man werde hinfort »eine unabhängige Küstennation« sein, die die »volle Kontrolle« über »unsere eigenen Gewässer« besitze. Tatsächlich hatte man sich geeinigt, dass die europäischen Flotten ihre Fangquoten um 25 Prozent verminderten – ein Abkommen, das zudem über fünfeinhalb Jahre gelten sollte.[60] Von den zuvor geforderten Quoten war keine Rede mehr, und so hatte sich bewahrheitet, was man in London schon 2016 ins Auge gefasst hatte, nämlich die Fischfangfrage als Kompensationsobjekt für wichtigere Interessen einzusetzen.[61] Denn die ca. 12.000 in dieser Industrie Arbeitenden mit ihren 6.000 Kuttern und Dampfern bildeten nur einen ganz kleinen Anteil an der britischen Wirtschaft. Zudem war man für einen Großteil des Fangs vom Export in die EU abhängig.

Kein Wunder also, dass man bei den monatelangen Verhandlungen mit Brüssel um den viel größeren Anteil gestritten hatte, den Industrieproduktion und Warenhandel ausmachten. Allerdings sah es mit diesen im Vergleich zum europäischen Kontinent wenig günstig aus. Wie oben ausgeführt, hatte die britische Industrie international weitere Anteile verloren.[62] Es fehlte an Investitionen in den alten Industriegebieten der Midlands um Coventry und Birmingham und des englischen Nordens um Sheffield, Nottingham, Bradford bis hinauf nach Newcastle im Nordosten. Zwar hatte Johnson wiederholt zugesagt, dass er diese Regionen zu einer neuen Blüte führen werde.[63] Doch hatte er kaum eine Vorstellung davon, wie stark die Industrieproduktion dort daniederlag. Gewiss, in Coventry oder Sunderland gab es noch moderne Fabriken, in denen Autos und Maschinen gebaut wurden. Allerdings handelte es sich oft um japanische, koreanische und deutsche Firmen, die nun im Angesicht des Brexit ernsthaft an eine Verlagerung ihrer Produktion in die EU dachten.[64]

Zudem ging es nicht nur um die Schaffung neuer Werkhallen und Fließbänder. Auch die Infrastruktur bedurfte einer grundlegenden Modernisierung, und das betraf ebenso Investitionen zur Ausbildung von Facharbeitern und zur Stärkung der dortigen Universitäten. Da nach dem Brexit nicht nur die Subventionen aus den Regionalfonds der EU nicht mehr zur Verfügung stehen würden, sondern auch das erfolgreiche Erasmus-Programm des wissenschaftlichen Austauschs ab 2021 auslief, war die britische Wirtschaft auf sich gestellt und erwartete staatliche Hilfe aus London.[65] Gewiss hoffte man auch auf ausländische Investoren, von denen jedoch klar war, dass sie sich bestehende oder geplante Industrieanlagen sehr genau ansehen würden, bevor sie ihre auf Gewinn ausgerichteten Mittel lockermachten. Von den Banken und Investitionshäusern der Londoner City war kein größeres und nachhaltiges Engagement zu erwarten. Dort hatte man sich – wie gezeigt – seit dem Big Bang der achtziger Jahre vorzugsweise auf die profitable Zirkulation des im Mittelosten, in Lateinamerika und Russland angehäuften Reichtums spezialisiert.[66] Dieser Dienstleistungssektor umfasste inzwischen nicht allein die Banken, Hedgefonds und global operierende Versicherungsgesellschaften, sondern auch Beratungsfirmen, internationale Anwaltbüros mit Hunderten von Angestellten.

Dieser hauptsächlich im Süden des Landes angesiedelte Sektor besaß nach dem Referendum von 2016 offenbar ein so großes Selbstvertrauen, dass er aus den Verhandlungen mit der EU ausgeklammert wurde. In der City rechnete man einfach damit, dass man als Sektor, der keine Waren, sondern Expertise und weltweite Kontakte für Dienstleistungen bot, wie bisher transnational auch in der EU operieren würde. Doch jenseits der Umstellungen, mit denen Industrie und Warenhandel nach dem Brexit gegenüber der EU zu rechnen hatten, musste Johnson bei der Verkündung des Deals gleichwohl eingestehen, dass der Zugang zum europäischen Markt für britische Banken und Versicherungen nicht so unbehindert war, »wie wir es uns wünschten«.[67] Was er damit meinte, war, dass die Bestimmung der Aufsichtsorgane, die auf beiden Seiten vorhanden waren, noch zusätzlicher Verhandlungen bedurfte. Der Druck, in dieser Beziehung für die City noch einige Vorteile zu sichern, mag erklären, warum die Finanzaufsicht (FCA) in London nur wenige Stunden vor dem 31. Dezember noch die Regeln milderte, nach denen der Handel mit Derivaten über den Ärmelkanal hinweg abgewickelt wurde.[68] Auf jeden Fall würde man auch in der Zukunft weitere Verhandlungen führen müssen; und dies galt auch für den Umgang mit den Beziehungen der britischen Industrie und des Handels mit der EU.

Indessen bewegten sich die Britischen Inseln nicht nur in der globalen Weltwirtschaft, sondern auch in der Weltpolitik und deren Absicherung durch das Militär. Wird doch häufig übersehen, dass das Land nach dem Verlust seiner großen Kolonien in Afrika und Asien eine Reihe von Besitzungen behalten hatte, für deren Fortbestand die EU bisher Mitgarant war.[69] Während St. Helena, wohin Napoleon I. einst verbannt worden war, sowie Diego Garcia im Indischen Ozean und Pitcairn im Südpazifik weniger gefährdet waren, hatte Argentinien seinen Anspruch auf die Malvinas, d. h. die britischen Falklandinseln, nie aufgegeben. Im Jahre 1981 hatten die Generäle in Buenos

Aires die Insel gar besetzt und Margaret Thatcher gezwungen, die Royal Navy zur Rückeroberung in den Südatlantik zu entsenden. Wie stark Großbritannien schon damals an einer imperialen Überdehnung seiner Streitkräfte litt, zeigte sich daran, dass Margaret Thatcher, die energische Premierministerin, diese Expedition nicht hätte starten können, wenn ihr Freund Ronald Reagan nicht mit der Elektronik des Pentagon und anderen logistischen Mitteln ausgeholfen hätte. Da das Land hinfort ohne die EU »souverän« im Atlantik trieb, waren die Falklandinseln erneut fern von London exponiert. Allerdings weist die Lösung, die unabhängig von den Brexit-Verhandlungen in Brüssel für Gibraltar an der Südspitze Spaniens zwischen London und Madrid gefunden wurde, darauf hin, dass Territorialdispute auch friedlich gelöst werden konnten.[70] Nach EU-Tradition Probleme nicht mit militärischen Drohungen und Gewaltaktionen, sondern auf dem Verhandlungswege zu lösen, einigte man sich Ende Dezember, den Grenzverkehr ab 1. Januar 2021 zwischen dem Felsen und Spanien weiterhin so zu regeln, wie er in den Jahren gehandhabt wurde, als Großbritannien noch Mitglied der EU war.

Unter diesen Umständen erscheint ein Bericht rätselhaft, der am 27. Dezember 2020 im *Guardian* erschien, in dem Patrick Wintour von einer stillschweigenden Verschiebung der bisherigen engen Zusammenarbeit Londons mit Europa sprach.[71] Hatte Theresa May im Frühjahr 2018 auf der alljährlichen Münchener Sicherheitskonferenz noch versichert, dass das Land in Fragen der Sicherheit »bedingungslos« mit den europäischen Nachbarn zusammengehe, so hatte es den Anschein, als werde Johnson sich stärker nach neuen Verbündeten im Mittelosten und im indopazifischen Raum umsehen. Kurzum, nicht nur in der Industrie- und Handelspolitik, sondern auch in militärstrategischen Fragen war das zukünftige Verhältnis keineswegs mehr so klar wie bis zum 31. Dezember. Schließlich geriet Johnson durch das Zusammenfallen von Brexit mit der Covid-Pandemie auch verfassungspolitisch in untiefe Gewässer. Denn am 29. Dezember veröffentlichte der *Guardian* einen ungewöhnlichen Leitartikel, in dem die Zeitung ihre Ansichten eines möglichen zukünftigen Auseinanderbrechens Großbritanniens entwickelte.[72]

6.5 Britische und europäische Reaktionen auf das Vertragswerk

Viel optimistischer waren hingegen andere Prognosen, die im Vereinigten Königreich am 31. Dezember 2020 formuliert wurden. Dass Johnson das Ergebnis vom 24. Dezember als großen Sieg für sich feiern würde, war schon angesichts seiner Selbstüberschätzung als großer Staatsmann, der ein anvisiertes Ziel erfolgreich zum Abschluss brachte, nicht weiter erstaunlich.[73] Frappierend waren dennoch die stark übertriebenen Aussichten, die er für die nun angeblich souveränen Britischen Inseln für deren politische und wirtschaftliche Zukunft an die Wand malte. Vor dem Hintergrund der Lobpreisungen sind die Schlagzeilen, mit denen die britische Presse den Austritt aus der EU verkündete, interessant.[74] Der *Daily Express*, der seit Jahren für den Austritt agitiert hatte, war am überschwänglichsten, indem vor dem Hintergrund der Weißen Cliffs von Dover in Balkenbuchstaben die Worte »Unsere Zukunft, Unser Großbritannien, Unser Schicksal« erschienen. Die *Sun* zitierte Johnsons Worte, dass der Brexit den Augenblick einer nationalen Erneuerung bedeute, die durch wissenschaftliche Innovationen rasant beschleunigt werden würde. Der konservative *Daily Telegraph* hieß das Jahr 2021 willkommen, in dem es Grund gebe, »auf eine viel hellere Zukunft« zu hoffen. Die *London Times* bezog sich auf Johnsons optimistische Neujahrsbotschaft, in der er von einer »Staunen erregenden« Zukunft des Landes gesprochen hatte. Derweil lautete die Schlagzeile des *Guardian* unter Hinweis auf die Pandemie, dass man »in der Krise ohne Fanfaren die Ära der EU« beendet habe. Der *Independent* konnte es sich schließlich nicht verkneifen, die beteiligten britischen Politiker unter Anspielung auf die langwierigen Fischereidebatten als Fische zu karikieren, gefolgt von der Frage, ob man »vom Angelhaken befreit oder treibend ins Meer geworfen worden sei«.

Betrachtet man die Reaktionen auf den Brexit in der EU, so ist abgesehen von den schon zitierten Kommentaren von Barnier und von der Leyen, für den Beginn des neuen Jahres zunächst eine längere Stellungnahme von Simon Coveney, dem Außenminister der Irischen Republik, bemerkenswert. In einem Interview im BBC Radio 4 am 1. Januar 2021 erklärte er, dass der Austritt »für uns alle in Irland« kein Ereignis sei, das man »feiern« müsse.[75] Sei das Verhältnis der

Republik mit dem Vereinigten Königreich in politischer, wirtschaftlicher und familiärer Perspektive doch sehr eng, integriert und verwoben gewesen. Unter Hinweis auf seine eigene Biografie, die durch die anglo-irischen Beziehungen wie die vieler anderer geformt sei, sehe man jetzt, wie Großbritannien sich in eine andere Richtung bewege. Es versuche, seine Souveränität wiederzufinden. Dieses Ziel sei zu bedauern, auch wenn man sie als eine demokratische Entscheidung akzeptieren müsse. Zwar habe man sich auf einen zollfreien Handel geeinigt; dennoch werde der Warenverkehr über die Irische See hinweg, der 80 Milliarden Euro wert sei, durch neue Kontrollen, Bürokratie, Dokumente und Kosten erschwert. Allerdings, so fügte er erleichtert hinzu, bleibe der Handel mit Nordirland in der EU-Freihandelszone mit einem Minimum an Kontrollen, während Warenimporte über die Irische See von England nach Nordirland so wenig Kontrollen »wie möglich« unterliegen sollten. Kurzum, die drohende »harte Grenze« zwischen Nord und Süd war auf der Insel vermieden worden. So war es möglich, dass die erste Fähre von Holyhead schon am frühen Morgen des 1. Dezember in Dublin festmachte.[76] Die Fähre nach Belfast lief nur wenige Stunden später ein.

Wesentlich weniger milde als Coveney war dagegen Macron in seiner Neujahrsrede an das französische Volk. Darin bezeichnete er den Brexit als eine Ausgeburt von »Lügen und falschen Versprechungen«.[77] Allgemeiner führte Dominique Giuliani von der Pariser Robert-Schuman-Stiftung den Brexit nicht auf die britische politische Verfassung, sondern auf die »Geschichte, die Geografie, die Kultur, die Sprache und Traditionen« zurück, die die Identität eines Volkes« ausmachten.[78] Es sei irreführend anzunehmen, dass Gesellschaften und Staaten sich dauerhaft von anderen »befreien und [eigene] Entscheidungen fällen« könnten, »ohne die Folgen für die eigenen Bürger« und andere Narionen zu bedenken. Das britische Schlagwort vom Wiedergewinn der Kontrolle über das eigene Schicksal sei »nationalistisch« und »populistisch« und ignoriere die »Wirklichkeit einer interdependenten Welt«. Infolgedessen werde Großbritannien »erheblich geschwächt« aus dem Brexit hervorgehen. Die am Institut Jacques Delors tätige Elvire Fabry wies darauf hin, dass die letzten vier Jahre seit dem Referendum gezeigt hätten, »wie wenig wir wirklich voneinander« wussten. Zudem habe man gesehen, wie zerbrechlich parlamentarische Systeme seien. Es sei Johnson gewesen, der die Konservative Partei in eine bestimmte Richtung geführt und nach seiner

Nominierung zum Premierminister die Abgeordneten einfach aufs Seitengleis geschoben habe. Am frappierendsten sei es, wie stark sich Großbritannien von »der geopolitischen Realität« und von den Entwicklungen der Weltpolitik »abgelöst« habe. So schmerzlich der Austritt andererseits für die Europäer gewesen sei, es habe sich doch erwiesen, dass die »Realität und der Wert des gemeinsamen Marktes mit seinen Regeln und Normen« sowie »dem rechtlichen Fundament«, auf dem die EU stehe, greifbar seien. Diese Prinzipien, so schloss Fabry, lägen im Herzen der europäischen Identität und ihre Verteidigung gegen die Brexiteers habe »der Union eine neue politische Reife gegeben«.

Ein weiteres Urteil kam aus Holland von Rem Korteweg vom Clingendael Institute, der meinte: »Für uns ist das Vereinigte Königreich [bisher] immer etwas Gleichgesinntes, wirtschaftlich Progressives und politisch Stabiles« gewesen, das den Rechtsstaat respektierte; kurzum ein »Leuchtturm westlich-liberaler Demokratie«. Indessen habe diese Reputation in den letzten vier Jahren einen ernsten Rückschlag erlitten. In den Augen der Holländer befinde sich das Land in einer »tiefen Identitätskrise«. Der Brexit basiere auf »Emotionen [und] nicht auf Rationalität«, und so sei auch nicht erkennbar, wie alles enden werde. Ebenso sei die »Verwundbarkeit unserer politischen Prozesse« deutlich geworden, aber zugleich, dass es wert sei, das bisher Aufgebaute zu verteidigen.

Weiter östlich gab Nicolai von Ondarza vom Deutschen Institut für Internationale und Sicherheitsfragen eine nicht weniger deutliche Stellungnahme ab. Für ihn war das herkömmliche Bild des britischen Pragmatismus »schwer angeschlagen«. Ebenso habe das Vertrauen in das Land auf der »Achterbahn des Brexits« stark gelitten. Boris Johnson werde als ein »Spieler« angesehen, für den »die Wahrheit eine gewisse Flexibilität« besitze. Für die Bundesdeutschen, so fuhr von von Ondarza fort, sei besonders Johnsons Bereitschaft schockierend gewesen, im Zusammenhang mit dem Gesetzentwurf zum Binnenmarkt völkerrechtliche Prinzipien zu ignorieren. Diese Episode habe Großbritanniens Glaubwürdigkeit beschädigt.

Auch für die Publizistin und Historikerin Helene von Bismarck waren in der Brexit-Debatte Emotionalisierung und grobe Vereinfachungen entscheidende Faktoren. Und da der britische Populismus »eine politische Methode [und] keine Ideologie« sei, glaubte sie nicht, dass er sich nach dem 1. Januar 2021 auflösen werde – erst recht nicht, wenn »die harten Folgen der Pandemie und des Brexits« wirklich spürbar würden. Es sei daher naiv zu glauben, dass der britische populistische Stil von Politik, der »Komplexität lächerlich mache, andere als Schreckgespenster« darstelle und stolz darauf sei, »das Notwendige zu tun«, selbst wenn sich »›Eliten‹ und Institutionen« in den Weg stellten, in schwierigen Zeiten seine Anziehungskraft verlieren würde.

Abschließend soll noch eine britische Stimme zu Wort kommen, die darauf hinwies, dass nicht nur die Wirtschaft und die Sicherheitsverwaltung auf dem Spiel standen, sondern – wie schon kurz erwähnt – gar der Zusammenhalt des Vereinigten Königreichs. Jedenfalls war die Chefredaktion des *Guardian* so alarmiert, dass sie einen Leitartikel verfasste, in dem man mit der Möglichkeit rechnete, dass Schottland nach den Wahlen im Mai 2021 erneut versuchen werde, sich von London loszulösen.[79] Unter den Schotten war das Prestige der SNP-Vorsitzenden Nicola Sturgeon, die Erste Ministerin, auch angesichts ihrer Behandlung der Corona-Krise auf 61 Prozent gestiegen. Bei einer Gelegenheit hatte sie daher gemeint: »Europa, Schottland wird bald zurückkommen.«[80] Denn die Schotten würden eines Tages ihre Aufnahme beantragen. Freilich stand in den Sternen, wie in diesem Falle die Frage der Grenzkontrollen zwischen Schottland und England gehandhabt werden sollte, und dies bedeutete für Sturgeons Pläne ein großes Hindernis. Es bestand auch kaum eine Aussicht, dass das Parlament in London diesen Austritt aus dem Vereinigten Königreich zulassen würde. Wie Johnson gleich am 3. Januar 2021 erklärte: Solche Entscheidungen fielen allenfalls einmal in einer Generation. Während die Pläne der SNP daher wenig Aussicht haben, je verwirklicht zu werden – auch weil sie in Nordirland und Wales zentrifugale Kräfte verstärken könnten –, lassen sich hinsichtlich der sozioökonomischen Zukunft des Landes festere Aussagen machen. Doch bevor dies in der Schlussbetrachtung geschieht, soll noch ein letzter Blick auf die Zukunft der EU geworfen werden.

6.6 Die Strategien der EU im System der Großmächte nach dem britischen Austritt

Weiter oben sind bereits die Stellungnahmen von Ursula von der Leyen zitiert worden, die die Vereinbarungen vom 24. Dezember nicht nur als Erleichterung empfand, »dass man sich endlich einig geworden war; vielmehr war sie auch davon überzeugt, dass der Zusammenhalt in der EU durch den britischen Austritt enger geworden war und man jetzt wieder nach vorn schauen konnte, wenn es um die Gestaltung der Gemeinschaft ging.[81] In dieser Beziehung ist ein Artikel interessant, den der Brüsseler Korrespondent des *Guardian* am Neujahrstag veröffentlichte.[82] Er begann mit der Beobachtung, dass sich der »Prozess der Trauer« über den Austritt Großbritanniens beschleunigt habe. Auf jeden Fall waren selbst die anglophilsten Beamten im belgischen Hauptquartier ziemlich unverblümt erleichtert. Auch die Machtgewichte innerhalb der 27 Mitglieder hatten sich verschoben. Denn jetzt konnten die sparsamen Schweden, Holländer, Dänen und Österreicher sich nicht mehr hinter den ewig quengelnden Briten verstecken. Diese neue Konstellation hatte die Folge, dass es auch angesichts der Corona-Krise leichter war, einen EU-Fond von immerhin 750 Milliarden Euro zur Wiederbelebung der Wirtschaft einzurichten. Dieser Plan hatte den zusätzlichen Vorteil, dass er als Druckmittel gegen Polen und Ungarn eingesetzt werden konnte, wo die Regierungen mit diversen Gesetzesinitiativen eine Innenpolitik verfolgten, die die rechtsstaatlichen Normen der EU verletzte. Der Fond sollte nur denen zugutekommen, die sich an diese Normen hielten.

Vor dem Hintergrund des Prestigegewinns der EU-Kommission hatte von der Leyen schon vorher daran gedacht, die größere Aktionsfreiheit Brüssels zu nutzen, um eine »geopolitische Europakommission« zu gründen, die die Interessen Europas global vertrat, und das nicht nur in Nord- und Südamerika, sondern insbesondere in Ostasien. Dementsprechend signalisierten die EU-Botschafter gleich zu Beginn des neuen Jahres ihre Zustimmung für ein Handels-, Sicherheits- und Investitionsabkommen mit China. Es war auch ein Hinweis auf das gestiegene Selbstbewusstsein und die gewachsene Selbständigkeit der EU, dass sich China bereit erklärte, »fortlaufende und nachhaltige Anstrengungen« zu unternehmen, um die Konventionen der International Labour Organisation (ILO) gegen Zwangsarbeit zu ratifizieren. Ein Dämpfer kam dann allerdings von den Amerikanern, da Biden verkündet hatte, er werde Beijing gegenüber eine härtere Politik verfolgen.[83]

Auf eine verstärkte europäische Außenpolitik kam am Tag vor dem Artikel Boffeys auch der einflussreiche amerikanische Journalist Roger Cohen zu sprechen, der mit den Verhältnissen in Europa und insbesondere der Bundesrepublik als zentralem Machtfaktor seit langem vertraut war. Obwohl er früher immer wieder skeptisch über Entwicklungen in Deutschland berichtet hatte, sah er jetzt nach dem vollzogenen Brexit »einen Silberstreifen für Europa«.[84] Kritisch gegenüber den nationalistischen und xenophobischen Tendenzen, die in Großbritannien, aber auch auf dem europäischen Kontinent an die Oberfläche gekommen waren, zitierte er Barnier, der in der französischen Zeitung *Le Figaro* gemeint hatte, dass der Brexit »ein Akt der gegenseitigen Schwächung gewesen sei«. Dem fügte Cohen allerdings hinzu, dass die traumatische Erfahrung des Brexit die EU zugleich mehr zusammengeschweißt habe. Man habe »seit langem bestehende Hindernisse überwunden, eigene Ambitionen angeregt und den französisch-deutschen Motor einer engeren Union« wieder angeworfen. Cohen zitierte François Delattre, den Generalsekretär im Pariser Außenministerium, dass der Brexit »fraglos zu einer Rekonsolidierung Europas beigetragen« habe. Ja, die EU habe auch angesichts der Feindseligkeit von Donald Trump sogar »bis dahin Unvorstellbares« ins Auge gefasst, nämlich Schritte in Richtung auf einen Quasiföderalismus zu unternehmen, dem Großbritannien sich immer widersetzt hatte.

Cohen zitierte weiterhin Karl Kaiser, jetzt an der Harvard Universität forschend, aber zuvor langjähriger Vorsitzender der Deutschen Gesellschaft für Auswärtige Politik, der ihm sagte, dass der »Brexit Angela Merkel willens gemacht hat, Positionen, die bisher sakrosankt waren«, aufzugeben und die EU zu vertiefen. Was er nicht direkt erwähnte, war, dass Berlin auch bereit war, seine Austeritätspolitik zu ändern. Erst dadurch war es möglich geworden, den beträchtlichen Corona-Wiederaufbaufonds zu schaffen. Cohen zufolge war das Streben nach einer »strategischen Autonomie« gegenüber Russland und China, aber auch gegenüber den USA bei Macron besonders ausgeprägt, was auch höhere Investitionen in die militärische Verteidigung einschloss. Diesen neuen Realitäten, so schloss Cohen seine Analyse, werde auch Joe Biden, der Nachfolger Trumps im Weißen Haus, ins Auge sehen müssen, nicht zuletzt weil Trump mit seiner Politik und seinen Reden so viel Vertrauen zerstört hatte. Abschließend zitierte Cohen daher Jean Monnet, einen der Väter der Integration Europas nach dem Zweiten Weltkrieg, der bei der Gründung der Europäischen Gemeinschaft für Kohle und Stahl (EGKS) 1950/51 selbst erfahren hatte, dass »Europa sich in Krisen zusammenbaut«. Doch will ich in einer Schlussbetrachtung noch einmal auf Großbritannien zurückkommen, das sich zum 31. Januar 2020 entschieden hatte, den Weg in die Weltpolitik und Weltwirtschaft in Zukunft allein anzutreten.

Schlussbetrachtung

In diesem Buch habe ich versucht, auf knappem Raum die Geschichte Großbritanniens vom späten 19. Jahrhundert bis zum Ende des Brexit-Dramas am 1. Januar 2021 darzustellen, als das Land endlich den Austritt aus der Europäischen Union vollzog und seine zukünftige Rolle als Industrie- und Handelsnation sowie als Finanzzentrum in der Welt allein gestalten wollte. Mein Einstieg waren die Jahre, als England zur ersten Industriemacht aufgestiegen war und mit seinem Empire auch den ersten Platz in der Weltpolitik einnahm. Doch ging es im Folgenden darum, zugleich den langfristigen Verlust dieses Ranges nachzuzeichnen und zu untersuchen, wie dieser Niedergang über mehr als ein Jahrhundert verlief. War diese Entwicklung doch nicht nur in sich dramatisch, sondern es stellte sich auch die Frage, welche Kräfte und Mächte im Spiel waren, die erklären, wie es schließlich zum ziemlich chaotischen Abschied von der EU kam.

Doch gehen wir zuerst zum Anfang dieser Geschichte in jene Zeit zurück, als zwei Nationen – die Vereinigten Staaten von Amerika und das Deutsche Kaiserreich – ein rasantes Wachstum ihrer Industrien und Bevölkerungen erlebten, sodass sie zu Konkurrenten des britischen Weltreichs geworden waren. Allerdings waren die USA vor 1914 noch mit ihrer Besiedlung und Konsolidierung des riesigen nordamerikanischen Kontinents beschäftigt und spielten in der Weltpolitik und auf dem Weltmarkt noch nicht die Rolle, die in London als Bedrohung wahrgenommen wurde. Im Bewusstsein der zukünftigen Wirtschaftsmacht Amerikas bemühte man sich eher um eine Zusammenarbeit, wie sie William Stead 1902 in seinem Buch über »Die Amerikanisierung der Welt« vorschlug.

Anders entwickelte sich das deutsch-britische Verhältnis vor 1914, da das Kaiserreich nicht nur seine Industrie als Konkurrenz zur britischen ausbaute, sondern unter Wilhelm II. auch machtpolitische Ambitionen entwickelte. Wilhelm II. und seine Berater entwarfen um die

Jahrhundertwende einen Plan zum Ausbau der deutschen Kriegsflotte, die als Hebel gegen die Vorherrschaft der Royal Navy auf den Meeren für den Erwerb von Kolonien für das Kaiserreich eingesetzt werden sollte. Der Kaiser und seine Berater glaubten, dass im 20. Jahrhundert unter den Großmächten eine »Neuverteilung der Welt« stattfinden würde, an der sie am Verhandlungstisch auf jeden Fall beteiligt sein wollten, auch um die weiteren Erfolge der deutschen Industrie und des Handels international abzusichern. Und sollte sich Großbritannien diesem Bestreben mit diplomatischen Mitteln widersetzen, so sollte die Kaiserliche Schlachtflotte stark genug sein, um der Royal Navy in einer Schlacht in der Nordsee eine Niederlage beibringen zu können, die das internationale Mächtegleichgewicht auf einen Schlag gegen England und zu Gunsten Deutschlands verschob.

Im Weiteren zeigte sich dann, dass diese größenwahnsinnige Strategie einer Herausforderung der ersten Weltmacht um 1912 scheiterte und sich der Konflikt seitdem von der See auf den europäischen Kontinent verlagerte. Durch diese Entwicklungen alarmiert, lösten die Generäle Wilhelms II. jetzt zuerst ein Wettrüsten zu Land mit Frankreich und Russland aus, dessen Ausgang für Deutschland Generalstabschef von Moltke 1913/14 allerdings immer pessimistischer beurteilte. In Berlin wurde daher auf einen Präventivkrieg hin geplant, mit dem Ziel, die verbündeten Russen und Franzosen zu besiegen, noch bevor sie ab 1915/16 die militärische Übermacht erreichten. Als dieser Präventivkrieg im August 1914 auf Druck Moltkes und auch des österreichisch-ungarischen Generalstabs schließlich vom Zaun gebrochen wurde, wurde Großbritannien nach längerem Zögern und Versuchen, den Frieden zu retten, ebenfalls in den Ersten Weltkrieg gegen die Zentralmächte hineingezogen. Dieser riesige Konflikt dauerte fast fünf Jahre und kostete Großbritannien Millionen an Toten und einen größeren Teil seines Nationalvermögens. Als die Waffen 1918 mit der Kapitulation Berlins und Wiens endlich schwiegen, war aber auch England mit seinem Empire so geschwächt, dass es seinen ersten Rang in der Welt verloren hatte. Da auch Deutschland schwer angeschlagen war und bis Mitte der zwanziger Jahre mehrere wirtschaftliche und politische Krisen durchmachte, entpuppten sich die Vereinigten Staaten jetzt neben Japan als die eigentlichen Sieger des Weltkriegs, in den Washington erst im April 1917 auf Seiten von England und Frankreich eingetreten war.

Es war jedoch für die Engländer eine herbe Enttäuschung, dass sich die Amerikaner nach 1918, nachdem sie dank ihrer durch den

Krieg gestärkten Industrie und deren Konversion auf die Produktion ziviler Konsumgüter Mitte der zwanziger Jahre einen Boom erlebten, nicht beim wirtschaftlichen Wiederaufbau der erschöpften britischen Industrie engagierten. Stattdessen investierten sie in den Wiederaufbau des einstigen Feindes Deutschland. Indessen dauerte der Boom, den die USA Mitte der zwanziger Jahre auf dem amerikanischen Binnenmarkt und auch in Europa auslösten, aus Gründen, die in Kapitel 2 analysiert wurden, nur bis 1929/30, als überall in der Welt die Große Depression einsetzte. Ihr fiel auch die Weimarer Republik zum Opfer, als 1933 die Nationalsozialisten die Macht ergriffen. Deren »Führer« Adolf Hitler sprach von Anfang an davon, dass Deutschland »Lebensraum« erobern müsse, und zu diesem Zweck bereitete er unverzüglich einen Krieg vor, mit dessen Hilfe er ein imperialistisches Großdeutsches Reich errichten wollte. So sehr sich Großbritannien auch bemühte, einen solchen erneuten Weltkrieg zu verhindern, im Herbst 1939 wurde es mit seinem inzwischen ebenfalls geschwächten Empire ein zweites Mal in einen von Deutschland ausgelösten Krieg hineingezogen, den es ebenso wie 1914 nicht gewollt hatte.

Als dieser Weltkrieg 1945 nach erneuten großen Opfern der Briten mit Hilfe der Amerikaner und Sowjets endlich gewonnen wurde, war England noch weiter abgesunken und hoffte darauf, dass die reichen, durch den Krieg erneut gestärkten Amerikaner ihnen wenigstens diesmal beim Wiederaufbau helfen würden. Doch es wiederholte sich, was schon nach dem Ersten Weltkrieg geschah: Die USA konzentrierten ihre Wiederaufbauhilfe in erster Linie auf die 1949 mit amerikanischer Unterstützung gegründete westdeutsche Bundesrepublik. Sie wollten die potenziell weiterhin starke Industrie des Landes zum Motor eines breiteren Wiederaufbaus von Westeuropa und zur Integration von Frankreich, Westdeutschland, Italien und der Benelux-Länder nutzen, wobei Washington auch den Aufbau einer Verteidigungsstellung gegen den kommunistischen Sowjetblock im Auge hatte.

Von dieser Europastrategie erneut enttäuscht, hielten sich die Briten von einer Zusammenarbeit mit den westeuropäischen Nachbarn fern und versuchten, ihren Wiederaufbau mit Hilfe des allerdings schrumpfenden Empire und Commonwealth zu finanzieren. Dagegen wollte Washington nach der Zerstörung der Imperien der Nazis, der Japaner und Italiener ein Welthandelssystem der Offenen Tür errichten, in dem für von Zollmauern umgebene Blöcke wie das britische Empire kein Platz war. Wie sehr die britische Nachkriegskonzeption der amerikanischen widersprach, zeigte sich 1956 in der Suez-Krise. Unter dem Eindruck, dass London erneut eine Kolonialpolitik mit Handelspräferenzen alten Stils betreiben wolle, zwang US-Präsident Dwight D. Eisenhower London zum Rückzug aus Ägypten. Allerdings tat er dies nicht mit der Drohung, die amerikanischen Mittelmeerflotte zu entsenden, sondern mit dem Hebel, die inzwischen etablierte finanzielle Vormachtstellung des Dollars ganz kühl zur Schwächung der britischen Sterling-Währung einzusetzen. Premierminister Anthony Eden zog daraufhin die britischen Invasionstruppen umgehend zurück, wodurch sich zugleich zeigte, dass die USA nicht nur die erste Industriemacht der Welt waren, sondern auch, dass die Wall Street und nicht die Londoner City zum Finanzzentrum der westlichen Welt geworden war.

Da die britische Nachkriegsstrategie, das Empire und Commonwealth auszubauen, nicht nur wegen des amerikanischen Widerstandes, sondern auch im Zeichen des Aufstiegs von Befreiungsbewegungen in den Kolonien aufgegeben werden musste, bewarb sich Großbritannien in den sechziger Jahren um eine verspätete Mitgliedschaft in der inzwischen sehr erfolgreichen und nach außen offenen Europäischen Wirtschaftsgemeinschaft. Allerdings dauerte es aufgrund der Opposition von Charles de Gaulle, des französischen Staatspräsidenten, bis 1975, ehe die britische Bevölkerung nach einem Volksentscheid mit einer Mehrheit von 57 Prozent die Einladung der Gemeinschaft zur Mitgliedschaft annahm. Vielleicht wäre dieses Ergebnis noch magerer ausgefallen, wenn Großbritannien in den siebziger Jahren nicht eine schwere Wirtschaftskrise mit heftigen Arbeitskonflikten durchgemacht hätte, noch verschärft durch die Krise des Dollars, den Watergate-Skandal des US-Präsidenten Richard Nixon und den Schock der drastischen arabischen Ölpreiserhöhungen von 1974.

Als sowohl die Konservative Partei unter Edward Heath als auch die Labour-Party unter Harold Wilson und James Callaghan mit diesen Problemen nicht fertig wurden, brachten die Wahlen von 1979 Margaret Thatcher, die Vorsitzende der Konservativen, an die Macht, die eine strikte neoliberale Politik einleitete: Die Gewerkschaften wurden zerstört, die öffentlichen Ausgaben rigide gekürzt, Staatsunternehmen privatisiert, Steuergeschenke an die Reichen verteilt mit dem Argument, dass diese zu Investitionen angeregt und infolge eines »Trickle-down«-Effekts alle Schichten von der neuen Wirtschaftspolitik profitieren würden. Nachteilig wirkte sich auch aus, dass sich die Deindustrialisierung des Landes fortsetzte, da Thatcher eine »Finanzialisierung« der Wirtschaft begünstigte. An die Stelle von Fabrikproduktion trat jetzt die Suche der Banken der Londoner City nach günstigen Anlagen für ihre wohlhabenden Kunden im Mittelosten und in anderen Teilen der Welt. Thatcher erleichterte den Aufstieg der City noch dadurch, dass sie Ende der achtziger Jahre mit dem »Big Bang« das Bankensystem weitgehend von Regulierungen befreite und diese nun mit neuen lukrativen Finanzprodukten auf den Weltmarkt gehen konnten.

Während der Neoliberalismus sich gleichzeitig mit Thatcher in den USA unter US-Präsident Ronald Reagan (wenn auch langsamer) durchsetzte, wurde dessen Wirtschaftspolitik unter Bill Clinton in den neunziger Jahren durch den Zusammenbruch des Sowjetblocks weiter begünstigt. Eine neue Stufe erreichte Washingtons neoliberale Wirtschaftspolitik 1999, als Clinton den Glass-Steagall Act von 1933 abschaffte und damit die bisherige Schutzwand einriss, die zwischen den vielen kleineren Provinzbanken im Land und den großen, global operierenden Investmentfirmen wie Goldman Sachs bestanden hatte. Mit weiteren neuen Finanzprodukten und den wie Pilze aus dem Boden schießenden Hedgefonds wurde nun ein Boom angeheizt, der schließlich völlig überhitzt 2007/08 zusammenbrach. Wie in den USA wurden auch die britischen Banken, die in Liquiditätsschwierigkeiten gerieten, durch das Einschießen von Milliarden von Pfunden aus dem tiefen Loch herausgezogen, in das sie sich durch leichtsinnige Spekulationen und risikovolle Investitionen gefallen waren. Weniger Glück hatten viele kleinere Besitzer von Sparguthaben, die sich in der Hoffnung auf größere Gewinne als die, die sie angesichts des niedrigen Zinsniveaus mit ihren Sparbüchern erwarten konnten, in den Aktienmarkt begeben hatten. Pensionsansprüche, von denen sie im Alter zehren wollten, waren plötzlich geschrumpft. Familien hatten Hypotheken oder gar Zweithypotheken auf ihre Häuser aufgenommen, deren monatliche Raten sie jetzt von ihrem Verdienst nicht mehr begleichen konnten. Noch schlimmer waren sie dran, wenn sie arbeitslos wurden. Schließlich mussten auch viele Eigentümer von kleinen Unternehmen und handwerklichen Betrieben um ihr Überleben kämpfen. Mit sinkendem Steueraufkommen des Staates wurden nun auch die Renten und die Leistungen des National Health Service gekürzt. So kam es, dass viele Familien, die selbst in den Boomjahren ihren Lebensstandard nur gering hatten verbessern können, eine schmerzliche Abwärtsmobilität erlebten. Das zeigte sich nicht nur an der wachsenden Zahl der Armen und Hungernden. Der Abstieg hatte auch psychische Folgen, die darin zum Ausdruck kamen, dass die Lebenserwartung fiel und seelische Depressionen verbreitet waren, über die man mit Drogen hinwegzukommen suchte.[1] Indessen lebten diese Schichten weiterhin unter einem demokratischen System, das ihnen als Bürgern an der Wahlurne Macht gab. Doch dann geschah in England etwas, das nicht den Neoliberalismus für die Schwierigkeiten verantwortlich machte. Vielmehr begaben sich eine Reihe von Politikern in geradezu klassischer Manier auf die Suche nach einem Sündenbock für die Misere und schossen sich auf die EU und die in Brüssel sitzenden »Bürokraten« ein, die angeblich die Freiheiten und die Souveränität des Landes einengten. Obendrein – so hieß es weiter – förderten sie im Zuge der EU-Freizügigkeit eine angeblich massive Einwanderung, die den einheimischen Briten ihre Jobs wegnahm. Hinzukamen bei der älteren Generation die Erinnerungen an die angeblich goldene Zeit des Empire, gepaart mit Anfällen von Nostalgie.[2] Auch an die beiden Weltkriege, ausgelöst und verloren von den Deutschen, die aber dann beim Wiederaufbau erfolgreicher gewesen waren, erinnerte man sich. Und schließlich sah man durch die EU und den Aufstieg multiethnischer Gesellschaften die britische Identität mit ihren liebgewordenen kulturellen Eigenheiten und Traditionen gefährdet. Mochte dieses Gemisch von Ressentiments, patriotischem Traditionsbewusstsein und Stereotypisierungen der »Anderen« und der gesichtslosen Bürokraten in Brüssel bei vielen noch ziemlich unsortiert im Kopf herumschwirren, es bedurfte jetzt der populistischen Agitatoren, um diese subjektiven Impressionen in Schlagworte umzusetzen, die bei größeren Bevölkerungsteilen der ins Hintertreffen Geratenen verstanden wurden und als einfache Wahrheiten Zustimmung finden konnten. Als David Cameron daher den Fehler machte, einen Volksentscheid ohne qualifizierte Mehrheitsregeln einzuleiten, mit dem die Bevölkerung über den Austritt aus der EU abstimmte, folgten 52 Prozent der Wähler den Propagandisten des Austritts aus der EU. Dass diese Politiker oft völlig einseitige Parolen und glatte Unwahrheiten verbreiteten, merkte die Mehrheit nicht oder wies die oft zwingenden Gegenargumente derjenigen, die für ein Verbleiben stimmen wollten, sowie die Warnungen vor den Folgen eines Austritts zurück.

Was dann zwischen 2017 und 2019 folgte, ist in den Kapiteln 4 bis 6 näher untersucht worden, sodass jetzt nach der Bilanz gefragt werden muss, die aus der in den vorherigen Kapiteln geschilderten Entwicklung zu ziehen ist. Es genügt dabei nicht, lediglich auf die insgesamt wirksamen globalen Kräfte der Entkolonisierung und des technologischen Wandels zu verweisen. Vielmehr lässt sich der Niedergang des britischen Empire und des Mutterlandes präziser formulieren. Da waren zunächst die beiden Weltkriege, die Deutschland ausgelöst hatte und die Großbritannien gewiss nicht wollte. Sie wurden zu einem enormen Aderlass, sowohl an menschlichem als auch an materiellem Kapital. Hiernach kamen sodann die Amerikaner, die dem Land zwar halfen, die beiden Weltkriege zu gewinnen, die Verbündeten aber beim Wiederaufbau im Regen stehen ließen.

Doch wäre es zu kurzsichtig, nur die Deutschen und Amerikaner und schließlich die EU für den Verlust der britischen Stellung zu Beginn des 21. Jahrhunderts verantwortlich zu machen. Ein erheblicher Teil dieser Verantwortung ist auch bei den eigenen politischen und wirtschaftlichen Eliten zu suchen. Sie trafen vor allem nach 1945 Entscheidungen, die ihre Macht und ihren Einfluss im Land auf Kosten der Minderbemittelten und vor allem der industriellen Arbeiterschaft konservierten.[3] Dazu gehörte auch ihr Glaube, mit Hilfe des Empire ihre Stellung im Land und in der Welt aufrechterhalten zu können. Ähnliche Wirkungen hatte seit den achtziger Jahren auch Thatchers Wende zum Neoliberalismus, der die Reichen reicher und den Rest ärmer machte. Zu einem großen Desaster wurde schließlich die Entscheidung, 2016 einen Volksentscheid durchzuführen, der zu einer Rebellion der Abwärtsmobilen und Gebeutelten gegen die Eliten führte.[4] Dies beschwor wiederum eine fundamentale Verfassungskrise herauf. Die ökonomische Basis des Landes schwächte sich weiter, sodass schwer zu erkennen ist, wie das Land wieder eine Phase der Stabilität, Prosperität und infrastrukturellen Modernisierung erzeugen kann, an der alle teilhaben.

Vor dem Hintergrund dieser Probleme und der Aufgaben, die sich Johnson nach der Vereinbarung mit der EU vom 24. Dezember 2020 für das neue Jahr stellten, ist es nicht erstaunlich, dass er den Vollzug des Brexits als großen Erfolg für die britische Gesellschaft und Wirtschaft feierte. Man erinnerte sich daher auch gern seiner früheren, reichlich optimistischen Zusage, dass alle am Ende den Kuchen nicht nur vor sich haben, sondern ihn auch würden genießen können.[5] Da waren die Warnungen vor einem Schrumpfen der Volkswirtschaft schnell heruntergespielt, die sowohl Schatzminister Rishi Sunak als auch Andrew Bailey, der Gouverneur der Bank of England, Mitte Januar 2021 erneut veröffentlichten.[6] Denn auch sie führten die kritische Lage vor allem auf die Corona-Krise zurück, die weiterhin hohe Infektions- und Totenzahlen produzierte. Sunak sprach davon, dass diese Krise einen »weiteren bedeutenden Einfluss auf die Wirtschaft« haben werde. Nun waren die Zahlen dazu in der Tat so alarmierend, dass Johnson einen totalen Lockdown dekretieren musste. Doch unter Hinweis auf die erfolgreiche Evakuierung der britischen Truppen aus Dünkirchen im Jahre 1940 fügte er hinzu, dass die Wirtschaft sich erholen werde, sobald man die Virus-Gefahr überwunden habe.

Indessen gelang es der Regierung nur kurzfristig mit solchen Argumenten und weiteren Hinweisen, dass es sich nur um »teething problems« handele, von den tiefer liegenden Wirtschaftsproblemen abzulenken. Wir sahen bereits, wie sich in der Fischereiindustrie, aber auch anderswo unmittelbar nach der Vereinbarung vom 24. Dezember 2020 Stimmen erhoben, die von einem Verrat durch Johnson und seiner Partei sprachen.[7] Doch wie sich schnell herausstellte, ging es nicht nur um die Fischer und ihre Kutter, sondern auch um die Händler, die den Fang in Spezialtransportern nach Europa brachten, wohin in der Vergangenheit 80 Prozent des Fangs ohne große Zollbürokratie verkauft worden waren. Nun war dieser Export durch Inspektions- und Zollvorschriften, die für Importe von außerhalb der EU und somit auch für britische Lebensmittel galten, erschwert. Es dauerte daher kaum 14 Tage, bis die Fischexporteure ein Dutzend ihrer Lkw aus Protest ins Londoner Regierungsviertel entsandten und den Verkehr blockierten. Auf der Seite eines dieser Sattelschlepper stand zu lesen: »Inkompetente Regierung zerstört die Shellfish Industrie.«[8] Auch der »Scotland Food and Drink«-Verband wies darauf hin, dass man jetzt täglich bei den Fischexporten hohe Verluste mache.[9] Angesichts der weiterhin bestehenden Zollbestimmungen dauerten auch die Verhandlungen zwischen den Firmen und dem Zoll bei der Abfertigung erheblich länger als bisher.

Die Enttäuschung über die Folgen des Brexits, vor denen immer wieder gewarnt worden war, reichte bis in die idyllischen Dörfer der Grafschaft Kent in der Umgebung von Dover, deren oft ältere Einwohner sich 2016 für den Brexit entschieden hatten. Wie immer sie sich ihre Zukunft damals auch vorgestellt haben mögen, sie werden kaum mit einem offiziellen Schreiben gerechnet haben, das sie am Neujahrsabend erreichte.[10] Darin wurde ihnen mitgeteilt, dass das Umland im Sommer zu einem Parkareal für 1200 große Fernlaster umgebaut werden würde, von dem aus die Fahrer ihre Zollerklärungen erledigen müssten. Zugleich meldeten sich britische Bürger aus dem In- und Ausland, die das Land, mit dem sie sich als Flüchtlinge vor der nationalsozialistischen Diktatur oder als Kinder von Einwandererfamilien aus Asien und Afrika emotional und politisch-kulturell immer stark identifiziert hatten. Sie sprachen jetzt zutiefst unglücklich von Veränderungen, die es schwer machten, das Land ihrer Geburt wiederzuerkennen.[11]

Doch sollte man angesichts solch individueller Reaktionen nicht den gesellschaftlichen Gesamtrahmen aus den Augen verlieren. Während – wie am Ende des letzten Kapitels gezeigt – die EU mit guten Gründen nicht nur erleichtert auf das Brexit-Abkommen, sondern auch ermutigt von der Solidarität der 27 Mitglieder mit einigem Optimismus in die Zukunft blickt, fällt es schwer, eine ähnliche Prognose für Großbritannien zu stellen, wenn man außer der Fischindustrie auch die Manufaktur betrachtet. Geht es hier zum einen um die großen, international verflochteten Konzerne wie die der Automobilindustrie, auf deren Bedeutung weiter oben mehrfach hingewiesen wurde und die am Ende dieser Schlussbetrachtung noch einmal ins Auge zu fassen sein wird.[12]

Zuvor sei jedoch ein Beispiel aus den Verflechtungen in der chemischen Industrie angeführt. In Hull und daher an der Ostküste zur EU günstig gelegen, bestand seit vielen Jahrzehnten die Firma Teal & Mackrill, die Spezialfarben für den Außenanstrich von Frachtschiffen und Fischkuttern sowie für Fabrikböden herstellte.[13] Doch seit dem 1. Januar 2021 macht sich Geoff Mackrill, einer der Leiter des Familienunternehmens, Sorgen, ob nicht die zunehmenden Bestimmungen zur Einfuhr von für seine Spezialanstriche notwendigen chemischen Zusätzen aus der EU die Herstellung seiner Produkte erschweren würden. Wollte er seine alten Geschäftsverbindungen dorthin angesichts der Größe des EU-Marktes auch gerne aufrechterhalten, er sah jetzt mancherlei Schwierigkeiten voraus; ebenso britische Firmen wie Aston Chemicals in Aylesbury, die Chemikalien aus aller Welt nach England importierten und diese von dort sortiert in die EU lieferten, müssen jetzt nicht nur mit mehr Formularen, sondern auch mit der Vorlage von Herkunftsnachweisen rechnen. Wie Dani Loughran, die Leiterin der Firma, berichtete, funktionierte Großbritannien vor dem Brexit als zollfreie Drehscheibe in der EU »unglaublich gut«, seit dem 1. Januar indessen nicht mehr.

Inzwischen griffen einzelne Firmen zur Selbsthilfe, indem sie sich auf die Suche nach Lagerhallen und zur Gründung von Tochterfirmen nach Holland begaben.[14] Die Ironie dabei war, dass solchen Unternehmen von den Beratern im Department of International Trade (DIT) in London ausdrücklich geraten wurde, diese Lösung zu verfolgen. Sei dies doch »der beste Weg« Grenzhindernisse und Mehrwertsteuerprobleme zu umgehen. Die in Ely, unweit von Cambridge gelegene Firma Horizon Retail Marketing Solutions ging sogar schon so weit, einige Angestellte nach Holland zu versetzen und andere in Ely zu entlassen. Wie Direktor Andrew Moss erfuhr, sah man im DIT keine Alternative zu deren Rat. Zwar habe der Beamte betont, dass er sich vorsehen müsse, doch habe er sich – so Moss – mit seinen Worten »sehr klar« ausgedrückt.

Abgesehen von solchen Manifestationen von Unsicherheit und Unzufriedenheit in den englischen Midlands und bei den schottischen Fischexporteuren rumorte es auch politisch im hohen Norden des Landes, und es wird abzuwarten sein, wie sich die dortige Unabhängigkeitsbewegung sowie die Forderungen der Waliser und Nordiren nach mehr politischer Selbstbestimmung entwickeln werden.[15] Das wirklich große Fragezeichen steht indessen hinter der britischen Wirtschaftskraft. Johnson hatte ausdrücklich zugesagt, die Industrie in den Midlands und des englischen Nordens wiederaufzubauen und die dortige hohe Arbeitslosigkeit zu beseitigen. Doch wird dies angesichts der hohen Investitionen, die dazu notwendig sind, gelingen? Befinden wir uns nicht wieder in einer Lage, die in der Vergangenheit des 20. Jahrhunderts schon mehrmals bestanden hat?

Das Problem war zum ersten Mal in den zwanziger Jahren deutlich geworden. Damals kehrten die Konservativen und Winston Churchill gegen den Willen der Industrie und ihrer Sprecher zum Goldstandard zurück, wofür sich die Banken und die Bank of England im Eigeninteresse stark gemacht hatten. Nach dem Zweiten Weltkrieg wiederholte sich dieses Bild. Anstatt eine Modernisierung der Industrie des Landes zu fördern, wandte sich die City den lukrativen Finanzmärkten des Empire und Commonwealth zu. In den achtziger Jahren leitete Premierministerin Margaret Thatcher nicht nur die Deindustrialisierung und die Zerstörung der Gewerkschaften ein, sondern begünstigte ganz einseitig mit dem »Big Bang« die neoliberale Finanzialisierung der britischen Wirtschaft zu Gunsten der Banken. Und auch der Brexit brachte eine Wiederholung dieses alten Musters von britischer Wirtschaftspolitik. Während die Londoner City aus der Vereinbarung mit der EU weitgehend ausgeklammert wurde, blieb das Land zwar weiterhin Teil einer Freihandelszone und vermied dadurch die Errichtung hoher Zollschranken. Doch werden Exporte und Importe in Zukunft nicht mehr wie zwischen den EU-Ländern ohne größere Inspektionen und Formalitäten durchgewunken. Vielmehr werden die Kontrollen von Waren und erst recht von Personen in Dover und anderswo weiterhin so genau sein, dass auf beiden Seiten große Parkplätze für die ankommenden Lkw gebaut werden müssen.[16] Die Leidtragenden sind nicht nur die Anwohner und Fernfahrer, sondern auch die Industrieunternehmen, die ihre Produkte absetzen wollen. All dies wird im Gegensatz zum Finanzverkehr der von Johnson in Aussicht gestellten Reindustrialisierung einen heftigen Dämpfer aufsetzen. Kurzum, die britische Industrie hat den Kampf im Innern einmal mehr verloren.[17] Das Land insgesamt wird zu einer zweitrangigen Nation am Rande Europas werden, die im Süden um das Londoner Bankzentrum bis auf Weiteres prosperieren mag. Allerdings sollte die City nicht zu zuversichtlich sein. Denn nicht nur die Wall Street und auch Singapore und Hong Kong sind Konkurrenten. Auch Frankfurt, Paris und Amsterdam richten sich darauf ein, den Engländern lukrative Finanz-, Versicherungs- und Investmentgeschäfte abzujagen.[18] In den Midlands und im Norden wird es indessen ziemlich sicher immer ärmlicher zugehen.

Dies mag ein letzter Blick auf die Entwicklung der einst so wichtigen Automobilindustrie zeigen. In den ersten beiden Nachkriegsjahrzehnten gehörte der Bau von Personenwagen und Nutzfahrzeugen noch zu den wichtigsten Industriebereichen des Landes, das vor 1914 zu den Pionieren der Automobilisierung gehört hatte.[19] Doch dann begann in den siebziger Jahren der unaufhaltsame Niedergang, und weltbekannte Marken, sowohl in der Produktion von Luxuskarossen wie Rolls Royce und Bentley oder von Sportwagen wie Aston Martin, erhielten Investitionen von ausländischen Konzernen oder wurden ganz aufgekauft.[20] Detroits General Motors und Ford, die schon seit den zwanziger Jahren in Großbritannien Autos bauten, interessierten sich für Jaguar Land Rover in Coventry und Rolls Royce in Derby. BMW übernahm die Fertigungshallen des einst berühmten, aber erheblich vergrößerten »Mini« in Cowley bei Oxford. Die Japaner investierten in den Bau ihrer eigenen Modelle, Nissan in Sunderland und Honda weiter im Süden in Swindon. Indessen sanken die Verkaufszahlen weiter und erreichten einen Tiefpunkt wie zuletzt im Jahre 1984. Wie Mike Hawkes, der Generalsekretär der Society of Motor Manufacturers and Traders (SMMT), berichtete, war die Endfertigung 2020 auf 300.000 Wagen gesunken, was im Vergleich zu 2019 einem Einkommensverlust von £10,5 Milliarden gleichkam.[21] Noch in den Jahren davor hatte das Land Fahrzeuge im Wert von £42 Milliarden exportiert. Die Zahl der Arbeiter und Angestellten lag bei 800.000, einschließlich der ca. 50.000 in Zulieferbetrieben. Allein 2020 waren an die 10.000 Arbeitsplätze verloren gegangen, auch weil alle modernen Autobauer von ausländischer Zubehörtechnologie abhängig waren, deren Lieferung schon vor dem 1. Januar 2021 ins Stocken geriet. Um die Grenzabfertigung zu beschleunigen und die langen Lkw-Schlangen in Dover und anderen britischen Häfen zu vermeiden, griff man vereinzelt dazu, die für die Sicherung des Produktionsflusses nötigen Teile einzufliegen.

Auf einzelne Konzerne bezogen hatte Vauxhall/General Motors seine Produktion des »Astra« in Ellsmere Port bei Liverpool um die Hälfte zurückschrauben müssen.[22] Bei Land Rover in Castle Bromwich bei Birmingham sank die Endfertigung um 37 Prozent auf 244.000 Einheiten. Allein Nissan in Sunderland, wo man Land Rover zahlenmäßig überholt hatte, entschied sich, seine Produktion dort nicht zu stutzen und nach Europa zu verlegen, obwohl die Verkäufe auf dem Binnenmarkt für alle Marken insgesamt um 20 Prozent gefallen waren. Ashwani Gupta, der Vorstandsvorsitzende, wollte in Sunderland vor allem die Herstellung des »Leaf« ankurbeln, dem batteriebetriebenen Kompaktmodell.[23] Der Zulieferer Envision AESC hatte daraufhin zugesagt, leistungsfähigere Batterien für Nissan weiterzuentwickeln. Wie Gupta verkündete, war das Engagement des Konzerns in Großbritannien langfristig angelegt, während sich andere Konzerne – so auch BMW – fragten, ob sie ihre britische Produktion lieber in die EU verlagern sollten.

Welche Bilanz ist nun aus diesen unmittelbaren Entwicklungen und aus der historischen Perspektive in den vorangehenden Kapiteln zu ziehen? Es scheint, dass man Johnsons optimistisches Bild von einem sozioökonomischen Wiederaufstieg des Landes eher skeptisch beurteilen sollte. Die alten Industriegebiete des Nordens, die die britische Weltmacht im 19. Jahrhundert begründeten, sind seit Thatcher weiter verfallen. Es fehlt nicht nur an Investitionen der Konzerne und mittelständischen Unternehmen, von denen sich viele ausländische gar zurückziehen. Die City verfügte wohl über hinreichende Einlagen; doch sind deren Eigentümer auf lukrative Gewinne in anderen Teilen der Welt fokussiert, wohin sich seit langem auch die Eigeninteressen der Londoner Banken orientiert haben. Es geht jedoch nicht nur um Investitionen in moderne Produktionsanlagen und Technologien. Auch Straßen, Autobahnen und Massenverkehrsmittel müssen dringend erneuert werden. Und schließlich kann man ohne eine gut ausgebildete Arbeiter- und Angestelltenschaft nicht auskommen, denen moderne Fach- und Hochschulen ohne hohe Selbstkosten offenstehen. Die Zukunft wird zeigen, ob sich der langfristige Niedergang des Vereinigten Königreichs nach dem Brexit umwenden lässt.

Dank

Dieses Buch wurde zu einer Zeit geschrieben und abgeschlossen, als die Corona-Krise mich in die Quarantäne verbannte, aber die einschlägigen Primär- und Sekundärquellen mir über das Internet weiterhin zugänglich waren. Die wissenschaftliche Literatur, die ich in den ersten Kapiteln verarbeitet habe, war von mir schon vor der Krise bearbeitet worden. Zudem hatte ich zahlreiche Artikel aus Zeitungen und Zeitschriften gesammelt. Doch hätte ich dieses Buch nicht abschließen können, wenn ich nicht zahllose Artikel aus der New York Times, dem Guardian und anderen Zeitungen und Zeitschriften hätte herunterladen können. Mein erster Dank gilt daher den vielen Journalisten, die fortwährend über die dramatischen Entwicklungen des britischen Austritts aus der EU berichteten. Soweit möglich, werden ihre Berichte und Kommentare unter Nennung ihrer Namen zitiert. Darüber hinaus konnte ich mich auf den Rat und die Ermutigungen von mehreren Freunden und Kollegen verlassen, ohne deren Bereitschaft zur Lektüre von Kapitelentwürfen und zu kritischen Anmerkungen dieses Buch kaum fertig geworden wäre: Christoph Bertram, Renate Bridenthal, Carole Fink, Oliver Müller, Hartmut Pogge von Strandmann, Edzard Reuter, John Roehl und Gustav Schmidt. Zusammen mit ihnen möchte ich auch meiner Frau, Marion Berghahn, die seit langem als Verlegerin besonders scharfe Augen für meine Kompositionen hat, herzlich danken. Darin eingeschlossen sind auch die Mitarbeiter/innen des Verlags, deren Expertise und sorgfältiges Lektorat dieses Buch lesbarer gemacht haben. Für Übersetzungen fremdsprachlicher Quellen wie für Fehler bin ich allein verantwortlich.

Anmerkungen

Vorbemerkung zu den Quellenangaben: Während Zeitungsartikel in den ersten Kapiteln mit Seitenzahlen zitiert werden, musste ich angesichts der Corona-Krise in den letzten Kapiteln auf die elektronischen Versionen zurückgreifen, wobei die Seitenangaben fehlten. Soweit möglich sind aber Autoren und Titel der einschlägigen Artikel zitiert, sodass sie unter dem jeweiligen Datum auffindbar sind. Wo Zahlen in amerikanischen »Billionen« erscheinen, werden diese der deutschen Praxis entsprechend in Milliarden zitiert. Einer weiteren Erklärung bedarf noch »BarnierKindle, mit nachfolgender Seitenangabe«, ein von mir eingeführtes bibliographisches Kürzel, das in verschiedenen Anmerkungen der Kapitel 4 ff. zu finden ist. Während der Drucklegung dieses Buchs erschienen im Mai 2021 die Aufzeichnungen von Michel Barnier auf Französisch unter dem Titel *La Grande Illusion. Journal secret du Brexit (2016–2020)*, Paris 2021. Es ist zu vermuten, dass eine deutsche Übersetzung dieser an die 600 Seiten umfassenden Quelle noch in diesem Jahr erscheinen wird. Dieses Buch schien mir so wichtig, dass ich mich entschied, auf Stellen im französischen Original hinzuweisen, die auch in meinem Buch thematisiert sind und meine Ausführungen ergänzen. Allerdings ist Barniers Band anders als meine Studie weitgehend auf die Verhandlungen der EU mit Großbritannien fokussiert, mit nur gelegentlichen Ausflügen in historische Ereignisse. Wirtschaftliche Entwicklungen sind fast völlig ausgeblendet wie auch die Entwicklung des Landes vor dem 21. Jahrhundert. Das französische Original war allerings nur in der Kindle-Version von Amazon zugänglich, sodass das »BarnierKindle«-Kürzel auf die entsprechenden Seiten bei Barnier hinweist und digital geöffnet werden kann.

Einleitung

1 Neal Ascherson, »England prepares to leave the world«, in: London Review of Books, 17. November 2016, 7–10. Siehe auch James Hamilton-Paterson, What We Have Lost. The Dismantling of Great Britain, London 2018.
2 Mathias Häußler, »Ein britischer Sonderweg? Großbritannien und die europäische Integration«, Vierteljahrshefte für Zeitgeschichte, Bd. 67, Heft 2 (April 2019), 263–86.
3 Siehe Stephanie Bolzen, »Die Freiheit wird teuer«, Die Welt, 24. Juli 2017, Forum, 3.
4 Steven Erlanger, »Britain's Strange Identity Crisis«, New York Times, 29. Juni 2014, 3.

5 Sam Byers, »Britain is Drowning in Nostalgia«, in: New York Times, 24. März 2019, Sunday Review Sektion, 1 und 4. Siehe auch The Ashby Lecture 2019 von Norman Davies (in: Clare Hall Review, 2019), der sehr kritisch auch die psychischen, kulturellen und historischen Wurzeln des Brexit analysiert. Siehe auch Kevin O'Rourke, A Short History of Brexit, Harmondsworth 2020; Geoffrey Evans und Anand Menon, Brexit and British Politics, London 2017; Harold D. Clarke u. a., Brexit. Why Britain Voted to Leave the European Union, Cambridge 2017. Vom Titel her treffend siehe auch Peter Clarke, Hope and Glory, Britain 1900–1990, London 1996. Über die Mythen des Britischen Empire, siehe Priya Satia, Time's Monster. How History Makes History, Cambridge, MA, 2020.
6 Siehe auch James Meek, »The Dreams of Brexit Britain«, ebd., 17. März 2019, 6, worin der Autor von seinen Reisen im Land und spontanen Gesprächen berichtet, die er mit Briten hatte.

1. Großbritannien vor und nach der Katastrophe des Ersten Weltkriegs

1 William E. Burns, A Brief History of Great Britain, New York 2010, 154. In deutscher Sprache bietet weiterhin das Buch von Gottfried Niedhart, Geschichte Englands im 19. und 20. Jahrhundert, München 1987, eine gute Ergänzung zu den Schilderungen in diesem und im nächsten Kapitel dieses Buches.
2 Jeremy Black, A History of the British Isles, New York 2012, 200.
3 Siehe oben S. 10 f.
4 Peter Kriedte, Industrialisierung vor der Industrialisierung. Gewerbliche Warenproduktion in der Formationsperiode des Kapitalismus, Göttingen 1978. Am Göttinger Max-Planck-Institut für Geschichte als Teil eines größeren Projekts entstanden, regte dieses Buch viele andere Studien zu diesem Thema u. a. in Großbritannien, Belgien, Schweden und den USA an.
5 Dazu Edward P. Thompson, The Making of the English Working Class, New York 1966, zuerst 1963 erschienen. Siehe auch Dorothy Thompson, Outsiders. Class Gender and Nation, London 1993. Mit Edward Thompson verheiratet, hatte sie den Klassiker ihres Mannes mit verständlicher Zurückhaltung kritisiert, weil Frauen darin kaum Erwähnung fanden. Ihr Band versuchte, dieses Manko zu korrigieren.
6 Wohl am schärfsten auf den Punkt gebracht von Karl Marx im Kommunistischen Manifest von 1847, wo er im letzten Teil auf die aktiv-revolutionäre Rolle eingeht, die er der industriellen Arbeiterklasse zugedacht hatte.
7 Zur Konzeption informeller Kolonialreiche und deren Transformation zu formellen siehe John Gallagher/Ronald Robinson, Africa and the Victorians, London 1981.
8 Wolfgang Schivelbusch, Geschichte der Eisenbahnreise, München 1977.
9 Ders., Lichtblicke, München 1983; Paul M. Kennedy, »Imperial Cable Communications and Strategy, 1871–1914«, English Historical Review, Bd. 86, Nr. 341, 728–52.
10 Ian Buruma, Anglomania, New York 1998.

11 Siehe z. B. Darell Bates, The Fashoda Incident of 1898, New York 1984.
12 Zit. in: Adina Popescu, Casting Bread upon the Waters. American Farmers and the International Wheat Market, 1880–1920, unveröff. PhD.-Dissertation, Columbia University, 2013, 172, auch für das Folgende, sowie Volker R. Berghahn, American Big Business in Britain and Germany. A Comparative History of Two »Special Relationships« in the 20th Century, Princeton 2014, 79 ff.
13 Siehe z. B. Nancy Mitchell, The Danger of Dreams, Chapel Hill 1999.
14 William T. Stead, The Americanisation of the World, London 1902. Zur Interpretation des Buches siehe Berghahn (Anm. 12), 2 f. Dort auch weitere Literatur zur Amerikanisierungsfrage.
15 Die Vanderlip-Papiere liegen jetzt im Archiv der Columbia University. Die hier zitierte Zusammenfassung findet sich in Berghahn (Anm. 12), 37 ff.
16 Siehe Leon Festinger, A Theory of Cognitive Dissonance, Stanford 1957.
17 Hans Rosenberg, Große Depression und Bismarckzeit, Berlin 1967.
18 So Klaus J. Bade, »Transnationale Migration und Arbeitsmarkt im Kaiserreich: Vom Agrarstaat mit starker Industrie zum Industriestaat mit starker agrarischer Basis«, in: Toni Pierenkemper/Richard Tilly, Hg., Historische Arbeitsmarktforschung, Göttingen 1982. Zur wachsenden Handelsrivalität und dem damit zusammenhängenden deutsch-englischen Wettbewerb unter den Reedereien siehe Susanne Wiborg, »Kampf um den Atlantik«, Die Zeit, 24. Januar 2003, 88.
19 Zit. in: Berghahn (Anm. 12), 37 ff.
20 Siehe unten S. 117 ff., 151 ff.
21 Dazu Volker Berghahn, Der Tirpitz-Plan, Düsseldorf 1971, 108 ff., auch für das Folgende.
22 Ebd., 77 f. Zur damaligen britischen Politik allgemeiner siehe H. V. Emy, Radicals and Social Politics, Cambridge 1973; J. R. Hay, The Origins of the Liberal Welfare Reforms, 1906–1914, London 1975; J. E. Crono/Joe Schneer, Hg., Social Conflict and Political Order in Modern Britain, London 1982.
23 Zit. in: Fritz Fischer, Krieg der Illusionen, Düsseldorf 1969, 584.
24 Christopher Clark, The Sleepwalkers, New York 2013; Gerd Krumeich, Juli 1914. Eine Bilanz, Paderborn 2014.
25 Berghahn (Anm. 12), 126 ff.
26 Ebd., 127.
27 Ebd., 130 ff.
28 Ebd., 133.

2. Britische und deutsche Wirtschaft- und Außenpolitik bis zur Suez-Krise 1956

1 Carole Fink, The Genoa Conference. European Diplomacy, 1921–1922, Chapel Hill 1984.
2 Siehe Volker Berghahn, American Big Business in Britain and Germany. A Comparative History of Two »Special Relationships« in the 20th Century, Princeton 2014, 147 ff.
3 Siehe z. B. Gerald Freund, The Unholy Alliance, 1918–1926, London 1957; Walter

Laqueur, Russia and Germany, London 1965; Kurt Rosenbaum, Community of Fate. German-Soviet Diplomatic Relations, 1922–1928, Syracuse 1965.
4   Conan Fischer, The Ruhr Crisis, 1923–1924, Oxford 2003.
5   Zit. in: Berghahn (Anm. 2), 182.
6   Zum Scientific Management, Taylorism und dann Fordism siehe Mary Nolan, Visions of Modernity, New York 1994; Harry Braverman, Labor and Monopoly Capitalism, New York 1974; Samuel Haber, Efficiency and Uplift, Chicago 1984; Robert Kanigel, The One Best Way, New York 1977; Berghahn (Anm. 2), 64 ff.; Charles Maier zit. ebd., 191 f.
7   Hugh Jenkins zit. in: Berghahn (Anm. 2), 262.
8   Ebd., 198.
9   Ebd., 182.
10 Barry Eichengreen, Golden Fetters, Oxford 1992.
11 Jon Jacobson, Locarno Diplomacy, Princeton 1971.
12 Corelli Barnett, The Collapse of British Power, London 1972. Siehe auch Derek Aldcroft, The British Economy 1: Years of Turmoil, Brighton 1968; David Edgerton, The Rise and Fall of the British Nation: A 20th-Century History, London 2018.
13 Zit. in: Berghahn (Anm. 2), 186.
14 Zit. ebd., 211.
15 John K. Galbraith, The Great Crash 1929, Harmondsworth 1961, 213.
16 Banker's Magazine 1906, zit. in: Berghahn (Anm. 2), 213.
17 Volker Berghahn, »The US Federal Reserve Bank and American Irrational Exuberance, 1924–1929 and 1994–2007«, unveröff. Manuskript unter Auswertung der George Harrison Papiere, 2015, 37pp.
18 William C. McNeil, American Money and the Weimar Republic, New York 1986.
19 Wall Street Journal, 19. Januar 1927.
20 Zit. in: Berghahn (Anm. 2), 251 f.
21 Siehe z. B., Eberhard Jäckel, Hitlers Herrschaft. Vollzug einer Weltanschauung, Stuttgart 1986. Siehe jetzt auch Bernd Sösemann, »Hitlers ›Mein Kampf‹ in der Ausgabe des ›Instituts für Zeitgeschichte‹‹«, Jahrbuch für Kommunikationsgeschichte, Bd. 19 (2017), 121–50.
22 Zit. in: Klaus Hildebrand, Deutsche Außenpolitik, 1933–1945, Stuttgart 1971, 51. Zum Verständnis der britischen Strategie der Friedenserhaltung immer noch sehr instruktiv: Paul M. Kennedy, »The traditions of appeasement in British foreign policy, 1865–1939«, in: British Journal of International Studies, 2(1976), 195–215.
23 Zit. Hildebrand (Anm. 22), 99.
24 Berghahn (Anm. 2), 194, 223.
25 Ebd., 280 f.
26 Siehe z. B., Bernd Greiner, Die Morgenthau-Legende, Hamburg 1995; Wilfried Mausbach, Zwischen Morgenthau und Marshall, Düsseldorf 1996.
27 Zit. in: Berghahn (Anm. 2), 297.
28 Siehe die Reaktionen zit. ebd., 318 f.
29 Sehr gut zu verfolgen in den Tagebüchern des Hamburger Unternehmers Friedrich in: Volker Berghahn/Paul Friedrich, Otto A. Friedrich. Ein politischer Unternehmer. Sein Leben und seine Zeit, 1902–1975, Frankfurt 1993, 27 ff.; allgemeiner

bei Werner Abelshauser, Wirtschaft in Westdeutschland, 1945–1948, Stuttgart 1975, sowie Volker Berghahn, Unternehmer und Politik in der Bundesrepublik, Frankfurt 1986, 69 ff.
30 Berghahn (Anm. 2), 319.
31 Ebd., 335 f.
32 Ebd., 337.
33 in: David Kynaston, Modernity Britain. A Shake of the Dice, 1959–1962, London 2014, 124.
34 Zit. in: Berghahn (Anm. 2), 337.
35 Jonathan Wood, Wheels of Misfortune, London 1988. Weitere einschlägige Urteile zit. in: Berghahn (Anm. 2), 333 ff. Siehe auch Roger Eglin, James Poole und Antony Terry, »The British Manager. Is He So Bad?«, Sunday Times, 7. August 1977, 52 f., mit deutsch-britischen Vergleichen und einer vielsagenden Karikatur.
36 Ursula Lehmkuhl, Pax Anglo-Americana, München 1999. Siehe auch Derek Leebaert, Grand Improvisation. America Confronts the British Superpower, 1945–1957, New York 2018. Siehe dagegen die amerikanischen Vorstellungen zur internationalen Nachkriegsordnung, die der bekannte Pressezar Henry R. Luce in einem Artikel in Life Magazine schon am 17. Februar 1941, 61–65, im Titel »The American Century« formuliert hatte.
37 Zit. in: Berghahn (Anm. 2), 305.
38 Zit. ebd., 341. Siehe auch Alex von Tunzelmann, Blood and Sand. Suez, Hungary and Eisenhower's Campaign for Peace, New York 2016, sowie Robert F. Worth, »The End of the Show«, New York Review of Books. 24. Oktober 2019, 44–46, mit Besprechungen von zwei einschlägigen Büchern von James Barr und Derek Leebaert.

3. England und die Europäische Gemeinschaft, 1962–1979

1 Siehe z. B. James Currey, Mau Mau and Nationhood, Athens, OH, 2003; Huw C. Bennett, Fighting the Mau Mau, Cambridge 2013.
2 Matthew Connelly, A Diplomatic Revolution, New York 2002.
3 Wilfried Loth, Charles de Gaulle, Stuttgart 2015, auch für das Folgende. Siehe auch Julian Jackson, De Gaulle, London 2018.
4 Oliver Bange, The EEC Crisis of 1963, New York 2000; Garret Martin, »An Arbiter between the Superpowers. Charles de Gaulle and the German Question, 1958–1969«, in: Frédérik Bozo/Christian Wenkel, Hg., France and the German Question, 1945–1990, New York 2019, 93–109, insbes. 97 ff.
5 Siehe z. B., Richard Faber, Abendland. Ein politischer Kampfbegriff, Berlin 2002, 118 ff., 131 ff., 142 ff., 160 ff.
6 Siehe z. B. Benn Steil, The Battle for Bretton Woods, Princeton 2013; Keith Anderson u. a., Hg., Bretton Woods Revisited, Toronto 1972.
7 David Butler/Uwe Kitzinger, The 1975 Referendum, New York 1976; Robert Saunders, Yes to Europe! The 1975 Referendum and Seventies Britain, Cambridge 2018.
8 Zu diesen Entwicklungen siehe z. B. Gottfried Niedhart, Geschichte Englands im 19. und 20. Jahrhundert, München 1987, 195 f.

9 Siehe z. B. David Cannadine, Margaret Thatcher, New York 2017.
10 Institute of Directors, Hg., Election 79. The Business Leaders' Manifesto, London 1979.
11 Siehe die Berichte zur Bullock-Kommission und zu den Folgen in: Observer, 23. Januar 1977, 1 und 4; Daily Telegraph, 24 Mai 1978, 18.
12 Siehe Volker Berghahn, Unternehmer und Politik in der Bundesrepublik, Frankfurt 1985, 202 ff. Dort auch zur Rolle von William Harris-Burland.
13 David G. Boyce, The Falklands War, Basingstoke 2005; Ezequiel Mercau, The Falklands War. An Imperial History, Cambridge 2018.
14 David G. Boyce, The Falklands War, Basingstoke 2005; Ezequiel Mercau, The Falklands War. An Imperial History, Cambridge 2018.
15 Alan Parker,»Schlecht bezahlt und hoch besteuert. Eine Karriere in der Industrie gilt als wenig attraktiv«, Die Zeit, 1. Februar 1974, 28. Das hatte sich bis 2014 sehr gewandelt. Siehe Owen Jones,»Who are the real scroungers?« in: Saturday Guardian, 30. August 2014, 18. Allerdings geriet auch die Bundesrepublik in den Sog des Neoliberalismus und auch dort ging die Schere zwischen Arm und Reich zunehmend auseinander. Siehe Elisabeth Niejahr/Kolja Rudzio,»Die andere soziale Kluft«, Die Zeit, 22. Januar 2009, Wirtschaft, 27. Hans Kundnani, »Downwardly mobile society«, Times Literary Supplement, 8. Februar 2019, 11.
16 Mary Sarotte, 1989: The Struggle to Create a Post-Cold War Europe, Princeton 2014.
17 Siehe z. B. Frédéric Bozo, Mitterand, The end of the Cold War and German unification, New York 2008, 165 ff, 310 ff.; Alaria Poggiolini,»All About Europe? France, Great Britain and the Question of German Unification, 1989–1990«, in: Bozo/Wenkel (Anm. 4), 201–18.
18 Das von Thatchers Privatsekretär Charles Powell verfasste vertrauliche Memorandum über das Treffen wurde drei Monate später unter dem Titel»What the PM learned about the Germans« veröffentlicht, Independent, 15. Juli 1990, 19. Siehe auch John Campbell, Margaret Thatcher, Bd. 2, London 2003, 634 ff.
19 Zit. in: Simon Jenkins, A Short History of England, New York 2011, 328.
20 Siehe z. B. Melanie Sully, The New Politics of Tony Blair, New York 2000.
21 Siehe die Statistik in: Independent, 17. Juli 2019, 2.
22 Nach meiner genauen Erinnerung sprach vor dem Saltzman Institute for War and Peace Studies der Columbia University im Herbst 2002 ein Experte aus dem Stab von Rumsfeld, der einen über Irak weit hinausgehenden Plan vortrug. Den erwarteten Sieg über Saddam Hussein wollte man zu einer umfassenderen Reorganisation des Mittelostens zu nutzen.
23 Siehe»The Report of the Iraq Inquiry by a Committee of Privy Councillors, chaired by Sir John Chilcot, 12 Bde., London 2016, 6275 pp.
24 Geoffrey Wheatcroft,»Tony Blair's Eternal Shame: The Report«, in: New York Review of Books, 13, Oktober 2016, 42–44.
25 Ebd., 43. Siehe aber auch den zweifelnden Artikel von Hugo Young,»The end of the affair?«, Guardian, 29. April 2000, Saturday Review 15. Angesichts der Tatsache, dass die USA und Großbritannien ins 21. Jahrhundert marschierten, fragte er, ob eine Fortsetzung der»special relationship« eine realistische oder gar wünschenswerte Zukunftsperspektive böte. Siehe auch unten S. 115, 123,

158, 174 zum merkwürdigen Verhältnis von US-Präsident Donald Trump zum Vereinigten Königreich. Dazu wohl auch treffend das abschließende Urteil von Kathleen Burke, Old World, New World. Great Britain and America from the Beginning, London 2007, 659: »And the instinctive feeling persists: there is a true love-hate Anglo-American special relationship.«
26 Siehe Adam Tooze, Crashed. How a Decade of Financial Crises Changed the World, London 2018.
27 Darunter auch Marion Gräfin Dönhoff und Bundeskanzler a. D. Helmut Schmidt, nunmehr beide als Herausgeber der Hamburger Wochenzeitschrift *Die Zeit*. Dönhoff sprach von der Notwendigkeit, den Kapitalismus zu zivilisieren. Dazu Volker R. Berghahn, Journalists between Hitler and Adenauer, Princeton 2019, 213 ff. Siehe auch das Interview mit dem ehemaligen Daimler-Vorstandsvorsitzenden Edzard Reuter, der die immer noch ungebändigte »Gier« der Eliten kritisierte in: Der Tagesspiegel, 27. September 2010, 16. Siehe auch aus britischer Sicht das etwas später erschienene Buch von David Marquand, Mammon's Kingdom. An Essay on Britain, Now, London 2014, mit einer scharfen Kritik am Thatcherismus und dem Appell, den Kapitalismus zu zähmen und erneut auf das Gemeinwohl zu verpflichten. Vor diesem Hintergrund entstand einerseits die Diskussion, dass es nicht nur einen neoliberalen westlichen Kapitalismus, sondern auch andere, sozialstaatlichere Spielarten (z. B. Schweden oder Deutschland) gebe. Pessimistischer andererseits Dieter Plehwe, »Neoliberalismus und kein Ende. Seit 1989 gibt es keine Alternative mehr«, WZB-Mitteilungen, Heft 146, Dezember 2014, 25–29.
28 So Alan Greenspan in einer Rede auf einem Abendessen des American Enterprise Institute am 5. Dezember 1996. Die Ursprünge des wohl sehr treffenden Begriffs sind unklar. Dem Ökonomen Robert Shiller von der Yale University zufolge hatte er Greenspan einige Tage zuvor gesehen und sich dabei mit ihm über die Lage am Aktienmarkt ausgetauscht, aber die Worte – so fügte er hinzu – seien so nicht gefallen. Dagegen hatte Greenspan 1959 in einem Artikel in *Fortune Magazine* von »over-exuberance« gesprochen. In seiner Studie *The Age of Turbulence* (New York 2007, 176) nahm er daher die Erfindung von »Irrational exuberance« für sich in Anspruch. Allerdings hatte Shiller schon einige Jahre davor einen Bestseller mit diesem Titel veröffentlicht: Irrational Exuberance, New York 2000. Siehe auch Sebastian Mallaby, The Man Who Knew. The Life and Times of Alan Greenspan, New York 2016.
29 Ethan S. Harris, Ben Bernanke's Fed, Boston 2008; David Wessel, In Fed We Trust, New York 2009.
30 Patrick Collison, »Are car loans driving us into another crash?«, Guardian, 11. Februar 2017.
31 Patrick Collinson/Katie Allen, »An interest rate cut is on the cards – but what will its effect be?« ebd., 30. Juli 2016, 22.
32 Andreas Oldag, »In Geiselhaft. Die Briten haben zu sehr auf die Finanzindustrie gesetzt«, Süddeutsche Zeitung, 20. März 2012. Was die private Verschuldung noch vertiefte, waren wucherische Zinsen für Darlehen und Hypotheken. Siehe Libby Purves, »The poorer you are, the more you have to pay«, The Times, 16. Juli 2018. Dank der Banken und auch der Politik der Konservativen befanden sich

also viele Minderbemittelte wirtschaftlich immer noch dort, wo sie schon vor 2007/08 gewesen waren.
33 Tim Engartner, »1000 Jahre Verspätung«, Die Zeit, 5. März 2009, 84.
34 Brett Christophers, The New Enclosure. The Appropriation of Public Land in Neoliberal Britain, New York 2018.
35 Zit in: John F. Jungclaußen, »Thatchers milde Enkel«, Die Zeit, 7. Mai 2009, 31. Er vergaß dabei zu erwähnen, dass gerade die Konservativen diese Zentralisierung und Schwächung vorangetrieben hatten. Siehe Tom Crewe, »The Strange Death of Municipal England«, in: WhatsAppEmailPrint, Bd. 38, Nr. 24 A, 15. Dezember 2016. Siehe für das Folgende auch Ross McKibbin, »Nothing to do with the economy«, in: London Review of Books, 18. November 2010.
36 Robert Bischof, »Can Britain Surpass Germany Economically?«, Globalist, 20. April 2014. Siehe auch Brian Groom, »The workshop that was. How British manufacturing lost its way«, Financial Times, 25./26. Februar 2012, Life & Arts 25.
37 Siehe Pepper Culpepper/David Finegold, Hg., The German Skills Machine, New York 1999. Siehe auch Steven Hill, »We still make things«, in: Atlantic Times, April/Mai 2013, Sektion B, 9, sowie den Bericht über Porsche und duale Ausbildung von Anke-Sophie Meyer, »»Wir suchen CHARAKTERKÖPFE««, Die Welt, 4. Februar 2017, Sonderseite 15. Siehe auch den Bericht von NPR (National Public Radio) New York vom 14. April 2017, 6.55 Uhr, über eine Schulungslücke in Großbritannien bei Arbeitern. Das mag daran liegen, dass die Privatisierung auch auf dem Gebiet der Managementschulung fortgeschritten ist. So bot das Oxford Business College eine Ausbildung in Business Management an, für die Darlehen bis zu £12.000 angeboten wurden. Sie waren rückzahlbar, wenn man anschließend über £25.725 pro Jahr verdiente. Siehe auch Simon Tilford, »Why ›Brexit‹ Will Make Britains's Mediocre Economy Worse«, New York Times, 8. Juni 2017, Op-ed-Seite.
38 Richard Partington, »UK's annual growth slowest since 2013«. Guardian 30. September 2017, 31; Claudia Wanner, »Wachstum in Großbritannien schwächt sich ab«, Die Welt, 23. November 2017, Wirtschaftsteil, 10. Siehe auch das ziemlich vage Urteil von Mervyn King, von 2003-2013 Gouverneur der Bank of England und jetzt als Baron King of Lothbury im Oberhaus sitzend: Der Austritt aus der EU werde nicht dazu führen, dass England ein Land von »Milch und Honig«, aber auch keins von »Landplagen und Heuschrecken« werde: »Which Europe Now?« New York Review of Books, 18. August 2016, 36f. Siehe auch John Lanchester, »Brexit Blues«, London Review of Books, 28. Juli 2016, 3–6.
39 Zit. in: Larry Elliott, »Chancellor admits consumers suffer as economy slows«, Guardian, 27. Juli 2017, 21.
40 Richard Partington, wie Anm. 38.
41 Holger Schmieding/Kallum Pickering, »Britain's Big Brexit Gamble«, Globalist, 30. März 2017.
42 Siehe allgemein zum Schicksal der britischen Unterschichten, Selina Todd, The Rise and Fall of the Working Class, 1910–2020, London 2014.
43 Siehe Gavin Jackson, »Robust end of year augurs well for growth«, Financial Times, 11./12. Februar 2017, 3.
44 Siehe Simon Jenkins, »The hardliners won't like my soft Brexit plan«, Guardian,

27. Juli 2017, 29, mit dem Hinweis, dass Obstplantagen zumachten und NHS-Angestellte ihre Koffer packten. Zu den Universitäten siehe Denise Feldner, »Brexit: Is Britain Facing a Mass Academic Exodus?«, in: The Globalist, 5. März 2017. Siehe auch Ulrich Schreiterer, »Brexit – und nun? Der Sieg des Leave-Lagers bereitet Großbritanniens Wissenschaft Probleme«, in: WZB-Mitteilungen, September 2016, 54–55.

45 Zur Schieflage von Aston Martin siehe Mark Shapland, »Car crash for Aston Martin as shares skid 22 % on profit alert«, Evening Standard, 24. Juli 2017, 35. Siehe auch die Tabellen in: Financial Times, 25. Juli 2019, 12. Siehe auch Larry Elliott/Angela Monaghan, »UK economy begins to feel Brexit tremors«, Guardian, 28. Juli 2016, 1, mit Reaktionen der Society of Motor Manufacturers and Traders (SMMT).

46 Zu Austins »Mini« siehe Jonathan Wood, Wheels of Misfortune, London 1988, 134 ff. Zur Lage heute siehe Joe Miller/Peter Campbell, »BMW's Mini workers face weeks of unpaid leave under no-Brexit deal«, Financial Times, 11. September 2019, 1. Siehe auch Stefanie Bolzen/Claudia Wanner, »Schlecht, schlechter, Brexit«, Die Welt, 29. Juli 2018, mit dem Hinweis auf die im Rolls Royce und Mini verbauten Teile, die aus der EU kommen.

47 Roger Cohen, »The Official British Policy? Mayhem«, New York Times, 3. März 2019, 5.

48 Laurie Havelock, »Nissan to axe 10.000 jobs as it confirms profits crash«, Independent, 25. Juli 2019; Anthony Hilton, »Why Brexit will sink the UK's car industry«, Evening Standard, 13. Juli 2017, 56.

49 Siehe Graham Ruddick, »Multinationals warn of risk to jobs and falling profits«, Guardian, 25. Juni 2016, 16.

50 Jasper Jolly, »Weary companies ready to hit pause button … for a second time«, Observer, 21. Juli 2019, 59, mit einer Warnung von Airbus, dass man bei einem No-Deal-Brexit daran denke, England zu verlassen.

51 Jill Treanor, »Brexit ›threat to City-linked jobs‹«, Guardian, 24. September 2016, 30.

52 Zit. in: Graham Ruddick, wie Anm. 49.

53 Kate Connolly, »Frankfurt woos City big hitters as top banks ponder exit for Brexit«, Guardian, 19. Juli 2018, 19.

54 Siehe z. B. Jonathan Coe, »When Mrs. May Met ›Mr. Brexit‹« [d. h. Trump, der den Austritt begrüßt hatte], New York Times, 29. Januar 2017, 4. Siehe auch Patrick Cockburn, »Iran crisis exposes Britain's new reliance on US«, Independent, 22. Juli 2019, 10.

55 Jonathan Coe, wie Anm. 54; Oliver Wright, »Trade deal with US won't soften Brexit damage, say firms«, The Times, 10. Juli 2017, 9.

56 Alex Barker/Jim Brunsden, »Juncker to outline post-Brexit vision«, Financial Times, 16. September 2016, 3.

57 Zit. in: Prashant S. Rao, »Britain«, New York Times, 13. November 2016, 11.

58 Martin Westlake, Slipping Loose. The U. K.'s Long Drift from the European Union, New York 2020.

4. Britisch-europäische Brexit-Verhandlungen 2018–2020

1 Dazu sehr instruktiv die farbige Landkarte der Britischen Inseln mit den einschlägigen Wahlergebnissen für alle Regionen, in: Guardian, 25. Juni 2016, 27, auch für das Folgende.
2 Michael Ashcroft, Call me Dave. The unauthorized biography of David Cameron, London 2015.
3 Siehe dazu umfassend Gillian Peele/John Francis, Hg., David Cameron's Conservative Renewal: The Limits of Modernization, Manchester 2016, mit mehreren einschlägigen Beiträgen über die Lage und Entwicklung der Konservativen Partei. Siehe auch Andrew Glencross. Why the UK Voted for Brexit: David Cameron's Great Miscalculation, London 2018.
4 Siehe als gute Zusammenfassung dieses Gebräus James Meek oben S. 13. Zur vermeintlich wiedererrungenen Unabhängigkeit siehe z. B. Gary Younge, »Britain is not independent, merely isolated«, Guardian 25. Juni 2016, 39. Zur Fremdenfeindlichkeit, die dort am stärksten war, wo es kaum Einwanderer gab, siehe Alan Travis, »Immigration: The newcomer paradox: Leave was strongest in places without migrants«, ebd., 25. Siehe auch John Harris, »That Didn't Go To Plan«, Nation, 10. April 2017, 27–31. Allgemeiner: Robert Gildea, Empires of the Mind. The Colonial Past and the Politics of the Present, Cambridge 2019. Zur deutschen Parallele siehe Benedikt Müller, »Wo der Boom nur ein Traum ist«, Süddeutsche Zeitung, 14. September 2016, 17, mit einer Karte der Regionen (Sachsen-Anhalt und Sachsen), wo infolge Abwanderung 10 Prozent und mehr der Wohnungen leer standen, aber die radikale Rechte am lautesten gegen Einwanderung agitierte.
5 Larry Elliott u. a., »The markets: Carney calls for calm as pound hits 31-year low«, Guardian, 25. Juni 2016, 3, 5–6.
6 Ebd.
7 Ebd.
8 Siehe die schon zitierten weiteren Beurteilungen oben S. 113 ff.
9 Siehe unten S. 124, 129 ff.
10 Siehe unten S. 117 ff., 129, 160 ff.
11 Joe Watts/Lewis Smith, »Scots and Welsh join Brexit legal battle«, Independent, 9. November 2016, 13.
12 Henry McDonald, »Northern Ireland. No Irish unity vote – Villiers«, Guardian, 25. Juni 2016, 11.
13 Zit. in: Jennifer Rankin u. a., »The EU: Go as soon as possible. Brussels pushes for faster exit«, ebd., 2.
14 Severin Carrell, »UK trawlermen face tough deals over foreign fleets in Brexit talks«, ebd., 17. Dezember 2016, 10.
15 Heather Stewart, »Day the UK bid farewell«, ebd., 25. Juni 2016, 2.
16 Gus O'Donnell, »Fasten your seat belts and hold tight, we're in for a rough ride«, Observer, 16 Februar 2017. Siehe auch BarnierKindle, 33 ff., auch zur Zusammenstellung seines Teams und seiner Konsultation in der EU.
17 Siehe z. B. Boris Johnson, Dream of Rome, London 2006.
18 Zit. in: Oliver Wright, »Trade deal with US won't soften Brexit damage, say firms«, The Times, 10. Juli 2017, 9. Siehe auch den Leitartikel »Trading Places«,

ebd., 10. Juli 2027, 29. Zum nicht immer freundschaftlichen Verhältnis zwischen Trump und Johnson siehe Stephen Castle, »To Stop Brexit Party, Conservatives May Gamble on Their Own Populist [d. h. Johnson]«, New York Times, 26. Mai 2019, 15.
19 Wie Anm. 13.
20 James Blitz, »›No Deal‹ Brexit planning gathers pace«, Financial Times, 16. Februar 2018, 2.
21 Siehe Stephan Richter, »Theresa May's Massive Miscalculations on Brexit«, Globalist, 4. Mai 2017. Siehe auch BarnierKindle, 59, als May selbstbewusst den Beginn einer Ära des »Global Britain« verkündete. Dies wurde zusammen mit dem Bestehen auf Souveränität eines der Schlagworte der britischen Brexit-Debatte.
22 Ebd.
23 Holger Schmieding, »Theresa May's Very Iffy Brexit Strategy«, Globalist, 4. April 2017, auch für das Folgende. Siehe auch BarnierKindle, 40, 62 ff., 67 f., 83.
24 George Parker/Alex Barker, »May and top officials at daggers drawn«, Financial Times, 5. Januar 2017, 3. Siehe auch das Interview von Stephen Moss mit dem Liberaldemokratischen Abgeordneten Vince Cable in: Guardian, 15. Juli 2017, 32: Er treffe mit vielen Beamten zusammen, die nicht sehen, wie der Brexit durchgeführt werden könnte.
25 Ebd.
26 Siehe z. B. Dennis MacShane, »Rabenmutter der Nation«, Handelsblatt, 20. April 2017, 48.
27 Steven Erlanger, »Conservatives' New Platform Hopes to Lure Working-Class Britons«, New York Times, 19. Mai 2017, A9.
28 Oliver Wright, »Weakened May pleads for support from rivals«, in: The Times, 10. Juli 2017, 1.
29 »May offers a Brexit That No One Likes, but Many Can Live With«, New York Times, 24. November 2017, A10. Zur Konservativen Opposition: Jenni Russell, »The Men Who Want to Push Britain Off the Cliff«, ebd., 18. November 2018, 7. Siehe auch Denis MacShane, »Brexit: What Next?«, Globalist, 8. Dezember 2018; David Runciman, »Which way to the exit?«, London Review of Books, 5. Januar 2019, 4.
30 Ungezeichneter Leitartikel »It's time to get real and put the economy and stability first«, Guardian, 15. Juli 2017, 34.
31 Zit in: Evening Standard, 13. Juli 2017, 6. Siehe auch BarnierKindle 99, mit dem Hinweis, das, was man höre, seien nicht Pfeifen, sondern das Ticken der Brexit-Uhr.
32 Joe Murphy, »›£115K job‹ for Brexiteer who lost seat«, ebd., 8.
33 Siehe »Experts voice fears over impact of hard Brexit and weak May«, Evening Standard, 13. Juli 2017, 6, sowie Observer, 16. Juli 2017, 9.
34 Dabei ging es nicht nur um die ununterbrochene Lieferung von Standardmedikamenten, sondern es zeigte sich auch die lebenswichtige Integration, die inzwischen durch EURATOM entstanden war: In diesem Falle betraf sie die Lieferung von radiotherapeutischen Medikamenten für Krebskranke. Siehe Professor Robert Winston, »What Leaving EURATOM Means for Patients«, Evening

Standard, 13. Juli 2017, 8. Siehe auch BarnierKindle, 105, sein Besuch in Dublin. Damals auch schon die Klage (ebd., 103), die britische Seite bringe im Gegensatz zum EU-Team keine Aktenunterlagen mit, sowie ebd., 115, den Verhandlungen mangele es an Präzision.

35 Simon Hattenstone/Anushka Asthana, »Labour could still halt Brexit, declares Khan«, Guardian 29. Juli 2017, 1.
36 Denis MacShane, »Will Ireland Sink Brexit?«, Globalist 27. November 2017.
37 Denis MacShane (Anm. 36), sowie BarnierKindle, 203: London versuche Irland zu isolieren.
38 Paul Goldschmidt, »One Final Offer from the EU to the UK«, Globalist, 17. Oktober 2017.
39 Wie Anm. 36. Siehe auch BarnierKindle, 101, zu einem Gespräch mit Jeremy Corbyn.
40 Denis MacShane, »Britain Prepares for a Norwegian Brexit«, Globalist, 9. April 2018.
41 Stephan Richter, »Can we claim Brexit will be Versailles 2.0? Absolutely not«, The New European, 30. April–5. September 2018. Siehe auch BarnierKindle, 214 ff., mit Bemerkungen über fortwährende Neuvorschläge der Briten und deren Tendenz zum »cherry picking«.
42 James Blitz, »›No Deal‹ Brexit planning gathers pace«, Financial Times, 16. Juli 2018, 2. Siehe auch BarnierKindle, 245 f.
43 Siehe Jenni Russells Artikel in Anm. 29. Auch BarnierKindle, 232, zum Back-Stop.
44 »The Brexit Crack-Up«, Nation, 11./18. Februar 2019, 4 und 8. Siehe auch BarnierKindle, 286 ff., 306 ff., 325 ff.
45 Kate Devlin, »May's team in tears as she bows out and vows to stay an MP«, The Times, 25. Juli 2019, 12. Ebd. auch dies., » [Schatzkanzler Philip] Hammond resigns with a warning«, vor Steuergeschenken und neuen öffentlichen Ausgaben.
46 Siehe Stephen Castle, »To Stop Brexit Party, Conservatives May Gamble on Their Own Populists«, New York Times, 26. Mai 2019, 15.
47 Ebd. Siehe auch Patrick Cockburn, »Johnson is entering choppy waters with his Brexit bluff«, Independent 27. Juli 2019, 22, und ebd. zur britischen Unterstützung von Trumps Politik im Mittelosten, so wie Blair 2012 ebenfalls auf amerikanische Hilfe in den Handelsbeziehungen spekuliert hatte, als er George W. Bush in den Angriff auf Irak folgte. Ähnliche Vermutungen gab es bei Trumps Konflikt mit Iran: Patrick Cockburn, »Iran crisis exposes Britain's new reliance on US«, Independent, 22. Juli 2019, 10.
48 Zit. in: Marina Hyde, »The leavers really have taken control. That's why things are unravelling«, Guardian, 25. Juni 2016, 39.
49 Siehe den ungezeichneten Leitartikel »Now the fight starts to stave off disastrous no-deal Brexit«, Observer, 21. Juli 2019, 48. Siehe auch BarnierKindle, 336.
50 Benjamin Mueller, »Britain's Unwritten Constitution Looks Fragile under Johnson«, New York Times, 1. September 2019, Journal, 10. Siehe auch BarnierKindle, 336 ff.
51 George Parker u. a., »Johnson picks hardcore cabinet to meet 99-day Brexit deadline«, Financial Times, 25. Juli 2019, 1. Siehe auch BarnierKindle, 342 f, mit Brief an Tusk.

52 Francis Elliott, »Johnson's afternoon of cabinet carnage«, The Times, 25. Juli 2019, 1; ebd., 3: mit den Namen der Entlassenen oder freiwillig Zurückgetretenen; siehe auch Matthew Paris, »Quest for revenge sees enemies put to sword«, in ebd., 5. Andere Kollegen wurden zurückgeholt. So erhielt Priti Patel, Vertreterin eines harten Brexit und auch einer harten Justizpolitik, das Innenministerium, ebd. Siehe ebd., 13, auch die durchweg negativen ausländischen Pressereaktionen.
53 Zur Biografie und Politik von Michael Gove siehe Richard J. Evans, »The Demented Dalek«, London Review of Books, 12. September 2019, 15–18, mit einer Rezension von Owen Bennetts Buch »Michael Gove: A Man in a Hurry, London 2019. Gove, unehelich geboren und von einem Fischhändler in Aberdeen adoptiert, hatte sich in der Konservativen Partei bis zum Erziehungsminister unter Cameron hochgearbeitet und verachtete das englische Establishment, Boris Johnson eingeschlossen, von dem er gelegentlich gemeint hatte, er sei als Premierminister ungeeignet. Cummings, der ebenfalls nie ein Blatt vor den Mund nahm, war von Gove als politischer Ziehsohn ins Ministerium geholt worden und arbeitete sodann weiter als Berater bei den Tories für einen harten Brexit. Das hielt Gove freilich nicht davon ab, Cummings einen »Berufspsychopathen« zu nennen. Der Liberaldemokrat Nick Clegg meinte etwas milder, Cummings habe Probleme, seinen Ärger unter Kontrolle zu halten. Zu Cummings siehe Patrick Wintour, »Dominic Cummings. Master of Brexit's dark arts is given keys to No. 10«, Guardian, 27. Juli 2019.
54 Zu Rees-Moggs Biografie, seinen Finanzkünsten und seiner Politik siehe James Meek, »The Two Jacobs«, London Review of Books, 1. August 2019, 13–18. Siehe auch Kevin Rawlinson, »Rees-Mogg, Esq., bans metric and hopes never to hear ›hopefully‹«, Guardian, 27. Juli 2019, 8.
55 Laurie Havelock, »PM warned that disorderly exit would be ›catastrophic‹«, Independent, 24. Juli 2019, 38.
56 Joe Miller/Peter Campbell, »BMW's Mini workers face weeks of unpaid leave under no-deal Brexit«, Financial Times, 11. September 2019, 1, auch für das Folgende über Jaguar Land Rover. Siehe auch Jasper Jolly, »Weary companies ready to hit pause button … for a second time«, Observer, 21. Juli 2019, 59. Dort auch weitere Hinweise auf Einstellungen bei Vauxhall-Peugeot und Airbus. Zu Nissan: Robert Lea, »Nissan set to double expected job cuts«, The Times, 25. Juli 2019, 40. Bei Honda in Swindon wurden Werkschließungen mit dem Verlust von 3500 Jobs angekündigt.
57 Amie Tsang/Michael J. de la Merced, »Never Mind Brexit. Peppa Pig and British Pubs are Attracting Buyers«, New York Times, 25. August 2019, Business Section, 5.
58 Wie Anm. 55. Siehe auch Oliver Ralph, »Sharp fall in office Investment blamed on Brexit nerves«, Financial Times, 25. Juli 2019, 3.
59 Zit in: John Harris, »A Brexit future is grim: why is Labour so keen to push it?«, Guardian, 29. Juli 2019, 36.
60 So der Bericht im BBC Radio, 29. Juli 2019, 5 Uhr. Siehe auch Frances Ryan, Crippled. Austerity and the Demonization of Disabled People, New York 2019, über die Situation der 650.000 Menschen mit Behinderung in Großbritannien.

61 Siehe z.B. Phillip Inman, »Labour and Tories plan to borrow and spend. Is that wise?«, Observer, 21. Juli 2019, 61.
62 Siehe Benjamin Mueller, »Britain's Unwritten Constitution Looks Fragile under Johnson«, New York Times, 1. September 2019, 10. Siehe auch BarnierKindle, 345, 360.
63 Camilla Tominey, »MPs call for ›catastrophic‹ Fixed-Term Parliaments Act to be scrapped.« Daily Telegraph, 11. September 2019, 5. Als Johnson versuchte, eine solche Mehrheit zu erzwingen, stimmten weniger als die Hälfte der Abgeordneten dafür. Laut Independent vom 7. September 2019, 11, desertierte selbst Johnsons Bruder. Laut New York Times vom 8. September 2019, 13, gestand er, zwischen »Familienloyalität und nationalem Interesse« hin- und hergerissen gewesen zu sein.
64 Katy Balls, »Tories in a pickle«, Independent, 7. September 2019, 11.
65 Hugo Gye, »That was the week that was... MPs' return caught PM in grip of chaos«, Independent, 7. September 2019; Frances Elliott, »Johnson's afternoon of cabinet carnage«, The Times, 25. Juli 2019, 1.
66 Michael Deacon, »There's a new weapon in the Remain's armory ... unleash Project Boredom«, Daily Telegraph, 11. September 2919, 4.
67 Camilla Tominey, »Most Britons want referendum respected«, Daily Telegraph, 11. September 2019, 7, mit Umfrageprozenten.
68 Siehe Owen Bennett, »›Shameful‹ scenes as protesters refuse«, ebd., 11. September 2019, 4; Philip Johnston, »Resigning as PM may be Boris's final hope – and his best option«, ebd., 11; George Parker u. a., »Brussels senses Johnson's rethink on Northern Ireland-only backstop«, Financial Times, 11. September 2019. Zugleich machte er erneut Wahlversprechungen etwa 20.000 Polizisten zusätzlich einzustellen und Verbesserungen für den National Health Service voranzubringen. Siehe Philip Collins, »Speech unspun«, The Times, 25. Juli, 2019, 9.
69 Martin Lynn, »A last-minute deal is still within our grasp«, Daily Telegraph, 11. September 2019, 10. Siehe auch den Bericht in der New York Times, 12. September 2019: »To Make a Deal on Brexit. Boris Johnson Eyes an All-Ireland Zone.« Siehe auch BarnierKindle, 347, 353 f., 356.
70 Siehe Benjamin Mueller, »Britain's Unwritten Constitution Looks Fragile Under Johnson«, New York Times, 1. September 2019, 10.
71 Siehe »Britain's Supreme Court is Thrust into the Center of Brexit Debate«, New York Times, 19. September 2019. Siehe auch BarnierKindle, 360.
72 Gordon Rayner, »Could Johnson have the answer to solve the Brexit deadlock?«, Daily Telegraph 11. September 2019, 1.
73 Richard Vaughan, »PM claims ›powers of persuasion‹ will secure new deal«, Independent, 7. September 2019, 8.
74 Patrick Cockburn »Johnson is entering choppy waters with his Brexit bluff«, ebd., 27, Juli 2919, 22,
75 Siehe den Bericht »Boris Johnson humiliated by Luxemburg PM at ›empty chair‹ press conference.« Guardian, 16. September 2019.
76 Siehe auch die interessante Bemerkung von Barnier gegenüber MacShane, der von 2002 bis 2005 in der britischen Vertretung in Brüssel gearbeitet hatte, »that he was up for delivering a swift departure, a transition period, and then fast track

negotiations to a sensible moderate agreement«. Siehe Denis MacShane,»Boris Johnson: Grand Hasadeur (Forever the Gambler)«, Globalist, 30. Oktober 2019. Siehe auch BarnierKindle, 358, 364.
77 Siehe Heather Stewart/Larry Elliott,»PM faces Brexit extension even if his deal is passed«, Guardian, 19. Oktober 2019, 9.
78 Siehe Benjamin Mueller,»Distrusting Johnson, Lawmakers Buy More Insurance Against a No-Deal Exit«, New York Times, 20. Oktober 2019 12.
79 Nigel Morris,»EU to give date of extension after MPs vote«, Independent, 28. Oktober 2019, 7. Siehe auch BarnierKindle, 382, 384.
80 Wie Anm. 76, auch für das Folgende.
81 Siehe Nigel Morris,»Tories will target marginal areas that voted Leave«, Independent, 28. Oktober 2019, 7. Zur SNP-Strategie siehe auch Chris Green,»Ministers may go to Court for new Scottish vote«, ebd., 15. Oktober 2019, 10.
82 Wie Anm. 76. Siehe auch die Reuters-Meldung abgedruckt in: Metro.US, 25.–27. Oktober 2019, 4.
83 Siehe Denis MacShane,»UK: Can Corbyn Sell Britain on His Hard-Left Turn?«, Globalist, 26. November 2019; Alexander Mühlauer,»Die Alternative zum Brexit«, Süddeutsche Zeitung, 16./17. November 2019, 10.
84 George Parker/Sebastian Payne/Chris Tighe,»›New Dawn‹ as Tories turn Redcar into Bluecar«, Financial Times, 14./15. Dezember 2019, FT Weekend, 3.
85 Patrick Cockburn,»A curious country still searching for its place in the world«, Independent, 14. Dezember 2019, 30.
86 Siehe z. B. Martin Shipton, Poor Man's Parliament. Ten Years of the Welsh Assembly, Bridgend 2011.
87 »To Make a Deal on Brexit, Boris Johnson Eyes an ›All-Ireland Zone‹«, New York Times, 13. September 2019.
88 Die folgende Analyse beruht auf Statistiken und farbigen Landkarten in: Independent, 14. Dezember 2019, 16, und Guardian, 14. Dezember 2019, 12–13.
89 Daniel Thomas/Kaye Wiggins,»Business breathes sigh of relief as Brexit impasse ends«, Financial Times, 14. Dezember 2019, FTWeekend, 8.
90 Zit. ebd.
91 Zu Farage siehe z. B. Stephanie Bolzen,»Boris Johnson ist das Lachen vergangen«, Die Welt, 16. November 2019, Politik, 7. Zu den Liberaldemokraten siehe z. B. Peter Walker,»Swinson tells ousted MPs: ›I'm sorry. But don't regret trying‹«, Guardian, 14. Dezember 2019, 15; Jane Merrick,»Swinson's risky gamble backfires spectatularly«, Independent, 14. Dezember 2019, 8.
92 Jim Packard,»Battle looms over Labour's future«, Financial Times, 14. Dezember 2019, FT Weekend, 6.
93 Text der Rede in: Guardian, 14. Dezember 2019, 3. Siehe auch Wall Steet Journal, 20. Dezember 2019, A8.
94 Siehe Financial Times, 14./15. Dezember 2019, FTWeekend, 2 und 15.
95 Heather Stewart,»Brexit: MPs pass withdrawal agreement bill by 124 majority«, Guardian, 20. Dezember 2019, 1. Siehe auch BarnierKindle, 404.
96 Ebd., auch für das Johnson-Zitat.
97 Rogers-Zitat in: Der Spiegel, 7. Dezember 2019, 98. Zu seiner früheren Kritik an May siehe oben S. 126

98 Janet Lawrence, »Mixed messages amid the good wishes from world leaders«, Independent, 14. Dezember 2019, 5; Leo Cendrowicz, »EU leaders welcome result as bringing clarity to Brexit«, ebd., von der Leyens Zitat. Ähnlich deutlich auch die Worte des französischen Staatspräsidenten Emmanuel Macron: Sofern Johnson und das Parlament »einen ehrgeizigen Handelsvertrag« ansteuerten, wüssten sie ja, wo die EU-Standards dafür stünden. Und: Je loyaler man sich gegenseitig behandele, umso enger könnten dann auch die Beziehungen sein. Daniel Boffey/Jennifer Ranking, »Europe: Macron urges loyalty to standards to keep trade flowing«, Guardian, 14. Dezember 2019, 5.
99 Jon Henley, »Trump hints at ›massive‹ UK trade deal after Tory victory«, Guardian, 14. Dezember 2019, 19. Zu Rogers siehe oben S. 126.
100 John Harris/John Domokos, »Red Wall«, Guardian 14. Dezember 2019, 7. Zum Produktionsrückgang siehe Larry Elliott, »Johnson will enjoy financial bounce, but how long will it last given the woes that he has inherited?«, ebd., 21.
101 Steven Morris, »Wales: Conservatives jubilant as Labour loyalists lose faith«, ebd., 17.
102 Nigel Morris, »Johnson promises to heal wounds«, Independent, 14. Dezember 2019, 4; Chris Green, »Even if the Scots want it, Indyref2 is in Johnson's hands«, ebd., 8.
103 Rory Carroll, »Anger over Stormont deadlock hits DUP and Sinn Féin at the polls«, Guardian, 14. Dezember 2019, 11 und 19, auch für das Folgende.
104 Katherine Butler, »Paradoxically, the result is the least worst for Ireland«, ebd., 6. Siehe auch New York Times, 8. Dezember 2019, 1 und 10, sowie Jim Brunsden u. a., »EU's red lines on trade limit victory elation«, Financial Times, 14./15. Dezember 2019, FTWeekend, 2, wonach Varadcar »von einer mächtigen neuen Wirtschaftspartnerschaft« sprach. Ebd. auch weitere Stellungnahmen von Merkel, Macron und von der Leyen. Siehe auch oben Anm. 98.
105 Wie Anm. 103.
106 Wie Anm. 104.

5. 2020: Das lange Jahr der Verhandlungen mit der EU

1 Zit. in: Independent, 1. Februar 2020, 8, auch für die folgenden Zitate.
2 The Guardian, 1. Februar 2020, 1ff; Independent, 1. Februar 2020, 5f., auch für das Folgende, einschließlich der Farbfotos. Zum Mall-Foto siehe New York Times, 4. July 2020, A12.
3 Guardian, 1. Februar 2020, 7, auch für das Folgende.
4 Siehe oben S. 99ff.
5 Siehe unten S. 153.
6 Siehe z. B. Jonathan Freedland, »The day we said goodbye«, Guardian, 1. Februar 2020, 1ff.
7 So laut Independent, 1. Februar 2020, 10.
8 Zit. in: Guardian, 1. Februar 2020, 4, auch für die Zitate von Sassoli.
9 Siehe oben S. 126.
10 Mark Landler, »British Civil Servant Quits, Alleging Climate of ›Fear‹«, New York Times, 1. März 2020, 9.

11 Ebd. Siehe auch BarnierKindle, 435.
12 Siehe oben S. 123, 126, 133.
13 Siehe oben S. 134.
14 Siehe oben S. 123, 133, 157.
15 Siehe dazu den ausführlichen Bericht in der Beilage der Sunday Times, 19. April 2020: »Coronavirus: 38 days when Britain sleepwalked into disaster.« Siehe auch BarnierKindle, 431 f. (Umstellung auf Zoom-Verhandlungen).
16 »Britain running down the clock in Brexit talks, says Michel Barnier«, Guardian, 25. April 2020; Stephen Castle/Mark Landler, »Despite European Upheaval, Britain Is Sticking to Tough Brexit Plans«, New York Times, 25. April 2020.
17 »Britain reneging on Northern Ireland pledges risks trade deals with US and EU«, Guardian, 23. Februar 2020.
18 Ebd. Siehe auch Stephen Castle, »One Brexit Feat for Johnson? Avoiding Comparisons to May«, New Yorl Times, 27. September 2020, 12. Das Wort stammt es der amerikanischen Baseball-Sprache.
19 Daniel Boffey, »UK-EU talks on post-Brexit in ›deep freeze‹«, Guardian, 26. März 2020.
20 »Row over EU office in Belfast threatenes to derail Brexit talks«, ebd., 2. Mai 2020.
21 Mark Landler/Stephen Castle, »Postpone Brexit. New Crisis Adds to Already Dicey Process«, New York Times, 15. März 2020, 6.
22 Stephen Castle/Mark Landler, »Despite European Upheaval, Britain Is Sticking to Tough Brexit Plans«, ebd., 25. April 2020, A8, auch zu Henigs folgendem Kommentar.
23 Siehe oben S. 115, 123 sowie Mark Landler/Ana Swanson, »About That Much Vaunted U.S.-U.K. Trade Deal? Maybe Not Now«, New York Times, 2. März 2020. Wie übertrieben diese Erwartungen waren, zeigt sich an den in dem Artikel aufgeführten Statistiken. Jedenfalls betrug der laufende Handelsüberschuss der USA gegenüber Großbritannien $5,5 Milliarden und der in Dienstleistungen sogar $13,3 Milliarden. Hier zu reüssieren, würde für ein Land, das seit Thatcher seine Industrie nicht entschieden modernisiert hatte, nicht leicht sein.
24 Politico, 4. Mai 2020. Allerdings unterminierte die Landwirtschaftsministerin die Aussichten auf ein allseits günstiges Abkommen, indem sie sich gegen den Import amerikanischer Hähnchen wandte, die mit Chlorin behandelt worden waren, wogegen sich die britische Geflügelindustrie und die Konsumenten stemmten.
25 Jennifer Rankin, »Brexit: ›serious risk‹ EU will fail to protect UK citizens, says Gove«, Guardian, 15. Mai 2020, Siehe auch Daniel Boffey, »UK presses for use of faster passport gates at EU airports post-Brexit«, ebd., 23. Oktober 2020.
26 Zu Cummings Hemdsärmeligkeit siehe Ferdinand Mount, »Après Brexit. On the new orthodoxy«, London Review of Books, 20. Februar 2020, 8. Zu Cummings Reise und den Folgen siehe unten S. 171
27 Denis MacShane, »UK: Boris Johnson Digs in over Dominic Cummings Affair and Brexit«, Globalist, 26. Mai 2020.
28 Sein Artikel erschien im Guardian, 23. Juni 2020, auch für das Folgende.
29 Siehe Holger Schmieding, »Boris Breaks the Divorce Treaty: What Can the EU

Do?«, Globalist, 16. September 2020. Siehe auch von der Leyens Bestehen (BarnierKindle, 456) auf dem »pacta sunt servanda«.
30 Siehe den Bericht von Charlie Copper in Politico, 11. September 2020. Siehe auch den Artikel von Rafael Behr (Guardian 15. September 2020) mit dem Schluss, dass die Irische Republik jetzt den Preis des Vertragsbruchs werde zahlen müssen. Denn Johnsons Politik zeige, dass er sich immer mehr um »euroskeptische Phantasien« gekümmert habe als um die Good-Friday-Vereinbarung vom 10. April 1998, die den Frieden zwischen den Protestanten und den Katholiken auf der Insel sicherte.
31 Wie Politico in Anm. 30.
32 Ebd. Siehe auch BarnierKindle, 435, 444, 454, mit Hinweisen auf Versuche und Verdächtigungen des Einsatzes von »blame games« und »chicken games«, auf Überraschungstaktiken und Mißtrauen.
33 Wie Anm. 30.
34 Mark Landler und Stephen Castle, »Britain and EU Enter Make-or-Break Phase for Brexit Deal by Year's End«, New York Times, 3. Oktober 2020.
35 Siehe oben S. 112 ff., 120, unten S. 167, 178.
36 Siehe oben S. 121.
37 Siehe den Bericht in: Moneyweek, 31. Januar 2020, 8, auch für das Folgende. Siehe auch BarnierKindle, 458.
38 Holger Schmieding, »The UK's Post-Brexit Hangover«, Globalist, 8. Februar 2020.
39 Independent, 8. Februar 2020, 68, auch für das Folgende.
40 Siehe Richard Partington »No deal Brexit would hit ›red wall‹ areas hard, manufacturers warn«, Guardian, 15. Juli 2020, sowie StarNews, 19. Oktober 2020, zur Warnung der CBI.
41 Guardian, 16. September 2020 sowie Sarah Butler, »Record numbers of shops close with worse yet to come, warn analysts«, ebd., 18. Oktober 2020.
42 Diese umfassendere Diagnose und Therapie der altbekannten »englischen Krankheit« empfahl am Ende seines langen Artikels über den NHS auch Tom McTague, »How the Pandemic Revealed Britain's National Illness«, Atlantic, 12. August 2020.
43 Denis MacShane, »Boris Johnson's 10(!) Brexits to Ponder«, Globalist, 22. August 2020.
44 Stephen Castle, »Near Busy U.K. Port, Brexit Augurs Asphalt Purgatory«, New York Times, 9. August 2020, 13.
45 Wall Street Journal, 4. Oktober 2020. Siehe auch BarnierKindle, 451.
46 So die Reuters Nachrichtenagentur, 5. Oktober 2020.
47 »What happens if there is no Brexit deal?«, Politico, 2. Oktober 2020, am 5. Oktober auf den neuesten Stand gebracht.
48 Siehe die Ankündigung von Schmidts Berufung auf eine Professur für Neuere und Neueste Geschichte in: Uni Hamburg, Fachbereich Geschichte, 1. September 2020.
49 Richard Partington, »UK financial black hole to be three times higher than 2019 by next election«, Guardian, 12. Oktober 2020.
50 Der Artikel nahm das amerikanische System unter die Lupe und sprach von zwei Trillionen (kurze Skala) Pfund.

51 Kallum Pickering, »Scottish Independence? A Hard Brexit?«, Globalist, 7. September 2020.
52 Siehe oben S. 123, 133 f.
53 Simon Jenkins, »Judges are fighting back against Boris Johnson – and they are right«, Guardian 19. Oktober 2020.
54 Ebd. Siehe unten S. 137.
55 Siehe, z. B., Peter Dorey, House of Lords Reform since 1911, New York 2011; P. A. Bromhead, The House of Lords and Contemporary Politics, Lonodon 1958.
56 Daniel Boffey/Julian Borger, »Brexit talks resume after Michel Barnier speech breaks impasse«, Guardian, 21. October 2020. Siehe auch BarnierKindle, 473, 477 f., 486.
57 Ebd., auch für das Folgende.
58 Ebd., auch für das Folgende.
59 Abgedr. in: Transatlantic Leadership Network, 23. October 2020.
60 Siehe oben S. 159.
61 Matthew Weaver, »Dossier alleges Cummings may have perverted course of justice in account of lockdown trip«, Guardian, 30. Oktober 2020. Siehe auch oben S. 171 sowie die Reaktion des Justizministers Robert Buckland, der noch lange, nachdem Cummings von Johnson gegangen worden war, in einem BBC-Interview in wohl typisch englischem Understatement meinte, dass Cummings' Verhalten eine »zutiefst unglückliche Episode« gewesen sei. Zit. in: Lucy Campbell, »Top Tory says Dominic Cummings's trip was ›deeply unfortunate‹«, Guardian, 10. Dezember 2020.
62 Matthew Weaver, »Dominic Cummings allowed to avoid backdated council tax on second home«, Guardian, 14. Oktober 2020.
63 Zur Biografie von Cain und seinem Rücktritt siehe Jessica Elgot, »Lee Cain: Johnson's senior aide resigns amid infighting at No 10«, ebd., 12. November 2020, auch für das Folgende.
64 So Verkehrsminister Grant Shapps zit. in: Lisa O'Carroll/Molly Blackall, »Dominic Cummings' relationship with Boris Johnson ›fell off [a] cliff‹, says ex-minister«, ebd., 14. November 2020.
65 Zit. in Elgot (Anm. 63), auch für das Folgende.
66 Nadeem Badshah, »PM accused Dominic Cummings of briefing against him, sources claim«, ebd., 13. November 2020.
67 Steven Swisford und Oliver Wright, »Cummings forced out in purge of Brexiteers«, The Times, 14. November 2020.
68 Zit. in: Badshah, wie Anm. 66.
69 Daniel Boffey, »Johnson and EU commission chief to hold talks before decisive week for Brexit deal«, Guardian, 6. November 2020, auch für das Folgende. Siehe auch ders./Lisa O'Carroll, »Brexit talks remain deadlocked going into decisive week«, ebd., 7. November 2020. Siehe auch BarnierKindle, 514.
70 Michael Savage, »No-deal fears rise as Boris Johnson ›least willing to budge on Brexit‹«, ebd., 15. November 2020.
71 Dan Sabbagh u. a., »UK police ›unable to cope‹ if no-deal Brexit cuts EU data sharing«, ebd., 20. October 2020; William Adkins, »UK ›less safe‹ without Brexit deal, says police chief«, ebd., 19. November 2020. Siehe auch oben S. 140, 167, 188.

72 So Sabbagh u. a., wie Anm. 71.
73 Rajeev Syal, »UK-EU trade faces major disruption even with deal, say auditors«, Guardian, 6. November 2020.
74 Michael Savage, »UK industry chief says business needs more from ›thin‹ Brexit deal«, ebd., 1. November 2020.
75 Richard Partington, »Failure to seal post-Brexit deal would more than halve UK growth, says KPMG«, ebd., 18. November 2020.
76 Siehe oben S. 137.
77 Mark Landler/Stephen Castle, »Trump's Defeat Weakens Boris Johnson in Urgent Brexit Talks«, New York Times, 9. November 2020; Toby Helm u. a., »Boris Johnson under pressure to avoid no-deal Brexit after Biden victory«, Guardian, 8. November 2020.
78 David Herszenhorn/Barbara Moens, »The EU might yet split over Brexit – but it wouldn't be in London's favor«, Politico, 18. November 2020.
79 Martha Busby, »UK and Canada to trade on EU terms after Brexit«, Guardian, 21. November 2020.
80 Richard Partington, »No-deal Brexit to cost more than covid, Bank of England Governor says«, ebd., 23. November 2020.
81 Daniel Boffey, »Brexit talks: the sticking points«, ebd., 25. November 2020.
82 So Boffeys Bericht ebd.

6. Die Einigung vom 24. Dezember 2020 und deren öffentliche Rezeption

1 Siehe auch oben S. 168, 177.
2 Joe Mayes u. a., »U. K., Canada Reach Trade Deal in a Brexit Boost for Johnson«, Bloomberg News, 21. November 2020.
3 Siehe oben S. 158, 161, 174.
4 Siehe Richard Partington in Guardian, 23. November 2020.
5 So der Bericht der Associated Press, 28. November 2020.
6 Elian Peltier, »Post-Brexit Border Test Leads to 5-Mile Traffic Jam in Southern England«, New York Times, 25. November.
7 Jon Henley, »›It's impossible‹: how Brexit has left British families unable to return to the UK«, Guardian, 29. November 2020.
8 Ebd., mit Beispielen von Familien, deren Rechte und Zukunftspläne hart getroffen waren.
9 Polly Toynbee, »Boris Johnson will get a deal: but it will be a betrayal of the Brexiters«, Guardian, 30. November 2020.
10 Daniel Boffey/Lisa O'Carroll, »Brexit talks falter as UK claims EU is hardening negotiating stance«, ebd., 3. Dezember 2020. Siehe aber auch die Kritik von David Henig, dem Direktor des U. K. Trade Policy Project at the European Center for International Political Economy, in: Mark Landler/Stephen Castle, »In Last-Ditch Bid for Brexit Deal, Leaders' Theatrics Show the Stakes«, New York Times 6. Dezember 2020: »Boris Johnson has backed himself into a big corner – and while all logic runs toward agreement, momentum and emotion are running against.«

11 Boffey/O'Carroll, wie Anm. 10.
12 Daniel Boffey/Heather Stewart/Lisa O'Carroll, »Breakthrough on fishing rights as Brexit talks hang in the balance«, Guardian, 6. December 2020.
13 Ebd.
14 Mark Landler/Stephen Castle, »In Last-Ditch Bid for Brexit Deal, Leaders' Theatrics Show the Stakes«, New York Times, 6. Dezember 2020. Siehe auch Barnier-Kindle, 517.
15 Simon Clark, »Future of London Finance at Stake in Brexit Fight«, Wall Street Journal, 4. Dezember 2020.
16 Wie Anm. 14.
17 »Military planes to fly Covid vaccines into Britain to avoid ports hit by Brexit«, Guardian, 5. Dezember 2020, auch für das Folgende.
18 Wie Anm. 12.
19 Siehe Daniel Boffey, »Brexit talks: the sticking points«, Guardian, 25. November 2020.
20 Siehe die irische Nachrichtenagentur rté.ie news, 7. Dezember 2020: »Barnier sets Wednesday as final Brexit talks deadline.«
21 »Britain is heading for a hard Brexit. Voters now prefer none at all«, Economist, 7. Dezember 2020, mit Grafik.
22 Daniel Boffey u. a., »Brexit: Johnson to make trip in 11th-hour effort to break impasse, raising hopes of a deal on trade and security«, Guardian, 7. Dezember 2020.
23 Ebd.
24 Ebd. Siehe auch rté.ie (wie Anm. 20), mit einer erneuten optimistischen Stellungnahme des irischen Premierministers Micheál Martin.
25 European Commission, Hg., Communication from the European Commission to the European Parliament, the Council, the European Social and Economic Committee and the Committee on the Regions on targeted contingency measures in the absence of an agreement with the United Kingdom on a future partnership, 10. Dezember 2020, Einleitung, 1–12, mit Zusammenfassung der zutreffenden Massnahmen. Siehe auch Steven Erlanger, »With Time Running Out, E. U. Reveals Openness to a No-Deal Brexit, New York Times, 10. Dezember 2020. Siehe auch BarnierKindle, 453.
26 Wie Anm. 22.
27 Daniel Boffey u. a., »Brexit: Johnson heads to Brussels after UK holds olive branch«, Guardian, 7. Dezember 2020. Siehe auch die Bemerkung des früheren irischen Botschafters in London, Bobby McDonagh zit. in: Mark Landler/Stephen Castle, »As Brexit Deadline Looms, Boris Johnson Takes Personal Control of Talks«, New York Times, 7. Dezember 2020.
28 Dagegen stellte Mujtaba Rahman von der Eurasia {Berater} Group die Frage, ob der Premier wirklich nach Brüssel fliegen würde, »wenn keine Hoffnung mehr bestünde«? Dies sei der Augenblick entweder zu einem Vertrag zu kommen oder als letzten Versuch zu zeigen, dass beide Seiten ihr Bestes versucht hätten, aber ein Deal letztlich doch nicht möglich gewesen sei. Zit. in: Mark Landler/Stephen Castle, »As Brexit Deadline Looms, Boris Johnson Takes Personal Control of Talks«, New York Times, 7. Dezember 2020.
29 Siehe das Foto in Daniel Boffey/Jessica Elgot/Jon Henley, »Boris Johnson and EU

set Sunday deadline to decide on Brexit deal«, Guardian 9. Dezember 2020, auch für das Folgende.
30 Ebd. Siehe auch BarnierKindle, 453.
31 Wie die EU (siehe Anm. 25) hatte man auch in der Whitehall-Bürokratie Kontingenz-Berechnungen für den Fall angestellt, dass keine Vereinbarung zustande kommen würde. Eine entsprechende Parlamentskommission unter dem Vorsitz von Hilary Benn äußerte – wie fast zu erwarten – prompt schwere Bedenken. Das Land sei auf den Ernstfall einfach nicht vorbereitet. Siehe Lisa O'Carroll, »Britain not ready for no deal, says Brexit select committee«, ebd., 19. Dezember 2020.
32 Dan Sabbagh, »Four navy ships to help protect fishing waters in case of no-deal Brexit«, Guardian, 11. Dezember 2020.
33 Zoe Wood/Sarah Butler, »Ports gridlocked and retailers struggling as Brexit deadline looms«, Guardian, 10. Dezember 2020.
34 Richard Partington, »No-deal Brexit: markets brace for big hit to UK company shares and sterling«, Guardian 12. Dezember 2020.
35 Siehe oben S. 142 ff.
36 Siehe oben S. 140.
37 Mark Landler/Stephen Castle, »Boris Johnson Once Mocked the Eurocrats of Brussels. They Haven't Forgotten«, New York Times, 10. Dezember 2020.
38 Zit. in: Mark Landler/Stephen Castle, »Brinkmanship or Bluster? On Brexit and Pandemic, Boris Johns Leaves It Late«, ebd., 20. Dezember 2020; dort auch das folgende Zitat von Tim Bale.
39 Daniel Boffey/Jessica Elgot, »John and EU vow to go ›extra mile‹ to thrash out Brexit deal«, Guardian, 13. Dezember 2020.
40 Lisa O'Carroll, »Britain not ready for no deal, says Brexit select committee«, ebd., 19. Dezember 2020.
41 Siehe Kevin Rawlinson, »Brexit: Boris Johnson and Ursula von der Leyen agree to continue UK-EU trade talks – live news«, ebd., 13. Dezember 2020.
42 »Michel Barnier seeks to end Brexit deadlock with fresh fishing proposal«, ebd., 18. Dezember 2020.
43 Daniel Boffey/Peter Walker, »No 10 fishing offer to EU raises hopes of Brexit deal before Christmas«, ebd., 21. Dezember 2020.
44 Rupert Neate, »Almost 40 000 retailers in UK in financial straits before tough Covid rules«, ebd., 21. Dezember 2020.
45 Lisa Carroll, »France's Covid freight ban ›will have devastating effect‹ on UK supplies«, ebd., 20. Dezember 2020.
46 Mark Landler, »Britain and E. U. Scramble to Reach Brexit Deal Before Christmas«, New York Times, 23. Dezember 2020.
47 Ebd.
48 Daniel Boffey/Lisa O'Carroll, »UK and EU agree Brexit trade deal«, Guardian, 24. Dezember 2020. Siehe auch BarnierKindle, 522.
49 Boffey et al., Anm. 48.
50 Ebd.
51 Ebd.
52 Zit. in: Daniel Boffey/Heather Stewart/Lisa O'Carroll, »Boris Johnson vows to pit UK against EU in race for success«, ebd., 24. Dezember 2020.

53 Steven Erlanger, »For the European Union, It's a Pretty Good Deal«, New York Times, 24. Dezember 2020.
54 Wie Anm. 52.
55 Jessica Elgot, »Starmer faces high-profile Labour rebellion before Brexit deal vote«, ebd., 28. Dezember 2020.
56 Rajeev Syal, »Keir Starmer faces Labour frontbench revolt over Brexit«, ebd., 25. Dezember 2020.
57 Zit. ebd.
58 Siehe seinen Artikel »At long last we have a Brexit deal – and it's as bad as you thought«, ebd., 24. Dezember 2020.
59 Toby Helm, »Brexit: fishing chiefs cry ›betrayal‹ as MPs fear rush to ratify deal«, ebd., 27. Dezember 2020. Siehe auch Benjamin Mueller, »5 Takeaways From the Post-Brexit Trade Deal«, New York Times, 24. Dezember 2020, sowie Stephen Castle, »Johnson Achieved Brexit. Will It Satisfy His Party?«, ebd., 27. Dezember 2020.
60 Wie Anm. 48.
61 Siehe oben S. 121 sowie Mark Landler/Stephen Castle, »Britain and E. U. Reach Landmark Deal on Brexit«, New York Times, 24. Dezember 2020.
62 Siehe oben S. 165, 174.
63 Wie Anm. 52.
64 Siehe oben S. 145 ff., 163 ff.
65 Es ist allerdings bezeichnend für die weiterhin kooperative Einstellung der irischen Regierung in Dublin, dass das Erasmus-Programm auch für Nord-Irland weitergelten sollte.
66 Siehe oben S. 98 ff.
67 Zit. in: Benjamin Mueller, »Brexit Deal Done, Britain Now Scambles to See How It Will Work«, New York Times, 25. Dezember 2020.
68 Jasper Jolly, »City watchdog relaxes trade rules hours before Brexit«, Guardian, 31. Dezember 2020.
69 Siehe dazu Ludger Kühnhardt, »After Brexit: Will U.K Now Lose the Falkland Islands?« Globalist, 28. Dezember 2020 auch für das Folgende. Siehe auch David Boyce, The Falklands War, New York 2006; Michael Parsons, The Falklands War, Stroud 2000.
70 Raphael Minder, »Gibraltar Gets Its Own Last-Minute Brexit Deal on Borders«, New York Times, 31. Dezember 2020.
71 Patrick Wintour, »UK quietly shifts away from promise of ›deep‹ foreign and security links with EU«, Guardian, 27. Dezember 2020, auch für das Folgende.
72 Editorial: »The Guardian view on the future of the union: Britain faces breakup«, Guardian, 29. Dezember 2020. Siehe auch unten S. 197.
73 Dazu etwas sarkastisch: Denis MacShane, »Napoleon Alive and Well and Working in Downing Street«, Globalist, 20. Dezember 2020. Die Kolumnistin des Guardian nahm dagegen Johnsons Selbstmitleid aufs Korn: Marina Hyde, »With a heavy heart. Johnson will always remind us who the real victim is: him«, Guardian, 1. Januar 2021.
74 Siehe die Fotos der Titelseiten der britischen Massenpresse zum vollzogenen Brexit in: Guardian, 1. Januar 2021, 1, auch für das Folgende.

75 Simon Murphy, »Brexit is nothing to celebrate, says Ireland's foreign minister«, ebd. 1. Januar 2021.
76 Ebd.
77 Ebd.
78 Jon Henley, »View from the EU: Britain ›taken over by gamblers, liars, clowns and their cheerleaders‹« ebd., auch für die folgenden Kommentare.
79 Wie Anm. 72.
80 Zit. in: Helen Sullivan, »›Keep the light on‹: joy for some, regret for others at Brexit endgame«, Guardian 31. Dezember 2020. Siehe auch Sturgeons optimistischen Artikel: »Brexit changed the game of Scottish independence«, Politico, 1. Januar 2021.
81 Siehe oben S. 188.
82 Daniel Boffey, »Brexit trade deal places Europe back at the centre of UK politics«, Guardian 1. January 2021, auch für das Folgende.
83 Steven Erlanger, »Will the Sudden E. U.-China Deal Damage Relations with Biden?«, ebd., 6. Januar 2021.
84 Roger Cohen, »Brexit's Silver Lining for Europe«, ebd., 31. Dezember 2020. Siehe auch BarnierKindle, 527 ff., mit einem Rückblick und einer Bilanz, die Barnier am 21. Februar 2021 verfasste.

Schlussbetrachtung

1 Stephen Castle, »Why Are Britons Living Shorter Lives?. Austerity and Illness Begin to Take a Toll«, New York Times, 31. August 2019, A4. Laut einer Analyse des Government Accounting Office gab es ähnliche Entwicklungen auch in den neoliberalen Vereinigten Staaten.
2 Siehe oben S. 153.
3 Siehe Simon Kuper, »Confessions of a white Oxbridge male«, Financial Times, 26. Oktober 2014, Life, 2: Das britische Establishment erwarte nicht, dass man als Student ein »workaholic« ist. Nur in den wenigen Monaten vor den Examen müsse man härter arbeiten, und danach verließe man sich auf die bestehenden Netzwerke, um voranzukommen. Allgemein zu diesem Thema: Martin J. Wiener, English Culture and the Decline of the Industrial Spirit, Cambridge 2004; David Edgerton, The Rise and Fall of the British Nation. A 20th-Century History, London 2018.
4 Siehe Ian Jack, »First the elite ignored the estates. Now the estates have turned on the elite«, Guardian, 25. Juli 2016, 43. Siehe auch Denis Macshane, »Gefakte Brexit-Gründe«, Handelsblatt, 1. November 2017, 48.
5 Zit. in: John Lichfield, »A Brexit lesson: EU's benefits largely invisible, hurt to lose«, Politico, 19. Januar 2021.
6 Siehe Richard Partington, »Rishi Sunak warns UK economy will get worse before it gets better«, Guardian, 11. Januar 2021; Phillip Inman, »UK economy facing its ›darkest hour‹ due to lockdown, warns Bank Governor«, ebd., 12. Januar 2021.
7 Siehe oben S. 208. Die Verbitterung war noch dadurch verschlimmert worden, dass die für Umwelt, Ernährung und Landwirtschaft zuständige Ministerin Vic-

toria Prentis gestand, dass sie zu sehr mit einer Weihnachtsveranstaltung zu beschäftigt gewesen sei, um in der Eile die Passagen über die Fischereivereinbarungen am 24. Dezember genauer gelesen zu haben. Als die SNP daraufhin ihren Rücktritt forderte, stellte sich Johnson vor sie. Siehe PA Media, »Fisheries minister did not read Brexit bill as she was busy at nativity«, ebd., 13. Januar 2021; Polly Toynbee, »Brexiters wake up to the damage they have done«, ebd., 18. Januar 2021.

8 Siehe das entsprechende Foto, mit dem der Guardian am 20. Januar 2021 seinen Leitartikel mit dem Titel »The Guardian view on Brexit and bureaucracy: the cost of absurdity« vorstellte. Siehe auch Anm. 5.

9 Martin Kettle, »If Brexit is ›done‹, then where is the dividend?« Guardian, 13. Januar 2021.

10 Lisa O'Carroll, »Betrayed‹: Dover residents furious over building of Brexit lorry park«, ebd., 1. Januar 2021.

11 Peter Gumbel, »Britain Has Lost Itself«, New York Times, 1. Januar 2021. Gumbels Großeltern mussten vor den Nazis nach England fliehen. Siehe auch Arwa Mahdawi, »Britain used to be my home, but it's beginning to look unrecognizable to me«, Guardian, 6. Januar 2021. Siehe auch den zusammenfassenden Kommentar von Martin Kettle, »Boris Johnson has ›got Brexit done‹. With a deal that will please no one«, ebd., 24. Dezember 2020: Für viele, die in der EU bleiben wollten, sei der Brexit nur stellvertretend für etwas anderes gewesen: »Vorurteile gegen Einwanderer, vielleicht auch wirtschaftliche Entmachtung, oder post-imperiale Nostalgie.« Interessant auch die Gumbel zustimmenden oder kritisierenden Leserbriefe auf seinen Artikel in: New York Times, 10. Januar 2021, Review 8.

12 Stanley Reed, »For One British Industry, Brexit Red Tape Is Just Beginning«, New York Times, 18. Januar 2021.

13 Wie Anm. 17.

14 Toby Helm, »Move to EU to avoid Brexit costs, firm told«, Guardian, 23. Januar 2021; Joanna Partridge, »Brexit: Dutch warehouse boom as UK firms forced to invest abroad«, ebd., 26. Januar 2021.

15 Siehe oben S. 198 ff., sowie den Artikel zur SNP in: Der Spiegel, 13. Januar 2021, mit dem Titel »Die Regierung spielt mit dem Feuer.«

16 Siehe Zoe Wood/Lisa Carroll/Sarah Butler, »Firms halt deliveries from UK to EU over Brexit border problems«, ebd., 8. Januar 2021.

17 Dazu interessant gerade auch in der Rückschau: Nicole Sykes, »How business lost the Brexit battle«, Politico, 9. Dezember 2020. Wiederabdruck in Politico, 4. Januar 2021. Sykes war die Leiterin für internationale Verhandlungen bei der Confederation of British Industries gewesen.

18 Siehe z. B. Katie Martin/Owen Walker/Philip Stafford, »Amsterdam vies for IPO spotlight as Brexit dents London's allure«, Financial Times, 14. Januar 2021. Siehe auch die Analyse von Timothy Garton Ash, »The UK and EU are heading for bad-tempered rivalry, unless we can avert it«, aus dem Guardian abgedruckt in: European Council on Foreign Relations, 15. Januar 2021.

19 Siehe oben S. 15 ff., 56, 81 ff.

20 Siehe oben S. 113 ff.

21 Jasper Jolly, »UK car production in 2020 slumped to lowest level since 1984«, Guardian, 27. Januar 2021.
22 Ebd.
23 Jack Eweing, »British Auto Industry Risks Slow Decline After Brexit«, New York Times, 26. Januar 2021.

Namen- und Sachregister

Vorbemerkung: »Barnier, Michel«, »Johnson, Boris«, »EU« und in den Anmerkungen erwähnte Namen sind im Folgenden nicht aufgeführt.

A
Abendland 91, 221
Adenauer, Konrad 91, 223
Afrika 12, 17, 21, 29, 84, 119, 192, 209
Airbus 114
Algerien 88–90
Amerikanisierung 24, 47, 201
Ascherson, Neal 9
Aston-Martin Cars 113–114, 164, 209
Attlee, Clement 77–78, 80, 109
Austin Cars 52, 81–82, 113
Australien 124, 147, 178

B
Bade, Klaus 26
Bailey, Andrew 175, 208
Baldwin, Stanley 64
Bale, Tim 185
Balfour, Arthur 56
Ballin, Albert 34
Barnett, Corelli 55
Barrow, Tim 126
Barwell, Gavin 181
Beaume, Clement 180
Beaverbrook, Baron (Max Aitken) 54
Begbies Traynor 187
Belgien 29, 37
Benn, Hilary 186
Bernanke, Benjamin 108
Beveridge, William 77
Biden, Joe 174, 198–199
Big Bang 99, 192, 205, 211
Bismarck, Helene von 196
Bismarck, Otto von 29
Black, Jeremy 15
Blair, Tony 6, 104–107, 109–110, 148
BLM (British Leyland Motors) 82
BMC (British Motor Corporation) 81–82

Bone, Peter 183
Boothby, Robert 75
Bouffier, Volker 115
Braverman, Harry 157
Bretton Woods 74, 76, 92
Briand, Aristide 48–49, 54
British Airways 167
British Leyland 82, 94
British Rail 109
Brown, Gordon 105, 110
Bruton, John 129, 170–171
Bullock, Alan 97
Burnham, George 44
Burns, William 15
Buruma, Ian 19
Bush, George H. W. 101–103
Bush, George W. 106
Butler, Richard Austin (Rab) 77, 80
Byers, Sam 13

C
Cain, Lee 171–173
Callaghan, James 94–95, 97
Cameron, David 6, 104–105, 107, 109–111, 118, 120, 122, 134, 143, 206
Carney, Mark 112, 120
Carter, Jimmy 95
Castex, Jean 180
CBI (Confederation of British Industries) 134–135, 145, 174
CED (Committee on Economic Development) 71
Chamberlain, Neville 64–66
Cheney, Dick 106
Chilcot, John 107
China 12, 18, 67, 164, 198–199
Christophers, Brett 110

Churchill, Winston 13, 53, 55, 66, 70–73, 77, 80, 83–84, 90, 137, 210
Ciano, Galeazzo 66
Clark, Christopher 37
Clegg, Nick 105
Clinton, Bill 106
Cockburn, Patrick 140, 144
Cohen, Roger 198–199
Commonwealth 15, 38–40, 50–51, 53, 60, 63, 70, 75, 83–84, 87, 157
Connolly, Kate 115
Conrad von Hoetzendorff, Franz 36
Corbyn, Jeremy 129, 142–144, 148
Corona-Virus-Pandemie 156–157, 159, 165, 167, 172, 178, 183, 185, 187, 197, 199, 208
Coty, René 90
Coveney, Simon 182, 194–195
Cox, Geoffrey 157
Craig, Gordon 102
Crosland, Anthony 80, 89
Crossman, Richard 89
Cummings, Dominic 134, 140, 142–144, 155, 159–160, 171–173, 175

D
Dalton, Hugh 75
Davis, David 123–125, 128–130
Dawes, Charles 58–59
DDR (Deutsche Demokratische Republik) 13, 101
De Gaulle, Charles 89–91, 204
Deindustrialisierung 104, 112, 124, 148, 153, 205, 210
Delattre, François 199
Demontagen 79
Dien Bien Phu 88
Dimon, Jamie 115
DIT (Department of International Trade) 210
Dodds, Nigel 149
Dreadnought (Schlachtschiff) 33
DUP (Democratic Union Party) 127, 138–139, 145, 149
Dünkirchen 69, 75, 208

E
Easyjet 167
Eden, Anthony 84, 87, 204
EFTA (European Free Trade Area) 88
EGKS (Europäische Gemeinschaft Kohle und Stahl) 84–85, 88, 199
Eichengreen, Barry 54
Eisenhower, Dwight D. 84, 88, 204
Empire 5–6, 11, 17, 19, 21, 23–25, 27, 30–32, 37–40, 42, 50–51, 60, 63, 66, 70, 75, 83–84, 87, 89, 91, 120, 201–204, 206–207, 210
Engartner, Tim 109
Erlanger, Steven 13, 189
Eton School 55, 119, 134, 184
EURATOM (European Atomic Energy Commission) 128, 227
EWG (Europäische Wirtschaftsgemeinschaft) 85, 88–94, 98

F
Fabry, Elvire 195–196
Fairbairn, Carolyn 134–135, 145, 174
Falklandinseln 98, 192–193
Farage, Nigel 127, 132, 142, 144, 152–153
Faschoda-Krise 20
Feldmann, Peter 115
Finanzialisierung 6, 98–99, 106, 205, 211
Finucane, John 149
Fischfangdisput 121, 156, 170,177, 179–180, 183, 186–187, 208
Ford Motors 23, 51–52, 54, 71, 80–81, 114, 211
Frankreich 19, 32, 34–37, 40, 43, 65, 84, 89, 91, 111, 174, 187
Friedrich III., Deutscher Kaiser 30
Frost, David 140, 154, 156–158, 162, 169, 174–175, 178, 181, 183, 186

G
Galbraith, John K. 57
Garton Ash, Timothy 102f.
GATT (General Agreement on Tariffs and Trade) 74
Genua 49–50

Ghosh, Carlos 114
Gibraltar 118, 157, 186, 193, 239
Gilbert, Seymour Parker 58–59
Giuliani, Dominique 195
Glass-Steagall Act 99–100, 205
GM (General Motors) 52–54, 71, 80–81
Goldman Sachs 100, 181, 205
Good-Friday-Vereinbarungen 161, 168, 174, 179
Gorbatschow, Michail 101
Göring, Hermann 69
Gove, Michael 130, 133–134, 155, 159, 161, 170, 173, 179
Greenspan, Alan 108
Große Depression von 1929 12, 26, 58, 60–63, 99, 108, 203, 206
Große Rezession/Depression von 2007/8 13, 57, 108–109, 120
Gupta, Ashwani 212

H
Habsburg 35–37, 40,
Haldane, Richard Burton 34
Halder, Franz 66
Hamburg 19, 26
Harrison, George 58
Harvey, Fiona 163
Häußler, Mathias 10
Hawkes, Mike 212
Healey, Denis 80, 89, 94
Heath, Edward 92–95, 204
Henig, David 158
Heseltine, Michael 103, 186
Historians for Britain 10
Hitler, Adolf 12, 50, 61–71, 77, 80, 90, 102, 120, 203
Holocaust 73
Honda Cars 113–114, 212
Honecker, Erich 101
Hopley, Lee 123
House, Edward M. 44, 97
Howe, Geoffrey 103
Hull, Cordell 68
Hull (Stadt) 73, 163, 165, 209
Hunt, Jeremy 132–133
Hussein, Saddam 106–107

I
ILO (International Labour Organisation) 198
IMF (Internationaler Währungsfond) 74
Imperialismus 17, 19
Indien 17, 50, 84, 88
Institute of Directors 95, 98
IRA (Irish Republican Army) 92
Israel 84
Issigonis, Alec 82, 113
Italien 12, 19, 64, 68

J
Jackson, Stewart 128
Jagow, Gottlieb von 36
Jaguar-Land Rover Cars 135, 164, 211
Japan 12, 19, 67–68, 178
Javid, Sajid 135, 155
Jenkins, Roy 52, 80
Juncker, Jean-Claude 140

K
Kaiserliche Marine 31, 39
Kartelle 22
Kayser, Henry 69
Kennedy, John F. 89
Kerr, Brian Francis 169
Keynes, John M. 66, 74–75
Keynesianismus 67
Khan, Sadiq 128
Kibasi, Tom 190
Kissinger, Henry 91
Kohl, Helmut 103
Konservative Partei (Tories) 14, 20, 60–61, 77–78, 87–89, 92–95, 105, 110–114, 119, 122, 127–128, 133–133, 136, 138, 141–155, 160–165, 170, 180–189, 204, 210
Korea-Krieg 80
Korteweg, Rem 196
KPD (Kommunistische Partei Deutschlands) 61
Krüger, Ohm 32
Krupp-Stahlwerke 27

L

Labour Party 77, 80, 89, 104, 130, 141–146
Laffer, Arthur 101
Landler, Mark 187
Lawson, Nigel 103
Lebensraum 62–63, 65–66, 70, 203
Lehmkuhl, Ursula 83
Lend-Lease 70, 75
Lenin, Wladimir 42, 48–49
Lewis, Brandon 161, 190
Leyen, Ursula von der 147, 153, 157, 162, 169, 173, 175, 177, 181–83, 186–89, 194, 197–98
Liberaldemokratische Partei 127
Lighthizer, Robert 158
Lloyd George, David 40, 48–50
Locarno-Vertrag 54
Loughran, Dani 209
Lowe, Sam 185
Ludendorff, Erich 50

M

Mackrill, Geoffrey 209
Macmillan, Harold 80, 84–85, 87–89, 92
Macpherson, Nick 126
Macron, Emmanuel 162, 169, 180, 184, 187, 195, 199
MacShane, Denis 165
Major, John 104–105
Marshall, George F. 76
Martin, Micheál 181
Marx, Karl 16
May, Theresa 6, 13, 85, 115, 122–133, 135, 137, 139, 147, 149, 154–155, 160, 193
McDonnell, John 190
McHugh, John 44
Menon, Anand 159
Merkel, Angela 121, 125, 133, 140, 162, 169, 180, 184, 189, 199
Messerschmitt, Willy 69
Mini (Austin, später BMW) 134, 164, 211
Mitbestimmung 78, 96–97
Mitsubishi 115
Mitterand, François 102

Moltke, Hellmuth von 35–37, 40
Mond, Alfred 54
Monnet, Jean 199
Monroe, James 23
Mooney, George 71
Morgenthau, Henry 68, 72–75
Morris Motors 52, 81
Mosley, Oswald 60
Moss, Andrew 210
Mussolini, Benito 50, 67, 70

N

NAO (National Audit Office) 173
NFU (National Farmers' Union) 174
Napoleon I. 192
Nasser, Gamal Abdel 84
NATO (North Atlantic Treaty Organization) 90
NCB (National City Bank) 24, 42, Neoliberalismus 12, 95, 98, 101, 108–109, 134, 205–207
New Deal 57, 67, 69
NHS (National Health Service) 113, 143, 146–148
Nikolaus II., russischer Zar 38
Nissan Motors 114, 166, 212
Nixon, Richard 91–92
No Deal 130, 134
Noel-Baker, Francis 81
Nordirland 92, 98, 117, 121, 124, 128–129, 131, 138–139, 145, 148–149, 152, 160–162, 165, 168, 170, 177, 179, 195, 197
Norman, Montagu 53, 55, 102

O

O'Connor, Paul 116
O'Grady, Frances 135
Oldag, Andreas 109
Oligopol 22–23, 51
Ondarza, Nicolai von 196
ONS (Office for National Statistics) 112
Opel Motors 54
Open Door 73–74, 83
Osborne, Peter 120

P

Pandemie 156, 159, 193–194, 196
Patel, Priti 133, 154–155, 179
PCP (Personal Contract Plan) 108–109
Pearl Harbor 70
Pelosi, Nancy 161, 174
Peugeot Motors 113–114
Placentia Bay 71
Plaid Cymru 145
Poincaré, Raymond 49–50, 54
Polen 43, 49, 64–65, 124, 198
Porsche, Ferdinand 80
Potsdamer Konferenz 78
Protoindustrialisierung 16–17

R

Raab, Dominic 130, 133
Raeder, Erich 69
Rapallo Vertrag 50
Rathenau, Walther 50
Reagan, Ronald 95, 98, 106, 108, 193, 205
Rees-Mogg, Jacob 131, 134, 137
Reeves, Rachel 181
Ribbentrop, Joachim von 63, 66
Richter, Stefan 130, 139, 169
Rogers, Ivan 126, 147, 154
Rolet, Xavier 114
Rolls Royce Cars 94, 114, 211
Roosevelt, Franklin D. 7, 61, 66–68, 70–72, 74, 99
Roosevelt, Theodore 23
Rootes Cars 81
Rover Cars 82, 135, 164, 211–212
Royal Navy 17, 30–31, 33, 35, 63, 70, 183, 193, 202
Rubin, Robert 100
Rugby School 55
Ruhrgebiet 26, 53, 78, 97
Rumsfeld, Donald 106
Russland 32, 34–37, 42, 192, 199, 202
Rutnam, Sir Philip 154–155

S

Sarotte, Mary 101
Sasonow, Sergei 38
Sassoli, David 154
Scargill, Arthur 99
Schacht, Hjalmar 53
Schivelbusch, Wolfgang 18
Schlieffen, Alfred von 36, 40
Schmid, Helga 157
Schmidt, Ulf 167
Schmieding, Holger 164
Schottland 98, 103, 106, 115, 117, 121, 139, 145–146, 148–149, 197
SDLP (Social Democratic Labour Party) 145, 149
Šefčovič, Marcos 161
Shareholder Society 100, 165
Sherman Act (1890) 22, 51
Silvers, Caroline 153
Simms, Dean 144
Sinn Féin 121, 145, 149
Smith, Duncan 182
SMMT (Society of Motor Manufacturers and Traders) 212
SNP (Scottish National Party) 142–144, 148, 168, 197
Soames, Christopher 137
Somme-Schlacht 38–39
Sowjetunion 48–49, 65, 70, 87, 90, 101
Spaak, Paul Henri 85
SPD (Sozialdemokratische Partei Deutschlands) 33–34
Special Relationship 13, 47, 90, 107, 115, 123, 158, 174
Speth, Ralph 135
Splendid Isolation 17, 32, 154
Stagflation 93, 98
Stakeholder Society 100, 165
Stalin, Josef 65, 70–71
Starmer, Keir 190
Stead, William 24, 47, 83, 107, 201
Stern, Fritz 45, 102
Stone, Norman 102
Stratton, Allegra 180
Stresemann, Gustav 54
Stroll, Laurence 164
Strong, Benjamin 53, 58–59, 108
Sturgeon, Nicola 121, 148, 168, 197

Suez 5, 17, 47–48, 50, 52, 54, 56, 58, 60, 62, 64, 66, 68, 70, 72, 74, 76, 78, 80, 82, 84, 87–89, 98, 107, 204
Summers, Larry 100
Sunak, Rishi 175, 178, 208
Swinson, Jo 145
Symonds, Carrie 172

T
Talbot, Joseph 43
TDR (Treasury Deposit Receipts) 79
Thatcher, Margaret 12, 14, 82, 94–95, 98–105, 108, 117, 124, 143, 148, 153, 165, 193, 204–205, 210, 212
Thatcherismus 12–13, 104, 110
Thompson, Edward P. 16
Tirpitz, Alfred (von) 30–35
Toynbee, Arnold 179
Toyota Cars 114, 166
Trickle-down 204
Trudeau, Justin 175, 178
Truman, Harry 75
Trumbull, Frank 43
Trump, Donald 101, 107, 115, 123, 132, 147–148, 156, 158, 174, 199
Truss, Liz 158
Tschitscherin, Georgi 50
TUC (Trade Union Congress) 135
Tusk, Donald 126

U
UKIP (UK Independence Party) 127, 142

V
Vanderlip, Frank 24–27, 42–45, 49, 56
Varadkar, Leo 129, 133, 149, 160
Vauxhall Cars 53, 81, 114, 212
Vietnam-Krieg 74, 88, 91
Villiers, Theresa 121, 163
Volksentscheid von 2016 13, 111 ff., 134
VW (Volkswagen) 80–81

W
Wales 9, 98, 106, 114, 117, 144–145, 148, 165, 197
Wall Street 24, 41, 44, 54, 56, 58–59, 74, 99, 166, 181, 204, 211
Westlake, Martin 116
Wheatcroft, Geoffrey 107
White, Dexter 74
Wilhelm I., Deutscher Kaiser 30
Wilhelm II., Deutscher Kaiser 11, 29–30, 32–35, 37, 63, 102, 201
Williamson, Chris 112
Wilson, Harold 92–94, 204
Wilson, Woodrow 40, 43–44
Wintour, Patrick 193
Wood, Jonathan 82

Y
Young, Michael 87
Young, Owen D. 53–54

Z
Zimmermann-Telegramm 40